中国符号

中国科举

朱辉 【主编】
张虹 【著】

河海大学出版社
HOHAI UNIVERSITY PRESS
·南京·

图书在版编目（CIP）数据

中国科举 / 张虹著. -- 南京 : 河海大学出版社, 2024. 12. -- (中国符号 / 朱辉主编). -- ISBN 978-7-5630-9524-7

Ⅰ. D691.3-49

中国国家版本馆 CIP 数据核字第 2024A5Q825 号

丛 书 名 / **中国符号**
书　　名 / **中国科举**
ZHONGGUO KEJU
书　　号 / ISBN 978-7-5630-9524-7
责任编辑 / 齐　岩
丛书策划 / 张文君　李　路
文字编辑 / 李河沐
特约编辑 / 翟玉梅
特约校对 / 李　萍
装帧设计 / 朱文浩　刘昌凤
出版发行 / 河海大学出版社
地　　址 / 南京市西康路 1 号（邮编：210098）
电　　话 / （025）83737852（总编室）
/ （025）83722833（营销部）
经　　销 / 全国新华书店
印　　刷 / 廊坊市印艺阁数字科技有限公司
开　　本 / 880 毫米 ×1230 毫米　1/32
印　　张 / 10
字　　数 / 251 千字
版　　次 / 2024 年 12 月第 1 版
印　　次 / 2024 年 12 月第 1 次印刷
定　　价 / 89.80 元

序

我们知道，符号是一种标识或印记。它是人类生命活动的积淀，具备明确而且醒目的客观形式；也是精神表达的方式，承载着丰富的意义。文化符号，可以说是一个民族的容颜。

一国与他国的区别，很重要的是精神和文化。中国历史数千年，曾遭遇无数次兵燹和灾害，却总能绝处逢生，生生不息，至今仍生机勃勃，是因为我们拥有着深入血液、代代相传的强大文化基因。我们生于斯长于斯，身上都流淌着饱含中华文化基因的血液。

文化发展浓缩到一定火候，自然会拥有符号功能，产生符号意义。中华文化以其鲜明的外在表现和深刻内涵，凸显着我们的屹立于世界民族之林的独特形象。

作为符号的中华文化，遍布中华大地，也潜藏于我们的心灵。我们在很多古宅前见过“耕读传家久，诗书继世长”，这是中国家庭的古训，耕田事稼穑，丰五谷，养家糊口，以立性命；读书知诗书，达礼仪，修身养性，以立高德。类似的楹联还有很多。再说匾额，“正大光明”悬于庙堂之上，“紫气东来”“和气致祥”“厚德载福”则多见于官邸民宅。它们是中华景观的点睛之笔，也是我们的精神底蕴。

文化需要我们的珍视。都听过二胡曲《二泉映月》，但这首曲子也曾命悬一线。1950 年，华彦钧贫病交加，栖身于无锡雷尊殿，已不久于人世，南京国立音乐院教授杨荫浏偶然间得知此曲，很快找到了阿炳，他们用当时少见却算是先进设备的钢丝录音机，录下了阿炳自称“二泉印月”的杰作。他们又录下了二胡曲《听松》和《寒春风曲》，第二天，还录下了琵琶曲《大浪淘沙》《昭君出塞》《龙船》。其时阿炳已沉疴在身，衰弱不堪，当年年底，阿炳就去世了，这六首弥足珍贵的录音就成了阿炳的稀世绝唱。这曲早已走向世界的音乐，如果不被抢救，恐怕早已湮灭。

文化是坚韧的，但文化的载体或结晶有时却也很脆弱。外国人建造宫殿主要用石头，而我们主要用木材和砖头，这也是我们的古代宫殿难以保存千年的原因之一。家具则无论中外，都是木质的，相对于我们漫长的文明，家具显然脆弱娇贵。启功先生以“玩物不丧志”誉之的王世襄先生，精于古代家具、漆器、绘画、铜佛、匏器的研究，对明代家具和古代漆器尤有贡献。他早年在燕京大学接受西式教育，却醉心于中国古代器物，穷毕生之力，搜集了无数珍贵文物，并为它们做出了科学便捷的索引。他的代表作《明式家具研究》已成为众多爱好者的工具书，上世纪 90 年代出版后，有晚辈因书价昂贵有所抱怨，王世襄先生闻之，专门登门赠书，以泽后人。黄苗子先生谓其“治学凭两股劲：傻劲和狠劲”；杨乃济先生评其“大俗大雅，亦古亦今，又南又北，也土也洋”；张中行先生感叹“唯天为大，竟能生出这样的奇才”，博雅的王世襄先生当得起如此赞誉。2003 年现身于公众面前的唐“大圣遗音”伏羲式琴，就是王世襄先生丰赡收藏中的一件，世人何其有幸，终于聆听到大唐盛世的悠扬琴音。

这样的故事还有很多。随着时代进步和科技发展，某些文化器物的实用性、功能性可能逐渐减弱乃至丧失，但是它们对人类的精神活动却具有巨大的影响，它们在创新中弥散、繁衍。研物可立志，在研究和把玩琢磨中，中华文化在现实生活和全球竞争中焕发出了新的生机。我们的传统服饰，近年来就常常成为国际品牌的流行元素；“功夫熊猫”早已成为国人自豪的网络热语；大型游戏《黑神话：悟空》2024 年横空出世，成为一时之热，我们理应向明万历年间的南京书商“金陵世德堂唐氏”致以最诚挚的敬意，他们以《新刻出像官板大字西游记》之名出版了神魔小说《西游记》。没有《西游记》作者不计名利的心血，没有出版家的独到眼力，就没有在一代人的记忆中留下深刻印记的周星驰系列电影，当然也不会有在大小屏幕上闪烁的《黑神话：悟空》。《黑神话：悟空》风靡全球，还将不断孳生繁衍，这就是文化的软实力。

中华文化丰富而多元。《中国符号》第一辑含括了节气、家训、民俗、诗词、楹联、瓷器、建筑、骈文、汉字、绘画，现在摆在我们面前的匾额、家具、剪纸、科举、乐器、神话、石窟、书法、书院、篆刻等，是“第二辑”。第二辑并非第一辑的简单补充，它们均是我们灿烂文化的一部分，都是中华文化最璀璨的亮点。从文化的表现形态看，如果我们把匾额、剪纸、书法、篆刻等理解为二维表达，石窟、家具就是三维，而音乐、神话、书院、科举则是多维或制度性的，它们弥散在文明的光阴中，将伴随着漫长的时光，与我们的文明一起走向世界，走向遥远的未来。

《中国符号》第二辑的出版令人欣慰。多位专家学者贡献了学识，付出了努力。它对弘扬中华文化，帮助读者尤其是青年学生了解中华优秀传统文化，必定有所助益。

是为序。

朱輝

目录

第一章 科举制度的历史起源及其概况

壹

第二章 隋唐科举制度的初创与奠基

贰

第三章 两宋科举制度的改革与承续

叁

第四章 辽金元科举制度的继承与发展

肆

第五章　明代科举制度的定型与普及

伍

第六章 清代科举制度的变革与终结

陆

第七章 科举对中国古代和世界的影响

柒

第八章 科举的时代转向与现实启示

捌

第一章

科举制度的历史起源及其概况

众人皆知中国四大发明对世界人类文明发展史的突出贡献，然而在西方人的眼里，中国古代文官制度的效用比指南针和火药的影响力更胜，这就是被西方学者盛赞为中国“第五大发明”的科举制[1]。科举遗产和科举成果引世人瞩目，科举的贡献直到今天仍引发世人高度关注，这一切还得从科举的创始说起。

第一节　“科举”与科举制的起始考辨

中国古代社会的政治制度中，属科举制度推行的时间最长，生命力最为旺盛，它延续千年之久，历经多番时废时兴，乃至废而复兴，终逃不过“物盈则亏，法久终弊”的法则，最后寿终正寝。但就科举制创制发展来说，它对整个封建社会官僚政治、选官制度、文教活动以及社会进程的影响是极为深刻的。自科举诞生之日起，科举制度的千秋功罪与是非得失就一直是人们争议的对象。即使在科举废除后的百年之际，这一历史事件仍能引发今人的高度关注，学界因此出现了科举废除百年祭的研究热潮和热烈讨论。潘懋元先生称之为“盖棺尚未定论”。有关

[1] 刘海峰．科举制——中国的“第五大发明”[J]. 探索与争鸣，1995（8）：41-43.

科举的诸多争论当中，数科举制度的起源问题讨论最盛。纵览中国科举制度发展史，学界论争的焦点主要集中在两个方面。

第一，关于科举制度起始时间的争议。学界主要有三种说法：汉代初创说、隋代说和唐代说。其中，汉代初创说归于少数，关于隋代与唐代的争议最盛，并一度形成了两说并存的局面。早在20世纪30年代，学术界就针对科举制度的起始问题展开了一场激烈的争论。有一部分学者认为科举制度肇始于汉代，主要是源自经考证后发现，汉代时期已有分科取士和考试的情况。近代学者较早主张科举始于汉代者为近代职业教育奠基人黄炎培，黄炎培于1930年出版了《中国教育史要》一书。作为梁启超先生的《清代学术概论》的“应声”之作，该书采用小史的形式概述我国自先秦到1926年的教育历史，指出“中国一部学制史，最早是贵族教育……科举倒是贵族和平民两种教育过渡时代的制度”。谈及科举的起始，他提出：“如果真要说科举的起源，该说西汉。”“汉朝政治，有一件事，大概当时万料不到流毒至二千年以后……，就是科举。”[1] 这种说法一直持续到了20世纪90年代。如徐连达、楼劲通过考察汉与唐代科举制度的异同，发现在古籍史料记载中有一种现象应加以重视，那就是尽管后人对科举始于隋说的讨论颇多，但当时的隋唐士人却很少认为科举制度的创制源自隋唐，反而更倾向于将其比作汉代的察举。世人常以“分科举人，考试进用”作为科举之始，但汉代察举制中已有孝廉常科、贤良特科等科目，且诸特科多以对策或射策为考试方式，从科目体系、组织步骤、考试环节三个方面进一步考察汉唐科举，发现隋代设进士科不过是附古制列新的科名取士而已，其本质上仍从属于汉以来的

[1] 黄炎培．中国教育史要 [M]. 北京：商务印书馆，1930：28.

整套科目体系[1]。故他们认为汉为科举的初创期，而唐为其完善期这个说法应当成立。

“始隋说”发端于中国近现代史学家陈东原于1934年出版的《中国科举时代之教育》。他在“科举时代之解说”当中指出：“科举制度，虽确立于唐，而实创始于隋。”[2] 但近代史学大家吕思勉对隋炀帝创设进士科产生了疑问，他认为科举制度正式形成的时间应是唐代，其科目甚多，常行的为明经和进士两科，并认为“进士科是始于隋的，其起源，历史记载，不甚清楚”[3]。史学家邓嗣禹在多方考证科举考试起始年份的史料后，在其早期发表的《中国科举制度起源考》（1934）一文中已经持有“科举之制，肇基于隋，确定于唐”的说法，即“始隋说”。但刘海峰教授认为邓嗣禹的观点前后有所摇摆，有兼顾始隋与始唐的调和之说。证据有二：一是邓嗣禹在《中国考试制度史》一书中，明确列出了“科举肇基于隋确定于唐”的专节，并重申了“肇基于隋”以及唐代科举仍沿隋之旧的理由，可以认定其赞同“隋代说”；二是邓氏在考证各家之言及地方县志后，谈到“总上各证，吾人似可言科举非始于隋而始于唐”，特别是在谈及废科举之时，他表示“科举之制，自唐高祖武德五年（622）正式开科以来，行之千二百八十四年……”[4]，故刘海峰认定其观点应主要归于“始唐说”[5]。事实上，就分科考试出现的历史而言，早在西汉时期，就有秀才、孝廉、贤良等科，东汉也有茂才、

[1] 徐连达，楼劲．汉唐科举异同论 [J]．历史研究，1990（5）：104-118.

[2] 陈东原．中国科举时代之教育 [M]．北京：商务印书馆，1934：1.

[3] 吕思勉．中国文化史 [M]．天津：天津人民出版社，2016：125.

[4] 邓嗣禹．中国考试制度史 [M]．长春：吉林出版集团有限责任公司，2011：210.

[5] 刘海峰．科举制的起源与进士科的起始 [J]．历史研究，2000（6）：3-16，190.

孝廉等科。科举早期确实带有分科考试这一特点，但不能说分科就是判定科举创制的主要依据。分科取士制发展到北宋初年，科目逐渐增多，而后王安石废除明经诸科并以进士科独尊，直至清末已再无分科取士这一说法。选士标准的变化使得官吏分途开始出现，并进一步推动了考试功能的政治性转化。若单纯以分科举人来判定科举制的初创年份，是不是可以说科举兴于汉而终于宋呢？显然，分科考试的判定标准并不全面，“唐代说”有一定的时代局限性。

关于科举制起源时间的热议自 20 世纪 30 年代左右，一直持续到 20 世纪 50 年代，之后无论是近现代史学家钱穆、陈寅恪等国学大师，还是马列主义新史学名家，在其陆续出版的新版通史著作中，如马列主义新史学“五名家”之范文澜《中国通史简编》（1978）、翦伯赞《中国史纲要》（1961）、吕振羽《简明中国通史》（1955）等，均持科举制度起源于隋代的观点。自此，“隋代说”获得了当时大多数学者的认同，在国内史学界基本成为定论，并贯彻于大、中、小学的教科书中[1]。关于史学界呈现出“一边倒”的倾向，何忠礼 1983 年在《历史研究》发表文章《科举制起源辨析——兼论进士科首创于唐》，他认为，经史料考证之后，隋代选人制度尚未具备“‘投牒自进’、‘一切以程文为去留’以及以进士科为主要取士科目”这三项依据，因此他否认了隋代有真正的“投牒自进”之法，也否认了隋代有进士科一说，重申了科举首创于唐的观点。

即使史学界多将隋朝设置进士科作为科举制度的开端，但关于科举起于隋的具体年份，学界也是争议不断。主要有文帝开皇年间（581—600）和炀帝大业年间（605—616）两说，其中，又以

[1] 何忠礼．二十世纪的中国科举制度史研究 [J]. 历史研究，2000（6）：142-155.

持“大业说”的学者为最多。但推及具体年份，则有隋炀帝大业元年（605）说、隋炀帝大业二年（606）说、隋炀帝大业三年（607）说等。

开皇年间的说法指隋文帝开皇七年（587）说。开皇七年说主要来自日本学者宫崎市定于1956年首次出版的《九品官人法研究：科举前史》，在科举起源部分提出“要追溯隋代科举的起源，应该强调隋代造成了必须实行科举的时势”。他认为正是开皇七年朝廷下制令每州每岁向中央举贡士三人（含秀才、明经和进士），科目考试制度得以正式确立[1]，即“隋文帝开皇七年说”。持“开皇七年说”的还有国内学者吴宗国，在其《唐代科举制度研究》中提到开皇七年制诸州岁贡三人，正式设立了每年的常贡科，主要有秀才和明经[2]，只是这两科的及第者并未在当时的政治生活中发挥实质性的作用。学界认为“开皇七年说”缺乏有力的证据。其争论的焦点在于“开皇七年说”所依托的主要证据——唐初宰相房玄龄的进士出身以及年龄问题，反对者认为以单个人的年龄推翻或否定一般人，明显支撑性不足。基于多个史料考证的相互印证，“始隋说”已成为唐五代时期人们的共识，而宋代以后多数人亦将隋朝创立进士科作为科举起始的标志，可以说进士科始于隋炀帝已经是从唐至清代1 000多年间的定论。从选拔人才的科目设置来看，进士科从最初创立到逐渐合并其他诸科，最终成为考试取人的主导科目，尤其是进士科在明清时期已处于“一枝独秀”的绝对垄断地位，这使得后人不免感慨当初隋进士科的创世之举竟然在科举史上乃至中国历史上占有如此重要的地位，更凸显了其独领风骚的魅力。

---

[1] 宫崎市定．九品官人法研究：科举前史 [M]．韩昇，刘建英，译．北京：生活·读书·新知三联书店，2020：39.

[2] 吴宗国．唐代科举制度研究 [M]．沈阳：辽宁大学出版社，1992：5.

是故，世人纷纷将隋炀帝始建进士科作为科举创制的一个显著性事件就不足为奇了。

从史书记载来看，宋以前有关隋炀帝始建进士科的具体年月实际上并未明确。宋之后，关于科举创制的时间逐渐得到关注。持大业二年（606）之说的有南宋朱熹，其在编纂《资治通鉴纲目》时，将进士科建立系于大业二年（606）这一时间载入其中[1]。近代以来持此种说法的主要有陈东原、邓嗣禹、毛礼锐等。如毛礼锐在其《中国古代教育史》中说："隋炀帝大业二年，始置进士科，这便是科举制度创立的开始。"[2] 邓嗣禹在《中国考试制度史》中说："炀帝大业二年，又师《周礼》，立进士科，其时举人春还秋往，略有后世考试之状。"[3] 持大业三年（607）说的主要是范文澜。如在其主编的《中国通史简编》第三编第一章"隋史"中，认为607年隋炀帝定十科举人，所设"文才秀美"一科即为进士科[4]。刘海峰认为进士科起始的准确时间应为大业元年（605）闰七月，主要是通过考证《隋书》卷三《炀帝上》所录大业元年闰七月有关复兴学校和选拔人才的诏令，以及大业年间中进士者的人员名单，如杜正仪、房基、杨纂等人的治世列传，比较有力地证明了大业年间进士科的施行[5]。可以说，史学界对科举制度的判断标准（或对主要特点的认知）虽不尽一致，但对其创立时间源于隋代的看法基本达成了共识。

---

[1]《资治通鉴纲目》卷三十六.

[2] 毛礼锐，瞿菊农，邵鹤亭. 中国古代教育史 [M]. 北京：人民教育出版社，1997：240.

[3] 邓嗣禹. 中国考试制度史 [M]. 长春：吉林出版集团有限责任公司，2011：53.

[4] 范文澜. 中国通史简编 [M]. 天津：天津人民出版社，2020：382.

[5] 刘海峰. 科举制的起源与进士科的起始 [J]. 历史研究，2000(6)：3-16，190.

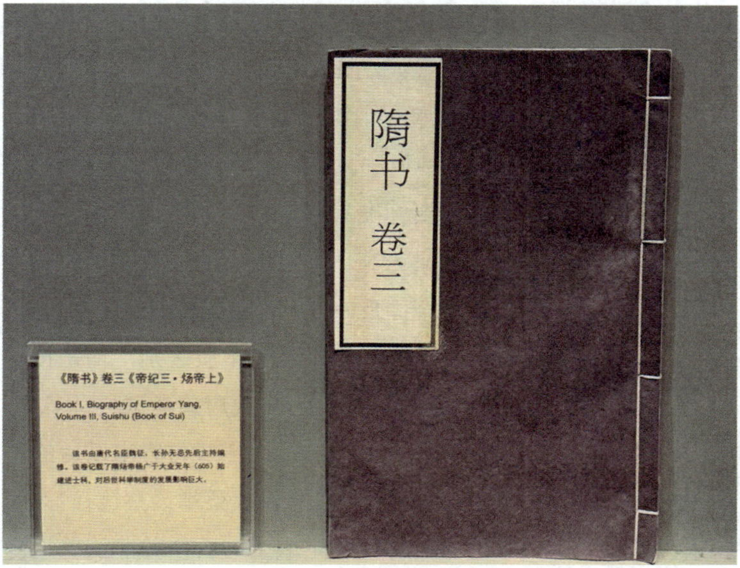

● 《隋书》卷三《帝纪三・炀帝上》书影

第二，关于科举制度定义及其起始标准判断的争议。学界有关科举制度的定义或者判定何为科举的标准主要有“分科举人说”、“按科取士、考试进用说”、“三要素说”(即“投牒自进”、“一切以程文为去留”以及以进士科作为考试的主要科目)、“广义、狭义说”等。也有学者将其归纳为“分科举人”与“分科举人，考试进用说”、“以进士科设置起始为科举制起源说”、“一切以程文为去留说”以及“投牒自进说”[1]。这两种分类相互交叉，且有高度重合之处。其争议的焦点主要围绕“考试成绩”“分科形式”“取士科目”“自由报考无需举荐”等方面展开，主要讨论上述因素中哪一个或哪几个应是判定科举制度起始的必要且充分之条件。“分科举人”和“考试取士”即指通过设

[1] 祖慧，龚延明．科举制定义再商榷[J]．历史研究，2003（6）：31-44，189-190.

置不同的科目，并辅以考试的方式来选拔人才，由此得出科举取士始自西汉之科目举人（西汉察举已设有秀才、孝廉、贤良方正等科）、始于魏晋南北朝（北朝时期举秀才、孝廉和南朝时期设明经、射策）[1] 等多种说法。实际上，无论以“分科举人”还是“考试取士”作为主要标准来判定科举之始都显得过于泛化，因为汉代设置的考试只论高下，对取士的成败并不起决定作用，因此这一论断很难全面反映汉代察举与唐宋科举制的本质特点。徐连达等就认为科举和察举并无本质区别，均是按科取士、考试进用的选拔制度[2]。事实上，虽说唐代考试科目多样，取士内容广泛，但汉代察举科目中的策试环节与唐宋以后的科举考试，两者之性质早已不能同日而语。汉代察举须察德行荐举，唐宋皆以直通中央和地方的考试决定取士与否，并非简单地复归两汉之察举，故以此作为主要因素判定实难以支撑科举之要义。

学界已达成共识，以进士科的设置作为科举制创制的判定依据。如前有邓嗣禹[3]、许树安[4]，后有孙培青[5]、刘海峰[6] 等人认为考试制度和进士科的出现应是科举制度起源的主要标

[1] 罗宏曾在《魏晋南北朝文化史》一书中，指出科举取士在两晋南北朝后期已经出现，只不过尚未形成制度化。参见：罗宏曾．魏晋南北朝文化史 [M]. 成都：四川人民出版社，1989：87.

[2] 徐连达，楼劲．汉唐科举异同论 [J]. 历史研究，1990（5）：104-118.

[3] 邓嗣禹．中国考试制度史 [M]. 长春：吉林出版集团有限责任公司，2011：7-11.

[4] 许树安．古代选举及科举制度概述 [M]. 天津：天津人民出版社，1985：55.

[5] 孙培青．中国教育史（第 2 版）[M]. 上海：华东师范大学出版社，2000：162.

[6] 刘海峰．科举制的起源与进士科的起始 [J]. 历史研究，2000（6）：3-16，190.

志。但这一说法遭遇了质疑，如俞大纲对以隋创立进士科为判断依据表示怀疑，他认为“若谓朝廷开科待人，士子投牒自试，始可谓完形之考试制度，则当以唐为始，不可谓肇基于隋，确定于唐矣”，提出应以士人“投牒自试”（自由报考而不用举荐）作为科举制成立的主要标志。20 世纪 80 年代，何忠礼兼收各家之说，考察整个封建社会科举史，归纳总结出科举制成立的三个特点，即“它是一种以‘投牒自进’为最主要特征，‘一切以程文为去留’为基本程式，以进士科为主要科目的选官制度”[1]。在上述三个判定依据中，何氏认为第一个特点，即“投牒自进”是科举制度的萌芽，也是真正区分科举制之于察举制“量”和“质”上的显著分界点。很快，何氏的观点引起了金旭东和周东平的强烈批判。金旭东提出何氏的第一个立论“投牒自进”不成立，认为“投牒自进”不是针对所有士子，把唐宋两代仅占应试举人中一部分的各地乡贡士子可“投牒自进”（大批的学馆生徒仍需公卿大臣或地方长吏的举送）当作中国科举制成立最主要的特点，实有夸大之嫌。他认为应将“一切以程文为去留”作为科举制与荐举制的根本区别[2]。在此基础上，周东平提出何氏的第三个立论“以进士科作为主要取士科目”亦不成立，他认为从唐代官员的铨选通道来看，进士仅占所有品官任用的极少部分，即进士科取士并未成为唐代政府官员的主要来源，以此为判定依据未免失之偏颇。因此他认为只有“一切以程文为去留”尚可视作科举制的特征之一[3]。看来，金和周的立论基本一致。日本学者宫崎市定认为不能简单地把进士之

[1] 何忠礼．科举制起源辨析——兼论进士科首创于唐 [J]. 历史研究，1983（2）：98-111.

[2] 金旭东．《科举制起源辨析》之商榷 [J]. 历史研究，1984（6）：59-62.

[3] 周东平．关于科举制起源的几点意见 [J]. 历史研究，1984（6）：62-64.

始视为科举之始[1]，他认为尽管在隋代进士科确属于新设科目，但如果仅根据科目的设立就认为科举成立于隋朝开皇年间，那么到了唐代，其重要科目如秀才、明经、进士三科才得以全部齐备，由此断定唐代才是实质意义上的科举起始时间也是不严谨的。张希清认为科举制度应是“朝廷开设科目，士人可以自由报考，主要以考试成绩决定取舍的选拔官员制度”[2]。此说与何忠礼的“三特征说”基本保持一致，对科举创立说又做了一些改进，但未能突破其原有框架。在科举制与察举制的真正的区分点上，二人对三个特征的排列顺序有差异，理解上也稍有不同。何忠礼认为是“投牒自进”，张希清认为既不是何氏所表述的“投牒自进”，也不是金旭东、周东平所表述的“一切以程文为去留”，而应是“士人可以自由报考，主要以考试成绩决定取舍”。这种说法强调了“主要”二字，而不是“一切以程文为去留”，因为在科举诞生到庆历元年之前的 400 多年间，均非“一切以程文为去留”（唐和宋前期依然保留了举荐的因素），故而他认为科举与察举的区别关键在于考试成绩在决定取舍中是否占主要地位，建议将科举的第三个要素表述为“主要以考试成绩决定取舍”[3]。进入 21 世纪后，刘海峰认为要对科举“定下一个起始年代，必有标志性的创制”，在他看来，真正具有标志性意义且与历史上“科举”一词相符合的，只有隋炀帝创立进士科这一历史事件[4]。以刘的观点，可取广义和狭义两个层面对科

[1] 宫崎市定．九品官人法研究：科举前史 [M]．韩昇，刘建英，译．北京：生活·读书·新知三联书店，2020：344.

[2] 张希清．中国科举考试制度 [M]．北京：新华出版社，1993：11.

[3] 张希清．科举制度的定义与起源申论 [J]．河南大学学报（社会科学版），2007（5）：99-106.

[4] 刘海峰．“科举”含义与科举制的起始年份 [J]．厦门大学学报（哲学社会科学版），2008（5）：70-77，91.

举加以理解：广义上的科举指分科举人，即西汉以后分科目察举或选拔人才授予官职；狭义上的科举，指进士科举，即从隋炀帝大业元年（605）创立进士科开始通过考试来选拔人才授予官职[1]。但张希清认为这实际上是一种折中、调和之说，并未实质性地把握住科举制度的主要特点，没有考虑到“以举荐为主”的察举制度与“以考试为主”的科举制之间的本质区别[2]。

总而言之，提议以设置进士科作为判定科举制首创的学者，多支持科举制始于隋代的结论；提议以分科取士为标准的则支持科举肇始于汉；提议以“投牒自进”或“一切以程文为去留”作为判定依据的学者，多支持科举制始于唐代的结论。综合不同时期的讨论，各家关于科举定义以及创制时间的争论传递出一个信号，即早期普遍意义上的“分科举人”这一概念逐渐被以“进士科举”为内涵的严格意义上的科举解释所取代。以上关于科举制度起始时间的分歧，以及科举创始标准上的诸多争议，均是学者们对科举内涵的理解上存在偏差导致的。科举制的出现并非偶然现象，它是中国古代选举制度长期发展的结果，科举制度历时千年之久，其意涵一直处于变化之中，这无疑增加了人们对这一问题认识的难度。

基于以上讨论，我们达成了一个基本共识，即要揭示科举之概念及其起源，首先要把握科举制区别于其他取士制度的特殊内涵或关键性特征，揭示科举制之于察举制在选人重心和方向上的新变化，以及考试权统一由地方收归中央后对国家治理方式所产生的深刻性变革。因为既定社会制度的突变（变革）

[1] 刘海峰．科举制的起源与进士科的起始 [J]. 历史研究，2000（6）：3-16，190.

[2] 张希清．科举制度的定义与起源申论 [J]. 河南大学学报（社会科学版），2007（5）：99-106.

与创生往往是由这些关键性因素所决定的。阎步克先生提出在世人所列举的科举与察举之诸多差异性中，应着重抓住使二者最后区分开来的那一特征。首先来看科举即“分科举人”的说法，分科取士在汉代已有先例，如已有秀才、孝廉、贤良方正等科，且科举创制后的每朝历代，其科目取士也是变动不居的，故此说对于科举成立之实质性探讨并无助益。其次，固然“一切以程文为去留”是科举的基本特点，但东汉顺帝时孝廉已行试经，南北朝时秀孝已行试策，且均有不及第不授官之规定，若“一切以程文为去留”，又如何解释唐宋仍存在“通榜”“公荐”（北宋庆历年间才得以废除）等察举旧制，故此说也不能构成科举与察举的最后分界点。最后，以唐代科举自由报考者占比不大而否定“投牒自进”的意义，更为不妥。“投牒自进”最大的价值在于突出地方举荐权力的丧失，强调考生独立之自由报考权的享有，其重点不在于有多少“投牒自进”的行为，而在于是否允许有“投牒自进”的资格或权利。因此，“投牒自进”，士子皆可自由报考，正体现了科举时代投考之“投”与招考之“招”之间的关键点，这应是察举和科举的最后分界[1]。以此作为判断依据，再来反观学界颇为普遍的隋代进士科创始说，从众多史料记载来看，隋设置进士科在学界已为通说，且进士科已有策试的记载，但是，倘若没有足够的史料支撑隋设进士科能够自由报考、“投牒自进”，我们就不能直接下“隋设进士科就等于科举制创始”这样的结论，而只能审慎地说“进士科始于隋，而科举制度，则确立于唐代”。

[1] 阎步克．察举制度变迁史稿 [M]．沈阳：辽宁大学出版社，1991：312-316.

第二节　科举制度产生的社会历史条件

一、科举制度产生的政治基础

在科举制出现之前，中国古代的选官制度经历了多个历史阶段的演变，各具特色。商周时期实行世卿世禄制，官员职位主要由贵族世袭；春秋战国时期，选官方式多样，既有基于血统的世袭，也有根据军功、才能或德行进行的选拔；秦代推行军功爵制，以军功作为授爵的主要依据；两汉时期则采用征辟察举制，开始注重个人的德行和才能，由地方长官推荐或皇帝直接征聘；到了魏晋南北朝，九品中正制成为主要选官制度，虽然初衷是选拔人才，但逐渐演变为以家世门第为主要标准的选拔方式。

从公元前221年秦统一全国，在中央实行了一套适应封建统一国家需要的中央政权新制度，即三公九卿制。三公（丞相、太尉、御史大夫）之间互不统属，九卿皆归于丞相管辖，无论三公还是九卿直接隶属于皇帝，均由皇帝任免调动，且一律不得世袭[1]。这一官僚政治制度的确立对中国秦汉以来的封建社会产生了深远的影响。汉承秦制，汉初在选官制度上仍然沿袭了军功爵制和郎官制，然惠帝、吕后以及文景之治时期皆推崇黄老学说，主张与民休息、无为而治，因此汉初军功授爵做官的比例逐渐减少，官吏一般从郎官中进行选拔，被称为任子和赀选，前者仰仗门楣，后者看重家资，以至于董仲舒在其《举贤良对策》中指出，“夫长吏多出于郎中、中郎，吏二千石子弟选郎吏，又以富资，未必贤也。且古所谓功者，以任官称职为差，非谓积

[1] 史仲文，胡晓林．中国全史·政治卷［M］．北京：中国书籍出版社，2011．

日累久也”[1]。

除此之外，卖官鬻爵自惠帝六年（前 189）得以实施，据《前汉书》中的《惠帝纪》记载“令民得卖爵”，“民有罪，得买爵三十级以免死罪”[2]。文帝在位之时，采取鼓励农业和商业发展的政策，富商大贾兴起，其经济势力危及农业并出现了“谷贱伤农”的现象，于是晁错上书《论贵粟疏》，提出“明君应贵五谷而贱金玉”的想法。为解决边疆粮食运送困难，使天下人入粟于边，文帝采纳了晁错重农贵粟的建议。《前汉书》中的《食货志》记载：“文帝从错之言，令民入粟边，六百石爵上造；稍增至四千石为五大夫；万二千石为大庶长，各以多少级数有差。”[3] 从本质上来说，西汉推行卖官鬻爵制度主要是用于刺激农业生产，这项政策对恢复当时的农业生产起到了积极的推动作用，对于稳固统治和安定百姓生活亦发挥了重要作用。然而，随着赐爵制度大行其道并日趋泛滥，军功爵制失去了原来的作用。汉武帝时，朝廷通过独尊儒术加强了中央集权统治，并建立了三种新的选官制度，即察举制、征辟制和博士弟子制。较之前朝，汉武帝不仅实行了赏罚分明的察举连带责任制度，拓展了察举制的科目种类，还增加了察举制的选官条件和标准，并将其制度化。察举即中央和地方官员根据皇帝诏令规定的科目［如岁举中的孝廉科、茂才（秀才）科、察廉，以及特举中的贤良方正科、文学科、明经科、明法等］在辖区内考察和选取人才并向上级或中央推荐。征辟即征诏和辟除，前者直接由皇帝下诏荐举贤良方正者委以官职，后者指中央和地方官吏可自行聘用有才能之士辅助治理事务。较之奴隶社会宗法分封、

[1]《前汉书》卷五十六《董仲舒传第二十六》.

[2]《前汉书》卷二《惠帝纪第二》.

[3]《前汉书》卷二十四上《食货志第四》.

世代继承的世卿世禄制，察举征辟制广泛地吸引了中小地主阶级出身的贤良人才参政，打破了先前功臣贵族、大富豪、大官僚垄断政治资本的局面，为加强汉朝的集权统治和促进社会发展奠定了重要的政治基础。

与此同时，汉代实行察举与考试相结合的选人制度，即无论是皇帝诏令特举的贤良方正、文学等科，还是郡国岁举的孝廉、秀才（茂才）等科，均须经过中央考试，而后才能量才录用。这相对于看重血统出身的世袭制有一定的进步意义，只是汉代察举制仍然以重德轻才、重虚厌实为主，且考试仅是作为授官大小的参考，并不占据重要地位，更无法与隋唐的科举制相提并论。因此，从历史发展的进程而言，这种进步性是极其有限的，尤其到了东汉中后期，权门请托、结党营私之弊端愈加明显，甚至逐渐蜕变为变相的世袭制。有些人为骗取仁德美名，不惜弄虚作假，如《后汉书》中的《许荆传》[1]和《陈王列传》[2]分别记载了会稽人许荆之祖父许武被举孝廉后，故意以分家资之名赢得世人赞誉，以及青州人赵宣葬亲不闭墓道，在墓中服丧20余年骗取时评的滑稽行径。更为严重的是地方官员之间相互举荐门生故吏、好友亲朋，致使朋比结党盛行、裙带关系泛滥，以至于出现了世家豪族把持地方政权和干预政府选举用人的现象。尽管东汉时期为纠正察举之滥，开始重视考试和复核制度，如汉顺帝阳嘉元年（132）接受尚书令左雄的建议，对郡国举孝廉实施限年考试之法（史称“阳嘉新制”），如《左雄传》中提到了“请自今孝廉年不满四十，不得察举，皆先诣公府，诸生试家法……”[3]，试图对察举制进行改良，但旧制弊端早已积重

[1]《后汉书》卷七十六《循吏列传第六十六》.

[2]《后汉书》卷六十六《陈王列传第五十六》.

[3]《后汉书》卷六十一《左周黄列传第五十一》.

难返，与察举制当初选拔有完整人格的“贤士大夫”之选人标准渐行渐远。

为了改变中央政府选才权旁落于世族豪门的被动现状，打破门阀士族操弄士人入仕的垄断权，先是曹魏时期创设九品中正制，由州和郡的大、小中正官对所辖区内人士加以品评，上报朝廷并由吏部授予官职。后魏晋名臣刘毅向晋武帝进言九品中正制之八种弊病，认为“选中正而非其人，授权势而无赏罚，或缺中正而无禁检，故邪党得肆，枉滥纵横。虽职名中正，实为奸府；事名九品，而有八损”[1]，但并未被武帝采纳。延续至南北朝时期，世家大族发展正盛，铨选权力更是集中在少数公卿大臣以及名门望族手里，如东晋时的琅琊王氏、陈郡谢氏、颍川庾氏等世家大族轮流把持。这股强大的政治离心势力的形成必然导致皇权的衰败、政权的分裂以及地方割据的形成，不仅使秦汉时期形成的皇权对士族的绝对优势地位不复存在，而且使东汉早期皇权和士族的均势地位也被打破，这使得当时的社会沦为一个以大大小小的家族、宗族为核心的门第社会，个人才干不再受到重视。

冯友兰认为在中国封建社会的历史中，每一个朝代都是由一个掌握武力的军阀即皇帝所创立的。魏晋至梁陈时期，中国封建社会实际上由皇帝一方的军阀联合门阀士族共同统治，在这种联合统治中，作为皇帝的军阀，其政治地位本应是最高的，可是在魏晋南北朝时期，他们的社会地位反而没有门阀士族高[2]。而魏晋南北朝时期九品中正制的实行和发展，只不过加剧了豪门士族对举荐之路的垄断与操纵，使职业官僚系统更加疏远皇权而向士族靠拢。正是皇权的式微以及士族对选才任用的

[1]《晋书》卷四十五《列传第十五》.

[2] 冯友兰. 中国哲学史新编（下）[M]. 北京：人民出版社，2004：5-6.

超强控制导致了东汉末年到隋朝统一长达四百年的地方割据和国家分裂，这给皇权的拥有者们带来了深刻的警示。“如果不能很好地解决官员的选任问题，就无法建立起绝对效忠于自己的职业官僚系统，就不能消除来自上层社会的对大一统皇权的威胁与挑战。这就是科举制度应运而生的社会背景。”[1]

二、科举制度产生的经济基础

春秋战国时期，我国历史进入了从奴隶制向封建制转变的社会大变革时期，同时中国历史也进入了铁器普及的关键时期。铁器的普及，特别是铸铁农具的普遍应用以及河渠的开凿，成为这一时期生产力发展的重要标志。它不仅推动了农业、手工业、冶炼业和交通航运的发展，还在很大程度上推动了春秋战国时期的历史进程。如铁犁铧的使用和牛耕的普及加快了大批量荒地的开垦利用，凿井技术的进步和水利工程的兴建，使得各国争相扩展江河流域、开凿水渠灌溉农田，人们得以改变择水而居、依水而作的传统，推动了春秋战国生产力的巨大发展，深刻地改变了人们的聚集方式和生活方式。

随着农业科学技术的提高和水利灌溉工程的兴建，大量荒地得以开垦，私田数量不断增加，甚至出现了“私门富于公室”的现象。个体家庭作为新生产关系的标志，开始从宗族和大家族中分离出来，成为最早的自然经济形态的代表。早在西周初期，就出现了异族成员管理宗族事务的现象，形成了主臣之间毫无血缘关系的家臣制度，这是最早的官僚制度的萌芽。春秋时期，服务于各诸侯国之间攻伐兼并的需要，招贤养士之风开始盛行，“学而优则仕”的主张得以兴起，催生了士人知识分子阶层的

[1] 孙立平．论科举制对传统中国社会结构及其演变之影响 [J]. 学习与探索，1992（4）：130-138，121.

出现。新的封建生产关系的产生引发了先秦阶级等级结构的新陈代谢，使得传统建立在井田制基础之上且以宗法关系为纽带的政治制度遭受了前所未有的挑战。《中国社会通史（先秦卷）》中提出："出生于不同等级的士人知识阶层的出现，是先秦政治制度上划时代的事情。这批士人虽任官职，但只食俸禄而不占有土地，同时又非世家，这就猛烈地冲击传统的世族世官制度，促使其趋于瓦解……"[1]

秦汉是我国封建社会第一次大一统时期，为巩固封建统治，秦代实行中央集权的经济管理体制，土地由分散趋于集中，且日益形成了以小农业和家庭手工业相结合为特点的主要生产方式。其中，大批豪族被迁移到关中等地，庶民地主发展缓慢，最得势的是由军功起家的官僚地主，而占有小块土地的自耕农数量庞大，他们依附于封建国家，成为恢复发展农业生产的主要力量。秦代铁农具的广泛使用以及水利灌溉技术的发展为提高耕作效率提供了便利的条件，同时也为秦代积粟存量稳定农业生产打下了良好基础。除此之外，秦代还比较重视手工业的发展，特别是冶铁业和制陶业相对来说比较发达，不仅出现了蜀郡卓氏、程氏、南阳孔氏等大冶铁家，民间还出现了许多密集的独立制陶作坊，较好地刺激了商业区和商业市场的发展，并在短短十多年的统治期间创造了巨大的物质文明，但终因暴政被汉朝所取代。西汉初期重建中央财政管理制度，实施与民休养生息政策。发展至汉武帝时，因连年对外征伐，军政开支较大，加之百姓赋税徭役负担较重，阶级矛盾不断激化，导致各地农民起义此起彼伏。武帝于征和四年（前 89）颁布《轮台诏》，言道："当今务在禁苛暴，止擅赋，力本农，修马复令，

[1] 龚书铎．中国社会通史（先秦卷）[M]. 太原：山西教育出版社，1996：231.

以补缺，毋乏武备而已……由是不复出军。而封丞相车千秋为富民侯，以明休息，思富养民也。”[1] 由此为昭宣中兴的大好局面奠定了重要的基础。这期间农业生产获得了较大的发展，主要表现在铁农具和牛耕的进一步推广，耦犁（二牛抬杠）、耧犁（三犁共一牛）耕作，代田法等先进农业生产技术的进步，以及水利事业的发展。手工业获得了迅速发展，尤其是家庭手工业与小农业的有效结合，是以家庭为单位的自耕农经济发展的根本，同时还成为当时封建专制政体的基础。尤其是东汉蔡伦改进造纸术，大大提高了纸张质量，降低了用纸成本，书籍进入公众传播时代，使得读经应举成为士人的普遍选择，这为科举制的产生提供了物质条件。随着西汉中后期土地兼并加剧，儒士、官僚、商人、地主逐渐融合，形成了四位一体的豪族地主阶层。这一阶层在东汉时期进一步壮大，催生了豪强地主的田庄经济，为门阀地主世代掌握政权、控制中央政权仕进提供了强有力支撑。南北朝后期至隋末，农民起义和军阀斗争连续不断，严重打击了门阀士族的势力，世族制度开始衰落。此时庶族地主与大量自耕农的出现，尤其是“士”阶层的扩大，成为举子的重要来源，为科举制诞生提供了经济和阶级条件[2]。

三、科举制度产生的文教基础

西汉初全面推行无为而治、与民休息的黄老之学，预示着文教政策从秦代法治教育向汉代德治教育的转变。但这种清静无为的放任政策不利于建立统一的封建伦理教化制度，也未能有效解决分散的小农经济与高度集中的政权统治之间的矛盾，

[1]《前汉书》卷九十六下《西域传第六十六下》.

[2] 杨学为 . 科举制是对封建宗法制度的革命 [J]. 湖北招生考试，2005（16）：4-11.

反而加剧了豪族地主兼并土地的行为，激化了阶级矛盾。儒家经过汉初的恢复与发展，逐渐具备了与道家抗衡的实力，并开始争夺学术霸主的地位。出于稳固皇权的需要，从文帝时重用儒家学者贾谊，到景帝时进一步起用辕固、董仲舒、胡毋生等人，再到汉武帝时期罢黜百家，独尊儒术，当权者最终选择了一条适合当时中国封建宗法社会的三大文教政策，即"罢百家以尊儒，兴太学以养士和重选举广取士"。西汉时期，董仲舒与汉武帝的"天人三策"对话是一个重大的标志性事件。这场对话实际上是汉代士大夫与君主在谋求政治合作过程中达成的思想共识与政治盟约[1]。董仲舒《举贤良对策三》中说道："太学者，贤士之所关也，教化之本原也。今以一郡一国之众，对亡应书者，是王道往往而绝也。臣愿陛下兴太学，置明师，以养天下之士，数考问以尽其材，则英俊宜可得矣。"[2] 其目的是建立起以儒家思想为主导的体制化人才培养和选拔机制，"天人三策"对后代的宗法思想、仁政德治、官学和私学均产生了深远的影响。

公元前 124 年，西汉太学创建，标志着我国封建官立大学制度的确立。培养和造就一大批尊奉儒家大一统国家观念和宗法思想的人才，源源不断地输送符合帝王政治权力需要的人才，服务于中央集权统治，成为当时兴办太学的主要原因。在大力发展学校教育的同时，汉代还保留了宦学，形成了宦学事师制度，也称为职官教育，宦学的生徒求学即入仕，出路非常明确。当儒家思想确立为西汉正统思想后，以儒术取士的察举制度应运而生，并发展成为两汉选人的主要途径。可以说，察举制度既担负着选官的职能，是一种选官制度，同时又担负着学校之

[1] 朱汉民．天人三策：儒生与帝王的共识与盟约 [J]. 孔子研究，2018（4）：100-105.

[2]《前汉书》卷五十六《董仲舒传第二十六》.

外社会教育的功能。随着儒学和仕途的完全结合，儒经成为养士和取士的唯一依据，一方面实现了教育的儒学化，读书人纷纷变成了儒生，教育的政治伦理功能不断凸显；另一方面，朝廷任官标准与学校培养目标也趋于一致，养士和选才并重的文官制度得以形成。汉文帝诏举贤良并亲自策问拉开了察举制选拔官员的序幕，于武帝时形成了比较完备和严格的察举法规。例如实行了奖罚分明的察举责任制，以防察举不实或有才不举，增加察举科目，规范察举人数、察举标准、期限和年龄等，实行察举和考试相结合的体制等等，极大地促成了汉朝选贤任能、功业兴盛的盛大局面。东汉顺帝阳嘉元年（132），为纠正豪门世家请托之风，左雄对察举制进行改革，对察举之人设以年龄限制，推行分科考试制度，为科举制的创设奠定了重要的基础，被视为科举制的萌芽[1]。正如沈兼士所言，“左雄改制以后，考试制度的雏型也就具备了。隋唐以降，科举代兴，于是政府所挟以甄拔人事的方法，不得不出于考试一途”[2]。魏文帝时，为革除选举不实之流弊，立九品中正制，专司选举之责。晋朝和南北朝基本沿用魏制，但因门第阶级之盛，虽欲革除其弊，终未果行。“盖此魏晋南北朝数百年间之举士，多笼罩于九品中正之下；虽行考试，亦不过偶一为之，非至李唐，真正考试制度终未成立也。”[3]

从本质上来说，举孝子廉吏是为董仲舒建构的一套独尊儒术的文官政教制度服务的。与原始儒学建立在血缘贵族（个体）基础上的修齐治平的政教体系不同，这个由董仲舒参与的大一

[1] 张晓政．从察举到科举的历史启示 [J]. 月读，2016（6）：4-12.

[2] 沈兼士．中国考试制度史 [M]. 北京：中国和平出版社，2014：1.

[3] 邓嗣禹．中国考试制度史 [M]. 长春：吉林出版集团有限责任公司，2011：48.

统的文教政策重选举、广取士，养士与取士并重，促使教育和政治结盟，政教合一达到了前所未有的高度，教育完全沦为政治的附庸。自此，“进教化、立官制、重文士、轻武夫——一个由‘孝悌’、读书出身和经由推荐、考核而构成的文官制度，成为专制皇权的行政支柱”，为后世所沿袭[1]。随着官学和私学的发展，政教相连的政治传统和耕读仕进的社会观念逐渐深入人心，新兴“士”阶层的壮大、平民入学打破了士族对教育的垄断，为社会阶层流动和后来的官僚选拔制度变革做了一定准备，为隋唐科举制度的出现奠定了基础。总的来说，察举制的实行效果，西汉普遍优于东汉，两汉前期优于后期，察举制发展至九品中正制终究难逃门阀阶级之风习，最终因强烈的士族化倾向而弊病丛生，加剧了政治离心倾向。一是选人大权始终把持在世家大族等少数人手里，权门请托、贿赂之风难以抑制，选人的公平性和公正性大打折扣。二是选才标准的主观性和随意性加强，助长了选人唯亲、唯财、唯势之风，特权大行其道使得选拔人才之质量更难以保障。这种考试选官的教育目的论，以仕途作为诱饵将世人吸引进读书做官的狭小通道内，极大地窄化了学校的教育，致使整个知识阶层成为官僚队伍的后备力量；并且在强化教育政治伦理功能的同时，抑制了学术思想文化的全面发展，深刻地影响了两汉的察举制、魏晋南北朝的九品中正制。即使是发端于隋唐、盛行于明清的科举取士制度也高度遵循着从养士到选士，再到入仕这样的“体制 - 制度性”路径。

[1] 史仲文，胡晓林．中国全史（秦汉分卷第028卷）[M]．北京：中国书籍出版社，2011：279.

第三节　科举制度的发展阶段及其特征

一、科举制度发展阶段概述

前科举时期，中国历史上的选官制度经历了西周的世袭世禄制、秦朝的军功封爵制、两汉的察举制和魏晋的九品中正制等四个大的时期[1]。隋代实现大一统后，随着门阀贵族的渐次崩溃，为加强大一统的集权统治，把地方官员的选任权收归中央，隋文帝于开皇年间废除九品中正制并开始分科考试，隋炀帝于大业元年又设进士科，将科举分科取士的模式固定下来，中国古代社会从此进入了进士时期，但这并不代表中国真正地进入科举社会。钱穆先生在《中国历史研究法》中提到，“科举进士，唐代已有。但绝大多数由白衣上进，则自宋代始。我们虽可一并称呼自唐以下之中国社会为‘科举社会’，但划分宋以下特称之为“白衣举子之社会”，即‘进士社会’，则更为贴切。我们亦可称唐代社会为‘前期科举社会’，宋以后为‘后期科举社会’”[2]。沿用此说，人们往往把唐以后的古代社会称为“进士社会”或“科举社会”，说明隋唐和两宋的科举制度有较大差异。明清时期，科举制发展至鼎盛后，开始由盛转衰，最终落寞退场。根据科举制度发展的历史演变以及特征，我们将隋朝科举初创至清末废止的约 1 300 年历史大致分为前期科举、中期科举和后期科举三个阶段。

[1] 杨齐福，林建曾．科举考试制度的再审视 [J]. 贵阳文史，2007（1）：60.

[2] 钱穆．中国历史研究法 [M]. 北京：生活·读书·新知三联书店，2001：46.

（一）前期科举社会：隋唐科举

科举虽创于隋朝，但因国祚太短导致隋科举制并未得到充分发展，沿至唐朝，科举制度迎来了中国历史上的第一个黄金期。唐科举历经太宗、武则天、玄宗三朝，其制度得以全面确立并在全国广泛推行。唐代的科举制在很多方面都有创举性，如考试由政府出面招考并定期举行、考试科目和内容的确定、考试资格和程序的设立、考试监管与录用的制度等，这些选拔人才的考试要素，基本都源自唐代，考试的许多规定和办法直接为后世承袭沿用，历代王朝竞相在考试至公的制度建设方面对其发展完善。

第一，从考试科目和内容上来看，唐代科举主要分为常规性选人的常举与选拔特殊人才的制举两大类。二者在考试内容、生源和方法上有较大区别。常举每年定时定科目考试，其固定性的科目有秀才、明经、进士、明法、明算等 50 多种，其中数明经、进士两科是常举里最主要的选人科目，唐高宗以后又以进士为贵。秀才一科因对考生的治国素养要求极高而渐被废止。明经重在考察帖经、墨义等识记类知识，层次较低，因而考取相对容易。进士科重策试和诗赋，又以文学才能见长，难度较大，因而含金量较高。制举是由皇帝亲自主持的补充性考试，概因选取非常之才以备常举选人之不足。武则天长安二年（702）增设武举，多从长垛、马射、步射、平射、筒射、马枪、翘关、负重、身材等方面进行考核。科举的生源主要来自生徒和乡贡两个大类。生徒是在各个地方学馆学习经考试合格的国学生，乡贡主要是指自学成才者向各个州县投牒自举，申请参加考试的平民士子。

第二，从考试管理体制来看，唐代形成了地方和中央两级考试制度，即由州县乡贡考试和中央尚书省省试组成的两级考试制度，将前朝的地方荐举统改为资格考试的方式，无疑推动了科举考试至公制度的全面建设。州县乡贡考试称为解试，尚书省考试称为省试或礼部试。常科登第后，只具备做官资格，尚不能直接授官，必须经过吏部考试即选试这个过程，只有合格者才能授予官职，这成为唐时期进士入仕前的必经之路。唐代官员任用实行举、选分离（选士和任官制度的分离），相较于前朝察举制“士之被举未有不入官者”是一个重要进步，这种“选士”和“选官”分而治之的模式，标志着科举取士走向了专业化。

第三，为规范公平取士，唐代在科举考试公平上推行了一项重大创举，即实行了锁院制度[1]，以防范考官之间徇私舞弊。与此同时，唐代省试开创了科举考试的复核制度，加强了对考试结果的监管，使得考试一步步向规范化迈进。这些制度都为后世所续用，并为宋代科考殿试的产生奠定了基础。虽说科举制度在唐代基本定型，但入仕为官并非全然由科举成绩决定。唐代选拔人才的制度当中，尚保留了前代察举制度的部分旧制，采取公开推荐人才的通榜之法对考选人才进行补充，如“行卷”和“公荐”，像韩愈、李绛、崔群和王涯等名家高官都是通过这些途径脱颖而出的。虽说考试和推选的结合，体现了唐代不拘一格选拔人才的灵活性，但正因为举荐背后所依附的家世、门第等先赋资本在唐代取士中的优势依然强劲，阻碍了科举革新不断追求公平的探索，也不利于真正的寒门庶子进入朝廷参政议政，而这又为宋元时期真正取消公荐等制度，最大化地向寒俊布衣开放创造了条件。

[1] 金滢坤．“惟齐非齐”：论中国科举考试变革中的“至公”与“选人”得失[J]．甘肃社会科学，2023（6）：28-36.

（二）中期科举社会：宋元科举

科举经过隋唐奠基，历经五代十国，中间虽偶有中断，但在进入宋代后已成为中国古代社会政治生活的组成部分。两宋继续推崇尊孔崇儒的伦理政治，在官学与科场展开了关于经学与诗赋孰轻孰重的较量，其中，以王氏新学与程朱理学之争为盛，最终程朱理学被奉为正宗的官方哲学而统治了南宋文教领域，并延续到元代。宋元时期的考试取士日益走向规范化、程式化和刚性化，人才选拔的客观标准越来越凸显，这一方面有效抑制了道德选人背后的请托之风，另一方面又为平民知识分子步入上层社会参政议政疏通了晋升通道。两宋时期的科举制度总体呈现出不讲门第高低、不论贫富差距、不看职业出身的特点，通过广泛吸纳新鲜的政治力量扩大政权的社会基础，形成了“取士不问家世”的良好风尚。较之隋唐，宋元的科举大体同唐代一样设有常科、制科和武举，但在形式和内容上进行了若干项重大改革。

第一，考试科目设置上，宋初沿袭唐代科举旧制，科举以诗赋取士为主。宋初历经太祖、太宗、真宗三朝改革，确定了宋代科举的基本格局，科举追求至公的制度体系建设得以体现。随后的几次改革逐渐加大了经学在科举中的比重，但科举之诗赋取士与经义取士之争在宋代长期成为争论的焦点，前后历经多次调整，没有常制。神宗年间，科目改革上的重要事件是王安石推动熙宁变法，独存进士科，专用经义科代替诗赋科，从而形成了北宋经义进士科的独尊地位。哲宗元祐年间，恢复经义、诗赋二科取士之制，后又再罢诗赋科，多次循环往复，最终在南宋时，确定了两科取士制度为定式。此外，北宋熙宁、崇宁年间先后两次兴学，确立了太学舍选制度，实行三舍法，试图开拓一条相对独立于科举的新的选士途径，这体现了当时的科举与学校教育之争，在当时影响较大。元代科举从废到兴是元代历史发展中的大事件。元代科举因易朝停废了数十年，终在元仁宗延祐二年（1315）恢复科举取士，史称“延祐复科”。科举的此次复兴在仿唐宋旧制的基础之上，尊崇朱熹之学，明确了以程朱理学著述为考试标准。这一变化奠定了程朱理学的官方正统学说地位，并对明清两朝科举取士内容的标准化改革产生了深远影响。

第二，考试管理制度上，更加注重规范化和程式化管理。其中，殿试制度和封弥誊录制度是宋代科举考试的两大创制。一方面，改革科举程序，实行殿试制度，由皇帝亲自主持，对吏部奏名进士进行复试，将选士大权直接控制在皇帝手中。如宋太祖于开宝六年（973）建立了解试、省试、殿试三级考试制度，变进士及第为天子门生；英宗时期定为每三年举行一次考试，科举考试三级制管理遂成形，并为后世沿袭。另一方面，北宋在禁止行卷、公荐举子应试的同时，又于太宗朝雍熙二年（985）实行“别试”制度，对与考官有亲戚关系的举子另列考场考试，提倡公平竞争。同时还严格了贡院管理，考生入场前需进行搜身检查，防止夹带舞弊。为进一步提升考试的客观性和公平性，太宗朝淳化三年（992），首次在殿试实行糊名考校，尔后推广于省试和解试，将所有考生姓名和籍贯加以密封。真宗朝又采用誊录制度，组织专人将考生试卷誊录后再送考官评阅，意图杜绝作弊的可能。以上制度延续至南宋并进一步完善，这些做法从考场设置、考场纪律、回避制度、改卷阅卷和防范假冒请托等方面加强了对科举考试全程的规范化监管，在形式上越来越趋于制度化和公平化管理。

第三，考生来源上，不断增加科举录取名额和途径，在限制士家子弟的同时广开寒俊仕进之途，进一步扩大了应考范围，形成了相对公平的铨试制度。科举录取的名额大幅增加，科举在形式上实现了最大限度的公平竞争，在一定程度上减少了唐代科举请托权门、徇私舞弊的弊病，使得出身庶族的寒俊之士能通过考试获得更多入仕参政的机会，社会上下流动以及开放化程度得以增强。如真宗大中祥符八年（1015）礼部放榜，合格进士者竟无一人以权门显名；到了仁宗朝，13 榜进士中，竟有 12 榜进士第一名出自平民布衣之家[1]。在科举规模不断扩大的情况下，读书应举的人数相应增加，学校教育大幅度发展。南宋时期科举名额按照人口比例比北宋还多，特别是偏远落后的岭南地区的文化教育得到了较大开发。

科举发展至元朝，一度被废长达数十年，后在元仁宗时恢复。元代科举中落一方面与初期少数民族汉化的程度有关，更为深层的原因则是游牧文明和农业文明的冲突。科举在元代中期的复兴则反映了两类文明的彼此包容与融合。总之，元代科举的复兴既承袭了宋代科举的特点，又有自身的创举。元代科举对于促进民族融合和文化交流是有所裨益的，更为重要的是，元代科举把程朱理学作为官学，将考试范围限定在“四书”里，对后世明、清两代程朱理学在科举考试中的独尊地位产生了深远影响，元代科举朱子儒学的定式化导向，为明清科举后来走向僵化埋下了隐患。

（三）后期科举社会：明清科举

明清科举发展相当完备，中央政府对科举的推崇达到前所未有的高度。这一时期的科举制度，以规范化的“四书”“五经”作为考试的统一教材，以八股文格式作为应试的标准文体，以严格的糊名与防弊制度作为录取的保障，不仅有利于加强中央

---

[1] 史仲文，胡晓林. 中国全史 • 教育卷 [M]. 北京：中国书籍出版社，2011：513-514.

集权，消除地方差异，而且在一定程度上突破了阶级地位的限制，扩大了统治基础，为国家选拔了大批有才干的人，促进了社会流动，增强了各民族对中央政府的向心力。科举在明朝时期趋于规范化和成熟化，发展至清朝则走向单一化和程式化，最终因考试内容和形式过于僵化，开始由盛转衰，选拔人才的空间急剧窄化，无法继续担负为封建帝国选拔精英人才的职能。在世界近代化转型过程中，科举制遭遇了千年未有之大变革，西方新的政治制度、机构组织以及文明形态对传统中国帝制后期的政治权威以及价值信念造成了严重的冲击。由于面临内忧外患，维新运动的尝试归于失败，清末新政也只不过是一场穷途末路式的垂死挣扎，终究无法逆转危局，连同数千年的帝制王朝一起走到了尽头。但这一时期的科举又经历了基因突变，既缔造了盛世，又遭遇了衰败，有几个重要历史事件贯穿其中。

一是明代开科取士经历了曲折。明太祖朱元璋一朝选拔人才有荐举、科考和国子监培养三种途径。值得注意的是，对明中后期以及清代产生重大影响的科举考试，在明初的推行并非一帆风顺，从洪武三年（1370）推行，于洪武六年（1373）停废，再于洪武十七年（1384）恢复，停废长达 10 年之久。朱元璋在新建政权后以科举制并未达到“务求实才”的效果将其废除，改以旧制依赖征召和举荐选才，但因举荐缺乏客观标准而无法甄选出有真才实学之人，又将科举复归。为了解决洪武初期朝廷用人不足的问题，一改士人隐逸山林的风气，明太祖于洪武三年（1370）规定：“使中外文臣皆由科举而进，非科举者毋得与官。”[1] 提出做官需先通过科举考试加以鉴别，科举遴选人才的作用得以发挥。实际上，明以前也有过废科举的记录，但多

[1]《明史》卷七十·志第四十六《选举二》.

是在战乱年代。政局动荡，偶有中断也是正常之举，即便是蒙古族人建立的元朝，科举中断时间最久，也是汉蒙文化的碰撞和差异所致，毕竟两种文明的交融发展需要时间。明朝前期开科取士的曲折，虽是中国科举发展史上的一个小插曲，但由立到废再到立的过程显然是经过统治者多次考量、反复验证后的结果，这说明科举制自创制起，它在古代选官制度上的技术优势已无其他制度能替代，更体现出科举在强化专制统治上的独特价值，也注定了明清科举制度的定式化走向。从此，科举在此后的 500 多年间虽历经修补但再无停废之实，直到清末积弊难返，彻底退出中国历史舞台。

二是明朝科举发展进入定型化阶段。第一，在考试层级管理上，明代科举在宋元基础上，实行了童生试、乡试、会试和殿试的四级考试制度[1]。无论基于通说的四级，还是五级的创举，这一考试体系的建立都充分说明明朝科举考试走向了定型化发展。层级选拔制度的确立，提高了考试选拔人才的难度和规范程度，对选才质量提出了更高的要求，标志着科举制度的成熟。第二，科举定型化发展的另一个表现在于洪武十七年（1384）确立八股文为官方考试文体，直接将科举试文推向程式化和格式化。八股文在北宋创制之始只是科举制度中的一种考试方式，但明朝中后期其逐渐固化为科举考试的专用应试文体。它有严格的应试程序和写作程式，考生必须遵守字数和声律的要求，

[1] 关于明代科举的举办层级，学界有争议。有人说实行了三级制（即乡试、会试和殿试），也有人说实行了五级制，即在三级考试之外增加了科考和庶吉士两级考试。科考也叫小试，主要是于正统九年（1444）颁布实施用来确认应试生儒参加乡试的资格考试。庶吉士是于永乐二年（1404）增加在殿试之后用于选拔高层次人才的考试。参见：郭培贵．明代科举的发展特征与启示 [J]．清华大学学报（哲学社会科学版），2006（6）：77-84.

讲究代圣人立言。清八股文体的产生，既促成了这一时期科举发展的繁盛，又迫使科举步入了僵局。八股文早期确实为明朝选举了有用之才，发展到清朝则逐渐固化，考试方法越来越注重死记硬背，考试内容越来越窄化，使得科举选拔优秀人才的功能不断减弱，更为严重的后果是导致了世人知识结构的僵化，抑制了学术思想的创新，因此最终走向衰败。

三是科举与学校教育的关系发生了变化。明清儒学的理学化发展强化了科举和学校教育的理学倾向，进一步确立了经义在科举和学校教育中的统摄地位。唐宋时期，学校是与科举取士并行的选官途径，学校和科举的关系，与学校的盛衰兴废密切相关。宋时推行变法兴学运动，扩大太学规模，广纳读书士子，在太学创立三舍法，欲以学校养士代替科举取士，科场取士悉由学校升贡，后又不得不恢复科举。南宋时官学衰微，书院进入鼎盛时期。这种情况发展到明清，“科举必由学校”，即凡是参加科举考试者，必须经过学校的培养，科举由此成为选官制度的主流。这一政策导向带来了明代学校教育发展极盛的一面，科举与学校教育的关系较之前代更加紧密，科举制度对明清学校的发展影响也就越来越大。但其弊端是学校完全沦为科举的附庸，成为科举考试的预备所或养成所。在这种情况下，学校与科举的兴废盛衰融为一体，一旦科举不再需要学校，学校也随之衰落。更为严重的后果是学校就此失去了发展的独立性，无论官学还是府州县学，其教学方法与考试内容都高度雷同，共同服从于科举考试这个总指挥棒。从唐初选官之途为科举取士与学校取士二者并行，到宋代科举取士悉由学校升贡的三舍法改革，再到明代科举取士必由学校一途，学校与科举的命运捆绑得越紧，就越难以挣脱，发展至清末，要推广学校就不得不停科举，最后各种旧式学校在废科举后难以独存，终被新式学堂所取代。

二、科举制度的发展特征

科举制度从初创奠基、改革定制、发展完善到由盛转衰，其发展历程本身就是一个复杂且艰难的探索过程。纵览千年历史沿革和发展脉络，可以对科举制度的发展特征予以概括。有学者从制度建设的角度回顾了科举制度发展的全过程，发现科举制度具有全面性、持续性、规范性和适应性四大特征[1]。全面性是指为保证科举制度的有效实施与顺利运转，科举制自初创以来就涵盖了考试科目的设定、考生资格、考官选任、考场管理，以及从命题、阅卷到录取等多项事务的管理规定。持续性是指科举制度在科目发展以及防止舞弊等考试建设方面的持续改进是一个循序渐进的过程。规范性主要指考试机构、各级考试时间和形式以及考试管理制度的日趋程式化和制度化。适应性是指科举制度在面临朝代更迭、王朝对峙、军阀混战，以及少数民族政权统治等复杂历史变迁时，依然能延续不断，在传承中所表现出的强大包容性以及融合能力。

中国科举从隋唐奠基到清末废止，既保持着一般制度发展的普遍规律，又有着自身独特的发展特征。具体表现为四个特性：一是政治导向性，主要针对科举考试的目的而言；二是历史继承性，针对科举考试的内容和形式而言；三是相对独立性，针对科举考试的功能而言；四是规范性，针对科举考试的运行管理过程而言。

（一）科举制的发展具有政治导向性

科举制发展的政治导向性是指考试选士的目的性与政治性

---

[1] 李世愉，贺晓燕．从制度建设看科举制度的历史意义［J］．新华文摘，2022（20）：86-87.

的高度捆绑，越来越服务于“学而优则仕”的政治伦理功能。自从西汉确立了一套以儒家德治为正统思想的文教政策以后，学校教育便形成了服务于官方意识形态的传统。这一传统不断将养士和选士吸纳进皇权的控制之下，强调教育的政治伦理功能。科举制将儒家思想推向科举后，儒家思想成为历代社会备受推崇的官方意识形态。科举制利用考试不断强化官方的意识形态，将“学而优则仕”的教育思想制度化，建立效忠于皇权的职业官僚队伍，使士子们专心从政治国，为朝廷效力。因此，科举成了维护大一统皇权的儒学考试制度。唐朝颁布《唐礼》和《唐律》，《唐律》提出德礼为政教之本，刑罚为政教之用，将儒家的伦理道德思想法典化，为儒家思想作社会正统思想提供了法律保障[1]。这就决定了所有举子要参加科举考试步入仕途，就必须从小苦读儒家经典，研习儒家学说与孔孟之道。参与科举考试的整个过程，实际上就是一次接受效忠于皇权制度的教育过程。

科举运行千年之久，其间不断有改革之声，历朝历代尝试各种方法对其修补完善，为方便中央对人才的管理，科举考试在形式和内容上一变再变，导致考试科目和考试形式逐渐趋于单一，如考试科目从唐时期的多科并举到独尊经义进士一科，考试内容从唐时期的经史子集到明清的程朱理学，考试方式从不拘定式到专以八股程式取士。这些变化透露出一个共同特点，即为简化人才的选拔程序，官方越来越倾向于追求选拔过程的可操作性和可控制性。明清以八股文取士即官方追求考试操作形式化和技术化的例证。然而，随着考试八股标准化取士的深入推进，八股真正的利好在于为考官提供了出题和阅卷的方便，

[1] 史仲文，胡晓林. 中国全史·教育卷 [M]. 北京：中国书籍出版社，2011：401-402.

看似降低了考试成本，提高了考试效率，但却不利于考生的发展，不仅框定了举子们的思想，禁锢了他们的言论，更不利于国家选取可用之才。科举的革新本是应时代之变重新赋予制度新的活力，真正发挥选贤任能的作用，但此时科举制度改革之目的已不再是满足国家对人才的实际需求，而是一味地寻求程式化的操作模式和简易化的程序运作。当考试效率优先时，公平性的探索就此被搁置，技术理性超越了价值理性，实为本末倒置。总的来说，科举管理操作的简单化是唐宋以来科举发展的一个总趋势，其内在推动力是官僚政治追求操作简单、管理方便的本质规定性[1]，究其根源，这一要求的产生，则是由中央高度集权统治的政治需要决定的。

（二）科举制的发展具有历史继承性

科举制发展的历史继承性表现为在以时间为坐标轴的科举史上，科举作为古代选官制度的典型代表，在历史进程中通过因袭、替代和创新等多种形式不断完善和发展，它没有因朝代的更替而出现大的变化，反而表现出制度的自我调适性和自我完善性。科举创制有其重要的社会基础和历史必然性。隋唐科举制的奠基上承两汉察举制的分科举人，脱胎于魏晋南北朝时期的九品中正制。可以说，察举制是科举制的前身和母体[2]。它们在维护封建王朝集权统治的政治目标上高度一致，都是为国家选拔贤士以弘扬儒家正统伦理、维持社会秩序稳定，但在选人的具体标准和实践操作方法上却发生了新的变化，在制度衔接上明显存在一定的关联性和继承性。

---

[1] 刘海峰．科举制的终结与科举学的兴起 [M]．武汉：华中师范大学出版社，2006：41.

[2] 阎步克．察举制度变迁史稿 [M]．沈阳：辽宁大学出版社，1991：1.

这种继承性一方面表现在取士科目的演变上。汉代实施常科（如孝廉、茂才为汉代察举科目的典型）和特科（如贤良方正、明经、明法等）分科分途取人，按照科目要求定期地或不定期地向朝廷举荐合乎相应标准的士人。察举诸科中形成了“论轻重以贤良为重，论得人以孝廉为多”的说法。汉初察举不用考试，后为提高举人质量，实行察举与考试相结合的制度，特举之人由皇帝亲自加以策试，其他由郡国岁举之孝廉、茂才等要在公府进行复试。东汉阳嘉改制后加大考试占比，凡察举之人，皆要经过考试，通过后再录用，形成复试制度，在察举制度上所做出的分科举人与察举考试举人改革已经包含了科举考试制度的雏形。魏晋与南北朝时依然沿用策试取孝廉之法，考试制度得以延续。隋代改变了先前的制度，设立明经和进士二科，并以“试策”作为常科取士。隋唐进士科在内容上对前朝的秀才科有一定继承，唐代进士科和明经科的重轻，正如前代秀才与孝廉之重轻[1]。唐代在常举和制举的基础上又创立了武举，发展并完善了科举制度。宋代废除公荐制度，录取全凭考试成绩；熙宁变法废明经诸科，独存进士科，专以经义论策取士，后又经多次改革，将诗赋进士和经义进士两科确立为定式。元明清三代沿袭宋制，但科目有所调整，最后进士科成为科举唯一的考试科目。

另一方面，这种历史继承性还表现在对边疆和少数民族地

[1] 唐初秀才科与明经、进士科并存过一段时间，后因中第之难濒临废绝。隋炀帝始置进士科，即试诗赋，其实隋代明言加试赋颂等文者为秀才。从唐初制度推之，可知所试者为策，正如秀才。之所以设置进士科，可能是由于秀才科名太高，难以录取，各州又不敢贡举，因此别立进士之名。参见：唐长孺．魏晋南北朝隋唐史三论——中国封建社会的形成和前期的变化 [M]. 武汉：武汉大学出版社，1992：386-397.

区选士的持续优待上。汉代实行察举制度，东汉和帝“抚接夷狄，以人为本”，采取优待边缘州郡进仕政策，规定“边郡口十万以上，岁举孝廉一人；不满十万，二岁举一人；五万以下，三岁举一人”[1]。这说明汉时期就非常重视边疆民族地区的政治和文化统一，“对后来唐代科举按州、府、道大小定额解送及明清实行分区定额取中的制度产生了积极的影响，开科举制在边疆民族地区的实践之先河”[2]。唐代科举考试实行解额制度，考虑了地域间文化、人口和地缘的差异，同时对直接控制的民族地区，如湖南、贵州、广西等地区，均分配科举名额并设科取士，对笼络天下士人、促进国家统一具有重要意义。这一时期还出现了诸藩属国及吐蕃等地的子弟前往长安太学求学的盛况，较好地推动了民族交融和汉文化的传播。宋代在延续推行解额制度的同时，高度重视边远民族地区科举取士的推广，给予少数民族考生一定的政策照顾，不仅为其提供参加考试的盘费资助，还专门将西南地区的会试科场设在四川，避免云南、贵州等地考生长途跋涉，使全国各地的士子都有机会平等地参加科举考试。随着科举规模的扩大，明清时期为平衡南北取士，开始分南、北、中卷，或分省录取，清代将其细化为分省录取之法，保证文化、经济最落后的省份依然有少量科举名额。以上这些政策的流变与创新具有时代上的延续性和继承性，一方面能够尽可能地选拔出各民族的优秀人才以备中央任用，另一方面又体现出朝廷对边郡老百姓的特别关怀。究其根本，这些举措都是基于王朝对区域教育资源均衡配置的考量，也是科举在追求程序公平的同时维护政权稳定的政治需要。

[1]《后汉书》卷四《孝和孝殇帝纪第四》.

[2] 彭武麟，苏永恒．古代科举制在边疆民族地区的实践与影响 [J]．吉首大学学报（社会科学版），2012（2）：41-47，77.

（三）科举制的发展具有相对独立性

科举制发展的相对独立性是指科举无论是作为一种政治形态还是文化形态，其生成与发展都有自身的必然性，不以人的意志为转移，始终以考试为核心，并高度维护政权统一。科举是一种文官考试制度，但又不完全是考试制度，它还和古代教育制度密切相关。科举是集古代官僚制度和古代教育制度于一体的人才选拔制度。自科举考试代替举荐制以后，它首先要解决的问题是如何源源不断地向统治集团输送有才干的官僚人才以维护政权的稳固性。因此，科举出现的直接目的即在限制和打压贵族阶级特权的同时，为统治阶级建立绝对效忠于皇权的职业官员队伍。科举制作为封建国家选官的考试制度，其背后的政治伦理功能，在王朝更迭、权力交替的历史演变中一直未曾改变，始终发挥着促进专制政权稳固和大一统的保障作用，这表明科举考试制度的政治功能具有普适性。这种普适性使得科举在唐代以后一直保持着强大的历史惯性和必然性，周而复始地走上庙堂之巅，成为皇权统治各个阶层的有力工具。

科举制虽历经千年沧桑之变，几经中断，但历朝历代皇帝都不敢或者都未能改变其宗，即使是少数民族统治者也积极融入汉文化的学习当中，纷纷采用科举考试作为选士之法，并将其发展成为维护儒学经典权威的文教制度。从始至终，科举制犹如一个巨大的磁铁，表现出强大的向心力，即使帝王们历经千帆，仍旧无法抵挡住科举制的“诱惑”。科举制发展所蕴藏着的这种稳定性与规律性不以个人主观意志为转移，表现出与不同文化形态高度的同化和融合。即便是农民起义军建立的政权，如明末李自成的大顺政权、清代洪秀全建立的太平天国政权也都实行了科举制[1]。尽管科举制度在社会历史进程中不断被修正、改进和完善，最终退出历史舞台，但其考试机制的内核和至公的精神还是得以绵延永存，并被今天的高考制度所继承。考试脱胎于科举制度，又在科举废除之后发展成为现代社会选拔有用人才的重要手段，表现出某种长期性。科举制的相对独立性表明它的生成与发展有其社会历史条件和经济基础的支撑，始终保持着一种历史发展的必然性。科举发端于隋唐不是偶然的，也不是人们主观意志任意选择的结果，科举制背后所依附的专制体制和权力结构为其发展提供了稳定的制度基础，使其在千年的运作过程中保持着相对独立的发展。

（四）科举制的发展具有规范性

科举制发展的规范性是指科举制度在体系建设和运作层面所表现出的标准化管理和精细化操作，以及在各项防范作弊和保密制度建设中越来越明显的程式化和稳定性管理。科举考试涉及考试与考场管理、考生资格认定与报考流程、考规制定以及出卷、阅卷、录取等诸多环节。在其形成与完善过程中，防弊措施的改进一直是科举制度建设发展的一项重要内容，无论是防范考生一方的舞弊，还是抑制考官一方的结党营私，都显示出制度设计者对考试至公理念的追寻。因此，历朝历代为防止科场舞弊推出的那些趋于程式化和严格化管理的考试制度规则最能体现科举制规范性的特点。

自科举创制起，制度设计者本着“一切以程文为去留”的基本原则，倡导公开竞争，择优录取，一直致力于对科举取士过程公平性的探索。为了确保这种形式上的平等，中央政府总

[1] 刘海峰．科举制百年祭［J］．北京大学教育评论，2005（4）：75-80.

是想方设法以有限的资源最大限度地保障各个地区人才选拔的机会均等，通过制定一系列详尽而又严密的考试管理制度与考试运行规则，严防各种科场内外的徇私舞弊和请托贿赂行为，不断为科举考试在全国性资源分配过程中的合法性提供道义性支持。科举考试在不断自我完善的过程中，逐渐演变为统治者笼络人心、稳固政权的有力政治手段，也成为增强民族凝聚力和中华文化认同感的黏合剂。

第一，确立分级考试制度。唐高祖时期初步形成了地方州县的乡贡考试和中央尚书省省试两级考试制度，将过去的地方举荐变为乡贡一级的资格考试，在中央省试一级考试中最终选拔出优秀人才，实现了察举制向科举制的转变。即使在进士、明经科具体的考试科目上，唐代也实行三场考试制度［明经科依次考帖经、口试和时务策；进士科依次考策问、帖经、杂文（开元后杂文改为诗赋，并将诗赋置于第一场考试）三场］，逐场逐级以定去留，加大考试选拔的淘汰筛选力度。唐代地方和中央分级考试制度的确立，对提升科举考试的公平性起到了关键性作用。宋代在此基础上创立殿试制度，发展为三级考试制度，元代将唐宋礼部省试改为会试，明、清两代又在元代的基础上细化为包含了童生试在内的四级考试制度，从制度层面保证了科举考试的公平公正。

第二，规范考官和考场制度管理。为保证取士的公平性，唐代不断加强考试程序管理、明确评判标准，采取了各种反舞弊、反徇私的措施。玄宗时科举主管部门由吏部改为礼部，科举考试机构与知贡举独立，选士和选官分途而治，标志着科举选士制度从官员铨选机构中脱离出来，取得了相对的独立性，这是科举制度向规范化发展迈进了重要的一步[1]。玄宗时还实行了中书门下省对考试的复核制度，构建了对礼部知贡举主司的监督机制，为宋代殿试的出现奠定了基础。当时对于主考官在录取过程中的舞弊行为缺乏相应的制度防范。为此，唐代实行了礼部贡院锁院制度，禁止主考官在贡举时期与外界沟通，这对于防范以权谋私与重申考场清明起到了积极作用。北宋在此基础上建立了一套完整严密的锁院制度，为明、清两代沿袭。

第三，严肃科场纪律，加强对舞弊行为的防范治理。因唐代保留了“公荐”和“通榜”制度，使得科场之外的请托关照之风盛行，妨碍了考试的公平。宋时期对科举考试进行了改进和完善。先是太祖下诏禁止“公荐”举子应试，后有太宗实行“别试”制度，规定与举子有亲戚关系的考官须回避，以加强考场的纪律管理。太宗和真宗年间又先后实行了“糊名考校”和誊录制度，前者将试卷封印糊名，为后代考试匿名评阅制度的建立奠定了基础；后者安排专人将试卷重新誊抄，使得考官既不知考生之姓名，也不能辨别出是何人的试卷，二者的有效结合在考试技术层面极大地杜绝了考官徇私舞弊现象的发生。明清时期，考场纪律极其严格，防范考场作弊的措施更是周密至极。为进一步提升科举考试的公正性和可操作性，一方面对舞弊官员实施下狱、充军乃至腰斩等处罚，对考生实施了历代以来最严格的搜身检查；另一方面又设置八股取士制度，将八股文作为专用文体和定式加以推广，科举由此被八股文裹挟长达500多年之久，不断陷入封闭和僵化之局，终于在追求公平的道路上因为太过注重形式上的公平而失去了铨选官员的制度优势，背离了“唯才是举”的终极目的。总之，宋元以来的科举

---

[1] 李世愉，贺晓燕．从制度建设看科举制度的历史意义 [J]．新华文摘，2022（20）：86-87.

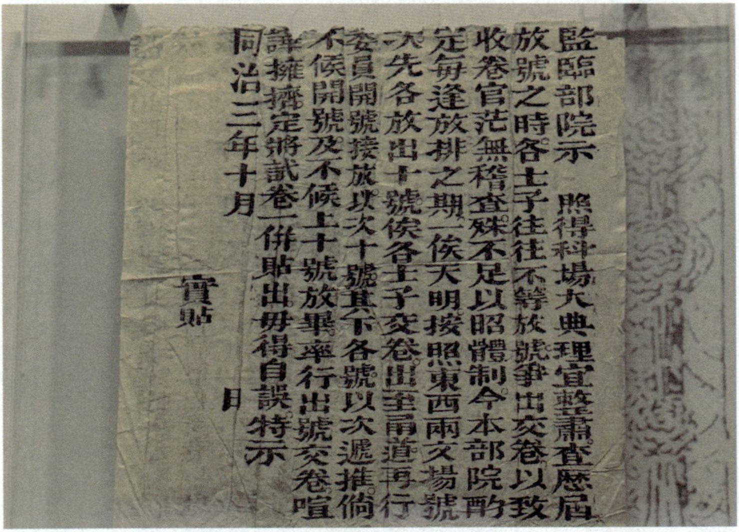

監臨部院示　照得科場大典理宜整肅。查歷屆
放號之時，各士子往往不待放號，爭出交卷，以致
收卷官茫無稽查，殊不足以昭體制。今本部院酌
定每逢放排之期，一俟天明，按照東西兩文場號
次先各放出十號，俟各士子交卷出至甬道，再行
委員開號，接放以次十號，其下各號以次遞推。倘
不候開號及不候上十號放畢，率行出號交卷，喧
譁擁擠，定將試卷一併貼出，毋得自誤。特示
同治三年十月　　日
實貼

●清代　江南乡试监临关于规范交卷秩序的告示

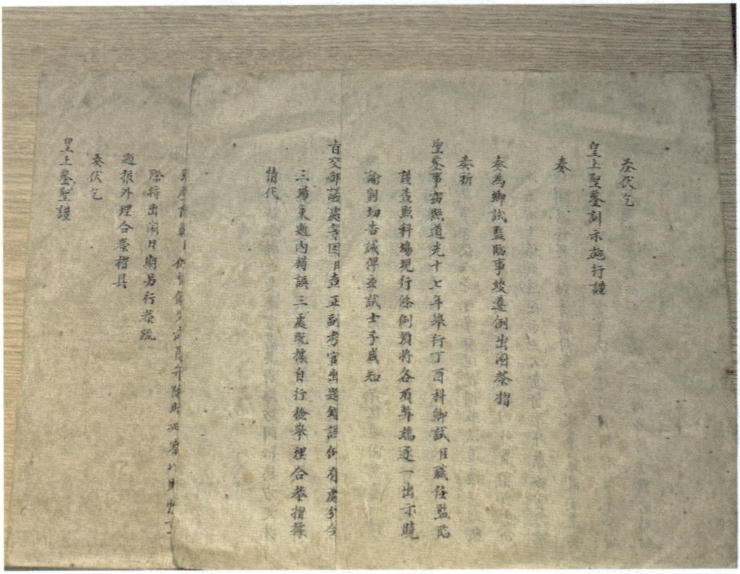

●清代　乡试考场纪律奏折

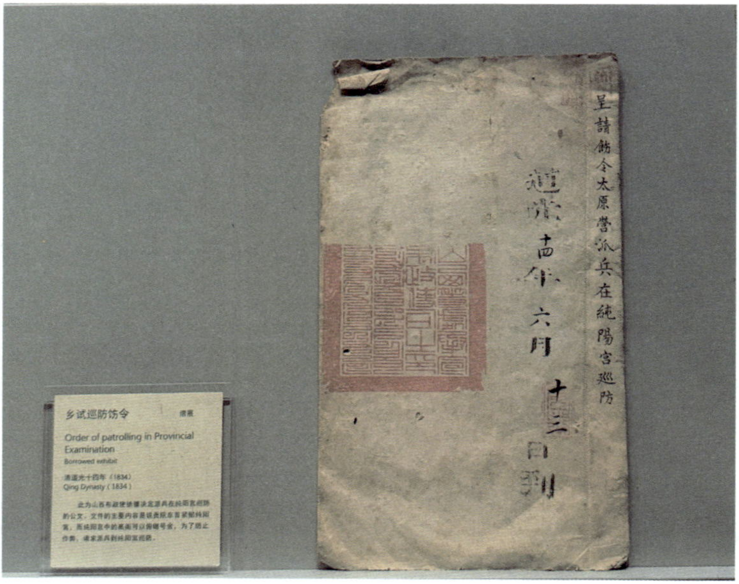

●清代　乡试巡防饬令

考试，从确定考试科目、设置考题、批改阅卷到录取选任的全过程，都由朝廷里掌握行政权力的大臣一手操控，即使实施了糊名、誊录以及极为严苛的科场纪律管理，这些至多对一般举子和下层官吏的舞弊行为发挥一定的约束作用，终究缺乏充分的权力制约和行政监管，这种约束力难以触及专制王朝的实际掌权者，尤其是身居朝廷高位的上层官僚。

第四节　科举制度创制的历史意义

科举的创制对当时社会的影响是多方面的，科举制度的建立有其重要的社会政治基础，它并非单纯的考试制度，我们亦不能仅考量其选官功能，它将社会、文化、教育诸领域与政治权力紧密地联系在一起，发挥着强大的统合功能，不仅对中国古代社会的选官制度、社会治理、民众教化、人才培养产生了深远影响，对于推动多民族团结发展以及强化大一统的国家观念方面均做出了突出贡献。科举制度的合理内核，体现在考生来源的开放性和广泛性，考试权利和录取标准的统一性，考试管理环节的严肃性，参考竞争及考官判卷的公正性，科目设置的多样性，以及多途取士、不拘一格的灵活性等方面[1]。时至今日，这些优秀传统依然是现代考试制度秉持的基本原则。

一、确立了以考试为标准的选官制度

在前秦时期，“尚贤”与“尚法”之争一直存在，到了“以教治天下”的汉代，“尚贤”思想深入人心，成为察举制度确立的理论依据，也成为汉代考试制度的理论源头。察举制过渡到科举制是一个漫长的变迁过程，并非一蹴而就，二者相互渗透，互为补充，共同承担着德政和教化的任务。其中，考试制度在从察举到察举考试，再到科举取士这一演变过程中扮演了非常重要的角色，它是促使察举向科举质变的重要动力。

先从与察举、科举密切相关的考试制度说起。从发展历程来看，考试先于科举制度的创制时间，汉文帝于前元二年（前178）首次以治理国家中的重大经义政事作为试题，让臣下以书写的方式对其进行回答，并亲策亲览以定优劣，开启了举贤良方正之后第一次以对策选拔人才的尝试，开创了笔试考试历史之先河。汉武帝时期，贤良方正科的策问考试已渐成趋势，其中最具代表性的是元光元年（前 134）汉武帝与董仲舒之间的三问三答。在笔试环节，先是皇帝从国家大事中设置考题，谓之“策”，考生对此进行应答，谓之“对”，考生须在竹简上书

[1] 尹磊 . 科举制度：各民族交往交流交融历史的典型例证 [N]. 中国民族报，2024-07-12（7）.

写呈递，供皇帝阅览筛选。董仲舒在笔试环节拔得头筹之后进入口试阶段，须经受汉武帝的进一步考核，谓之“策问”。董仲舒以“天人三策”回答武帝的提问，提出了个人关于治国理政的独到见解。应该说，汉武帝在贤良方正科推行考试之法，形成了以儒术取士为核心的察举制，但汉代选拔人才并未真正地推行考试制度，而是一如既往地实施察举制。因为从整个人才选拔的做法来看，推荐仍然是基本方法，“德”仍然是主要标准，且选拔的对象限定在了孝子和廉吏。东汉顺帝阳嘉元年（132），左雄推行“儒者试经学，文吏试章奏”的常科考试制度，以考试定等级来选拔人才，将过去仅在贤良方正科试用考试之法推广至常科诸多科目，考试制度在东汉的初步确立为后来科举创制奠定了制度基础。

从西汉到东汉，历时 420 多年，选官制度从察举制逐渐发展到九品中正制。尽管察举发展到东汉顺帝时增加了考试复核的程序，但也仅是一种辅助，官员的举荐仍然是不可逾越的前提。应该说，察举初行之时，举荐对象面向全体士人，其选人标准亦是多元的，德行、功绩、特殊才能以及吏能都可以作为举荐的条件，一旦符合举荐标准，几无落第者。但随着考试在察举中的分量逐渐加重，南北朝时期，落第者时有出现，考试的优越性不断显现，预示着真正意义上具有竞争淘汰机制的开科考试制度呼之欲出。最终，在人才选拔制度经历了 700 多年的实践探索后，公元 605 年，隋炀帝设置进士科取士，开启了正式的科举考试制度。科举是朝廷设科目而士人自由报考，考试在早期仅作为选官入官之资格的考量，而察举之举士等于举官，可直接授予官职。从本质上来说，考试的竞争择优原则与血缘、身份等特权制度是不相容的，前者具有选贤任能的功能，士子凭借个人的知识和才能经过选拔步入上层社会，可以促进社会阶层的纵向流动；后者具有世袭功能，可发展出强大的门阀贵族势力，对专制皇权政治造成威胁。所以，科举考试不拘于出身门第，不看血统亲缘关系，一切以程文决定去留，把才学和个人能力作为评判的唯一标准，本身具有抑制贵族门阀化的功能。

综上，察举制自身经历了一个长期的改良过程，从最初的举荐为主到向考试倾斜，从察举的“以德取人”到考试的“以文取人”，从依赖于长官的举荐到士人申请自由报考，均孕育着科举的内核和种子，预示着一个更为纯粹的“以文取人”的入仕制度的出现，拉开了官僚帝国政府新的选官制度的帷幕。从发展周期来看，从汉武帝时察举制奠基，到东汉顺帝阳嘉新政，察举制基本以举荐为主；从阳嘉时期举孝廉考试出现，直到隋末，进入了举荐与考试相结合的阶段；唐代则无须举荐，可自由投考（只是考试入仕的比例不大）；宋朝则完全以考试为主，完成了以文取人的规范化操作。

二、开创了至公之道支撑起的重教社风

科举出现之前的种种选官制度各具特色：世卿世禄强调血亲优势；两汉的察举制以“德治”“孝悌”标准选人；改良后的九品中正制首重“品”“行”，意欲打破门阀士族的官职世袭，开启“唯才是举”的选官先河，为广大寒士进入“禄利之路”创造了条件。应该说，九品中正制的创制在扭转重德轻才的传统选官原则上有其进步意义，它将两汉察举制重“德”的思想予以轻化，通过设置中正官并以九品等级品评士人品第，重新确立起重“才”的选官标准，并作为入仕官级的规范制度加以落实和运用。但世人指责察举制博而不严，九品中正制专而不精，这是因为其共同的特点都是选人标准中浓厚的人格化色彩使得

制度具有较大的弹性，以至于很容易遭到特权的侵蚀，从而导致士族操控政治。无论是基于德行的推荐，还是对人才品第加以评定，且不说门第和等级等特权关系的影响，单就人为评判的随意性而言，常常受到长官个人意志的影响，摇摆不定。对同一个人或同一种德行，不同的人可能给予不同的评价，这样就使维护选拔标准的公正性和一致性变得很困难。更何况所谓的名士及其德行，附加其上的虚名浮誉往往具有一定的伪装性和欺骗性，很难实际体现察举制度的选人成效。这说明前科举制时期的选人制度在选拔标准上仍存在明显的缺陷和漏洞，如这个问题解决不好，察举选人就会不断地被门阀因素、贵族因素所操控，陷入特权精英的循环垄断当中，从而形成一股强大的政治离心势力，危及专制皇权的统治。

科举制在隋唐的实施，无疑是向更广泛的社会阶层开放政权的一个重要举措。科举选人标准及价值导向实现了从过去依仗“以德取人”向“以才取人”和“以文取人”的转变。先前的荐选制度与科举最大的不同在于，前者重在“人对人”，后者看重“人对文”，“人对人”的主观性容易造成推荐中的“泥沙俱下”[1]，如与才能相关的学问、德行和能力可能被考虑，同时，和才能无关的门荫、身份、请托等都可能左右举荐的过程和结果，最终偏离其“选举因才，无拘定制”的宗旨。科举考试以文取人，统一了取人的“才”“学”标准，并开设了文科和武科等多样化取人途径。文科又设有常科和制科，对特殊人才则采用非常规方式，“不拘一格降人才”。科举之“以文取人”除将知识群体的知识转化为文官的行政技能之外，还带来了另一项社会效果，它不仅淡化了“以德取人”，而且还充分地淡化了“以名取人”[2]。

[1] 郑若玲．前科举时期考试的演进与贡献 [J]. 教育与考试，2007（2）：5-8.

[2] 阎步克．察举制度变迁史稿 [M]. 沈阳：辽宁大学出版社，1991：333-334.

科举考试摒弃了过去的家世、出身等相对固定的社会阶层资源，“一切以程文为去留”，最大限度地为广大知识分子提供了一条有效的入仕途径。

相较于前科举时期的选任制度，布衣平民获得了报名参加科举考试的同等机会，他们可以进入官僚队伍甚至跻身于朝廷公卿行列，且得到了制度化的保证，这极大地抑制了传统入仕的特权现象。在科举制下，即便出现“家世进士”，也是“以文取人”下的才学所得，而非承袭门第族姓的特权，因此与士族社会的“累世为官”有着本质区别。即便是官僚子弟和贵族阶层，也统统要借助考试入仕，或许与寒族考生相比，他们在所有考生群体中入仕的比例较高，毕竟官僚贵族的子弟能获得较多的教育资源和学习机会，自然入仕的机会也就大得多，但在科举时代他们亦不得不依照科举的考试标准和内容做好应试的各种准备，而不能仅凭其权贵子弟的身份承袭功名，不能再完全靠特权恣意横行，维护自己的垄断利益。如此，科举相对客观化的选人标准虽说不能改变整个社会的等级以及阶层的不平等，但却极大地满足了广大知识群体对于社会公平原则的追求，对于营造见贤思齐、公平竞争的社会风气具有积极的导向作用。事实上，科举时代封建官僚等级制的统治依然存在，寒族跻身上层社会依然阻力重重，但科举的创制至少使平民阶层拥有了公平竞争的参政机会，这对于打破门第和血缘带来的种种特权，削弱门阀和贵族为官入仕的世袭制有其合理性。不仅如此，科举制对选人标准的优化以及考试至公理念的追求，带来了封建官僚体制权力的相对开放性，从而为平民百姓开辟了一条入朝为官的通道，不但推动了社会的重教兴学之风，而且大大激发了平民的读书热情。尽管在古代读书做官带有一定的功利性，然而“学而优则仕”的志向寄托着一种入仕建功勋的积极进取精神，这对于养成良好的社风、民风无疑是有进步意义的。

三、促进了社会阶层流动与民族统一

科举实施以后，的确为历朝历代选拔了大批优秀人才，在保证所选官员有较高文化素养的基础上，提高了封建国家的整体治理水平。更为重要的是，这些举子来自不同阶层和不同地区，他们取代了以前的门阀士族，占据了官场的各个要职，形成了新的科举社会。有些出身寒门却能身居要职，担任国家辅政大臣；有些在地方为官，以清明政治推动社会发展，做出了自身的贡献。与门阀社会中家世和出身无法逾越的情况不同，这些人入职官场，在加速社会阶层流动的同时，加深了各民族对封建中央政权的道义支持和民心归附。这对于保障集权统治的稳定性和统一性是有极大帮助的。众多学者的研究成果提供了有力佐证。

唐代入仕途有举荐、行伍、门荫和科举四个途径，其中，举荐和门荫都与门第、出身有关，有九品之遗风；行伍入仕是唐代对武举重视的结果，然而其社会影响力远不及宋代进士科举，这是唐代选官制度和宋代的不同之处。唐代的宰相大部分出身于世家大族，入仕方式以举荐为主，所以累世公卿在当时并不罕见。军功也是世人入仕的重要途径。相对而言，科举在诸多入仕方式之中并没有后世的显赫地位[1]。以唐代近300年的历史而言，唐前期百年大士族子孙拜相者，纯门第与进士及第之比为77.6 ∶ 12.1；中期百年二者之比为46 ∶ 34，门第仍有相当的影响力；后期百年二者之比为16.5 ∶ 82.3。关于科举为寒门开路的说法，尤以武后时期科举对寒素的影响较为显著，在唐代寒素入仕的三个高峰时期之中，武后时期以科举途径入

[1] 王翠．从贵族到庶民——唐宋宰相家庭出身及入仕途径的比较研究 [J]．文艺评论，2011（8）：153-156.

仕之寒素，占寒素入仕之 34.2%，为各期之冠[1]。这些研究一方面说明即使在高门之间，是否获得科举进士及第对其官职等级的影响越来越明显；另一方面说明科举为削弱门第影响，促进高官出身的相对平民化打下了良好的基础。

随着宋朝科举的发展完善，家庭出身对于入仕做大官的影响力不断减弱，由科举入仕成为主流，且在高级官僚中的整体占比较高，尤其是宋时期的进士一科已发展成为士大夫擢升宰相的主要入仕渠道。研究表明，北宋从太祖建隆元年（960）开始至钦宗靖康元年（1126）凡 167 年有宰相 72 人，南宋从高宗建炎元年（1127）开始至帝昺祥兴二年（1279）凡 153 年，有宰相 63 人。其中，进士出身的，北宋有 63 人，占总数 87% 以上，南宋有 48 人，占总数 76% 以上[2]。显然进士科已成为宋朝宰辅的聚集地，尽管贫寒家庭出身的高官没有成为主流，但也并非个别现象。这足以说明宋朝高级官员的家庭出身逐渐多元化，打破了过去官宦出身对宰辅位置的垄断，使得高官的家庭出身趋于平民化。

发展到明朝，相关研究以进士的家庭出身观察明代的社会流动，发现永乐九年（1411）至成化五年（1469）之间，出身于平民之家的进士在 60%～86%之间递减；弘治十八年（1505）以后则在 38%～55%之间浮动[3]。这说明社会阶层的流动随着科举考试的实行不断增强。试想，如果没有科举成为当时的主要入仕渠道，出身于不同阶层的百姓便很难进入中央为官，尤其是真正意义上的平民，能依靠个人的努力与机遇从社会的底

[1] 毛汉光．中国中古社会史论 [M]. 上海：上海书店出版社，2002：363-364.

[2] 倪士毅．宋代宰相出身和任期的研究 [J]. 杭州大学学报（哲学社会科学版），1986（4）：110-115.

[3] 钱茂伟．国家、科举与社会——以明代为中心的考察 [M]. 北京：北京图书馆出版社，2004：141.

层翻身挤进最核心的权力集团实属不易。这一切得归功于科举推动了社会阶层流动和不同地域之间的发展平衡。进士出身的官僚群体一般流动性较强，他们很难像门阀士族那样利用权势和影响力凝聚具有深厚社会基础的集团势力。因此，科举官僚一般会对科举制度持认可态度，这样就形成了制度和人之间的相互适应和彼此认同，即加强了科举官僚群体对中央的聚合力，在朝野之间形成了社会价值共识。

清朝时期实现了各民族大一统的稳固局面，政府建立了一套以儒学教化多民族子弟的教育系统，涵盖了官学和私学、社学和义学，还拓展至基础教育、中等教育以及高等教育的各个学段，社会经济和文化教育在中华大地获得了较大的发展。与此同时，教育资源逐渐向少数民族地区延伸，尤其是清代统治者在少数民族地区兴办的义学和各种蒙学教育机构，促进了少数民族地区教育的普及，维护了地方社会秩序的稳定。处在整个教育系统最基础层面的蒙学和义学教育，始终以教化忠孝为核心的政治伦理规范为己任，它不仅为持续不断地向府州县学和书院教育输送生源做了铺垫，还为广大知识分子纷纷走上科举应试之路奠定了基础。总之，科举入仕即能获得功名极大地影响了各阶层民众的教育观念，使得儒学传统文化获得了更广泛人群的情感认同和道义支持，这无疑为中华各民族的融合与国家的统一提供了重要的支撑。

第二章

隋唐科举制度的初创与奠基

隋唐是中国历史发展承前启后的重要时期。东汉至隋唐以前，中国实行的是以门阀士族为主的“皇权－贵族”的统治模式，从宋朝开始，则实行与士大夫共治天下的“皇权－官僚”的统治模式，两者最大的不同就在于，前者代表着门阀士族对权力的垄断，而唐朝，恰好是两种模式的过渡时代，也是门阀士族逐渐衰落的时代。科举在沿袭隋制的基础上，历经唐代近 300 年的发展得以全面奠基，在帝制中国的全盛时期发挥了举足轻重的作用。唐代的科举考试从“以德取人”转向“以文取士”为主要标准，形成了关于考生资格初选、考试科目、考试内容、考试规则、考官设置以及举选分离等一套科举考试制度的基本框架，不仅为唐代盛世局面打下坚实基础，也为后世王朝选官制度的巩固和变革奠定了基本格局。

第一节　隋代科举时代的开启

一、门阀士族的衰落与新兴士阶层的崛起

门阀士族的衰落和新兴士阶层的崛起有着必然的联系，士族和庶族两大阶层力量的抗争承载着社会政治精英权力结构的

交替与演变，预示着一个新的时代的开始。士族的渊源可以追溯到先秦时期的“士”阶层，他们在中国古代社会中是具有一定身份地位的特定社会阶层。从“士”的演变过程来看，先秦时期士的出现及其政治地位的提升，是春秋晚期士阶层长期发展的必然结果。从社会等级构成看，“士”本是前秦世卿世禄制贵族中的最低一级，一般担任行政体系中的中下层职务，他们处在贵族与庶民的交接点上，有着融合上下层文化的复杂的阶层属性，在战国末期流动不居的社会中，形成了独具特色的游士品格。士之所以成为游士，一方面是因为这个阶层具有很强的游动性，其社会角色居于游移不定的状态，另一方面是因为他们脱逸于陈规又有突出的主体意识和独立人格。战国末期，士阶层迅速崛起，并逐渐进入政治权力体系，成为诸侯王廷权力扩张的重要助推力量。这些诸子百家之士踏遍九州、穿梭于诸侯列国之间的政务往来，活跃于各独立王国的朝堂之上，运筹帷幄，操弄着王朝命运的浮沉升降，形成了一股举足轻重的政治势力，一度攀爬至四民之首[1]。他们既在战国末国家分裂时期竞相为秦王朝统一六国出谋划策，又在汉大一统的局面下为诸侯国分裂活动推波助澜。作为“四民之首”的“士”阶层的迅速发展及其在政治上所表现出的巨大社会影响力使得汉王朝不得不考虑将政权向“士”阶层开放，最大化地将其吸纳进大一统王朝的体制之内并为帝国政权的稳固效力，这应该是汉武帝在“削藩”后举孝廉、秀才，建立察举取士制度的主要原因之一。

---

[1]《春秋谷梁传》成公卷第十三中记载：“古者，有四民，有士民，有商民，有农民，有工民。”在四个专业身份分类中，士和商应该是当时社会上比较活跃的两大阶层，因此有“士为四民之首”的说法，至于后世四民顺序依次更改为士、农、工、商，概为封建社会长期实施的“重农轻商”政策所致。

在中国封建社会“皇权－官僚”专制体制中，士从进入政权到成为政权的主体，即中国古代士与官僚政治的合流经过了相当长的发展过程[1]。西汉时期,这些“士”逐渐脱离了“游士”身份，选择在乡土定居，他们与当地宗族、亲戚和乡党建立了愈加亲密的关系，逐渐掌控了地方郡县的绝大部分政治与文化资源，其“四民之首”的地位愈加稳固。但这并不是说他们的身份是一成不变的，先秦的游士阶层在两汉长达400多年的统治中，士的身份经历了三次显著的变化，即自汉武帝采纳董仲舒“独尊儒术”建议后，士的身份由游士到儒士、由儒士到士大夫、由士大夫到名士的蜕变[2]。经过三个阶段的发展，士阶层的一小部分下移为庶人，主体部分上移为士大夫，士大夫可以是出仕的官僚，也可以是未出仕的士绅，前者是政治上专制统治的维护者和支持者，后者是社会上正统文化的传承者和社会教化的普及者，他们共同成为封建政治的强固基础。总之，在社会结构的巨变和重建中，士人群体由战国时游走天下的百家诸子进入汉魏时期专制体制的科层官僚结构当中，成为王朝政治的中流砥柱和封建统治的奠基石，逐渐由个体的“士人”走向作为群体的“士族”。

东汉至魏晋时期，“士”阶层的社会影响力已经深入社会、经济的各个方面，发展为盘踞一方的儒学世家大族，他们牢牢地把控着地方州郡的政治权力，掌握了察举制下的官员选拔，使得这一时期官僚集团的成员大多出自世家大族培养或举荐的子弟与门生。随着东汉大一统帝国瓦解，魏晋政权先后登上历史舞台，九品中正制代替察举制，正是魏晋王朝按照政治贡献

[1] 郭学信．士与官僚的合流：宋代士大夫文官政治的确立[J]．安徽师范大学学报（人文社会科学版），2005（5）：572-577.

[2] 王保顶．汉代士人与政治[M]．南京：江苏人民出版社，2018：1-2.

和社会地位对全国范围内的地方大族进行排序，再重新分配官品等政治资源的结果。这也就能解释为什么东汉政权崩溃后，当时的中国仍然能沿着大一统的历史方向继续前行。其中一个关键原因就是控制地方社会的豪强地主转化为世家大族，再转化为门阀士族，因而地方分权的趋向被遏制[1]。南北朝时期，随着地方势力的长期斗争，王朝更迭不断，在皇权衰落的同时，门阀社会正式形成。这些士族高门世代独占高品级职位，秀才、孝廉和辟举的僚属大都被其垄断，出现了“以名取人”甚至“以族取人”，寒门很难有机会入仕参政，社会流动大为停滞，皇权遭到严重挑战。

南北朝中后期，皇权官僚政治处于全面复兴当中，地方士族政治势力被削弱，门第限制大为松弛，九品中正制、州郡辟举等制度相继衰败，依附于其背后的世袭性特权趋于消失，门阀制度随之衰败。南北朝中后期，北周灭北齐，山东士族迁入关中，西魏攻破南梁江陵，大量南人流入北方，江南士族随之迁入关中，这些士族离开了乡土的庇护，只能依附于当时的关陇勋贵集团，以寻求政治身份和社会地位的延续。这就带来了一个结果，“旧门阀日益脱离乡里，丧失他们固有的或者说使他们得以成为门阀的地方势力，不论江南、关中、山东和代北诸系，无不如此”[2]。士族屈居于皇权之下，这种情势恰好迎合了隋初对地方权力全面回归中央朝廷的政治期待。“士”阶层中所谓“寒人”一端开始抬头，他们迫切要突破门阀的政治垄断，渴望自由报考，从而获得公平竞争的机会。作为察举到科举的最后蜕变——“投牒自进”呼之欲出，这是隋代科举制度取代九品中

[1] 李磊．九品中正制与士族的崛起[J]．人民论坛，2020（26）：142-144.

[2] 唐长孺．魏晋南北朝隋唐史三论——中国封建社会的形成和前期的变化[M]．武汉：武汉大学出版社，1992：378.

正制的历史背景。在隋王朝一统天下的声浪中，皇权势力进一步重振与强化，门阀走向式微成为一种历史倾向。随着南北朝后期士族特权的丧失，一个不限门第与出身、能够通过公平竞争入仕的制度已经迫在眉睫了。

二、科举制萌芽与隋代科举的开创

谈起南北朝的科举萌芽，需回到第一章关于科举创始标准的讨论这一话题。从学界普遍列举的科举创始的“隋设进士科取士、‘一切以程文为去留’以及‘投牒自进’”三大依据来看，一般人们把隋炀帝创置进士科作为科举产生的标志，概源于进士科在科举史上的独特性。我们认为在此基础上，“投牒自进”、士子皆可自由报考是科举取士与以往的选官制的关键分界点。前面的章节已讨论过科举制脱胎于汉代察举制，此处不再赘述。就以王朝设科而士人自由报名为参照，考察南北朝时期从察举制向科举制过渡过程中涌现出的那些新生力量及其最终蜕变。

南北朝时期，政权变更频繁，学校兴废无常，旧士族难以长久维系其强势地位，频繁变换的统治者急需摆脱旧有势力垄断仕途的局面，寻求新的阶层来扩充自己的统治基础。打破魏晋以来“但取门资、不择贤良”的九品中正制迫在眉睫。为此，南北各朝在取士用人制度上做出了一些新的尝试。首先来看考试在南北朝察举中重心的变化，南北朝秀孝策试，均有不及第不授官之规定。据《北齐书》记载，北齐有刘昼与马敬德[1]二人秀才策士落第，为目前最早的有姓氏可考的落第者。此后关于落第的记载不在少数。梁代实行察举制选拔秀才和孝廉，同时国子生也通过策试明经的方式获得官职，这一做法对寒门广

[1]《北齐书》卷四十四・列传第三十六《刘昼》《马敬德》.

开了进仕之路。《梁书》记载“其有能通一经，始末无倦者，策实之后，选可量加叙录，虽复牛监羊肆，寒品后门，并随才试吏，勿有遗隔。”[1]《隋书》亦记载“旧国子学生，限以贵贱，（梁武）帝欲招来后进，五馆生皆引寒门俊才，不限人数。”[2]南朝官学对寒士的逐次开放和北齐察举策试以及落第者的增多，意味着考试在北朝察举中已成为中心环节，这与“纯粹的”的开科考试似乎更为接近了。其次来看自由报考的萌芽。据考证，南梁已经有了除察举、学校二途之外可以申请策试的入仕之途（即自愿申请考试），而且这种考试并无门第限制[3]。总之，隋唐科考之科目，其明经、秀才等均沿袭自两汉察举，科举设科考试亦始于两汉的贤良对策、南北朝秀孝对策之考试。尽管南北朝秀才、明经几为高门所垄断，但是察举制中的这些新变化不断要求扩大庶族阶层报考的自由度和提高考试的地位。随着南北朝庶族的勃兴以及考试在举荐中的占比的增大，尽管自愿申请考试和自由报考还存在一定距离，但选官依次向寒门开放以及士子自举的萌芽，不仅动摇了察举制之根基——地方长官的举荐权，还预示着一个纯粹“以文取人”的科举制度的诞生。

隋灭北周立国，天下重归于统一。隋代历史不足40年，政治文教制度尚不完备，但却为中国古代鼎盛时期的到来创造了历史条件。第一，中央设置三省六部制，地方推行郡县（唐时改为州县）两级制，加强了中央集权统治和国家统一。文帝时在中央复立国子寺（后改为国子监），设祭酒作为长官，作为独立的中央教育行政管理机构，专门管理所属各学校。这一举措强化了官学在国家教育系统中的发展地位，标志着我国设立专

[1]《梁书》卷二《本纪第二》.

[2]《隋书》卷二十六·志第二十一《百官上》.

[3] 阎步克．察举制度变迁史稿 [M]．沈阳：辽宁大学出版社，1991：244-249.

门的教育行政部门以及专门教育长官的开始。同时，创立研习儒家经典的专门学校，形成五学并立之体制。其中，国子学作为统领，与太学、四门学、书学、算学共同构成当时的教育体系。五学科目各有课试授业之法，成为科举开科考试的基础性科目，为科举时代的分科取士创造了条件。第二，隋炀帝新设立进士科，以考试取士取代了以门第取士的九品中正制和辟雍制，确定了朝廷设科招考，士子自由投考，以考试决定去取的全新的选官制度。科举考试的推行旨在将选官用人大权从地方收归中央，加强中央集权的统一，以至于“自隋时，海内一命之官，并出于朝廷，州郡无复有辟署之事”[1]。科举取士纯粹按才学选拔文士充当官吏，使人才选拔有了相对稳定的客观标准，开启了中国考试制度的新纪元，更对唐代及后世的文官制度产生了重要的影响。隋代以科举考试取代九品中正制，打破门阀士族在政治上的垄断，它不仅打击了包括山东士族、江南士族在内的门阀大族势力，更为重要的是打破了世家大族维系其政治地位背后所赖以生存的世袭性特权，将“天子门生”牢牢地掌控在天子脚下，极大地扩充了王朝统治的阶级基础。以至于“大唐贡士之法，多循隋制”[2]，表现出隋代对唐科举取士制度的开创性贡献，继之而起的唐代对科举制度又进行了诸多完善。基于此，关于科举创始的时代，可以审慎地表述为“科举制度萌芽于南北朝，创始于隋而确立于唐”[3]。

---

[1]《文献通考》卷三十九《选举考十二》.

[2]《通典》卷十五《选举三・历代制下》.

[3] 张希清．中国科举考试制度 [M]. 北京：新华出版社，1993：9.

第二节　唐代科举制度的奠基

科举制在经过隋代初创之后，于唐代不断发展完善，数百年间展现出选贤举能的勃勃生机。唐太宗时期，采取魏征的建议开始推行偃武修文的文治主张，对发展社会文化教育、提高国民素质产生了深远的影响。在守成以文的方针指导下，唐代重振教育，兴建校舍，大力推行科举考试制度，网罗人才。唐高祖于武德七年（624）颁布《兴学敕》，推进学校教育的发展。唐太宗于贞观元年（627）复建国子监，加强对官学的领导，推进各级各类学校的复修和扩建，形成了由国子学、太学、四门学、书学、算学，律学组成的“六学”儒家经学官方教育体制。这些学校直属国子监领导，“六学”得以兴盛，在全国产生了很大的影响。科举制度就在这样的背景下迎来了全新的变革时代。

一、考试总体规定与管理

（一）入仕门径与科目管理

根据《旧唐书》记载，“有唐已来，出身入仕者，着令有秀才、明经、进士、明法、书算。其次以流外入流。若以门资入仕，则先授亲勋翊卫，六番随文武简入选例。又有斋郎、品子、勋官及五等封爵、屯官之属，亦有番第，许同拣选”[1]。可见，唐代选人制度主要有科举、杂色入流和门荫入仕三种途径，人才的选拔趋于多元化。而科举仅仅是其入仕途径中的一种，尤其是平民子弟做官入仕的主要途径。而门荫入仕是官员后代进入仕途的重要渠道，但质量参差不齐。五品以上官员的子孙可直接以门荫入仕，但需先充当皇帝或太子的侍卫（千牛、进马

[1]《旧唐书》卷四十二志第三十二《职官一》.

和三卫），期满后要统一接受兵部校试入流，六品以下官吏子孙虽不能直接以门荫入仕，但可充任斋郎等低级职务，均需经过考试合格才能入流。由于有荫者科举及第后加阶升迁较快，很多有才能的高官子弟选择从科举入仕。杂色入流主要是中下级官员的主要来源，一般泛指在中央有关部门从事专业性工作和其他杂役的胥吏，主要针对没有“门荫”特权的六品以下、九品以上的中下层官员，他们的子弟可以以“品子”的身份按照规定服役或纳资期满考试合格后到吏部参加铨选，授予职事官或散官。唐代这三种入仕途径虽有差异，但共同的特点就是考试成绩成为决定士人能否入流为官的重要决定性因素。唐前期，门荫入仕是官僚队伍的重要渠道，唐后期，随着科举的影响越来越大，尤其是资荫和科举的结合，说明以才学取士的原则已渗透到门荫制之中，以至于唐后期，越来越多的高官子弟从科举入仕，科举逐渐取代门荫制，成为入仕的正途[1]。

从大的方面来说，唐代科举科目有贡举（常科）和制举（特科）之分。贡举也叫常科，顾名思义就是设置的常规性考试科目，分为文举和武举两类。制举是皇帝临时下诏，专门为选拔特殊性人才而设置的非常规性考试，也叫“特科”。这两类在各自科目之下，又有很多详细的分类，充分体现了唐代分科考试、分科举人的综合人才观。唐初贡举之科，多因隋旧制。在原有秀才、明经、俊士、进士四科的基础上[2]，唐代新设了其他科目，可谓科目繁多，取士各有其法。据《新唐书·选举志》记载，贡举

---

[1] 吴宗国．唐代科举制度研究 [M]．沈阳：辽宁大学出版社，1992：13-19.

[2]《唐摭言》卷一记载，“始自武德辛巳岁四月一日，敕诸州学士及早有明经及秀才、俊士、进士，明于理体……”，意指已有人修习明经、秀才、俊士、进士等科。既有修进士业的人，必定已经设置了进士科，然而整个南北朝，并未见有关进士的记载，故唐武德四年很有可能就是恢复了前朝的这些科目而已。见《唐摭言》卷一《统序科第》.

作为常举，“其科之目，有秀才，有明经，有俊士，有进士，有明法，有明字，有明算，有一史，有三史，有开元礼……而明经之别，有五经，有三经，有二经，有学究一经，有三礼，有三传，有史科”[1]。这一条基本概括了唐代科举的所有科目。但因这些科目所设时间不一，兴废不同，每个科目的实际取士结果与所受欢迎的程度亦不同。根据杜佑在《通典》卷十五中的记载，大唐贡士之法，“其常贡之科，有秀才，有明经，有进士，有明法，有书，有算”[2]。可见，在诸多科目中，常科主要以六科取士为主。六科之中，又以“明经科”和“进士科”两科为最。

制举，也称“制科”或“特科”，是由皇帝根据国家特定人才的缺口，以特诏的方式对社会各类“非常之才”进行选拔的方式。因授予官阶较高，一直是进士及第后通往高位的重要跳板。制科初创时主要考“时务策”，即对当世执政要事发表个人见解，玄宗朝以后加试诗赋。唐前期和中期制科出身授予的官职普遍较高，因而许多大官僚都是进士及第后通过制科释褐，擢为员外郎、郎中，或担任翰林学士，最后做到侍郎、尚书甚至宰相。但在中唐以后诗赋进士科大为盛行，制科虽是皇上恩准的特殊科考，但常因非正途出身的性质，多遭世人轻视，其荣耀程度远不如进士出身之人。

武举是女皇武则天为专门选拔武职人才而设置的科举考试科目，于长安二年（702）作为常科单列。与万人挤独木桥的文举相比，武举虽然在整个科举史上不受重视，但唐朝武举的设置对于完善人才选拔文武两途的多样性无疑是具有开创性的。武举由兵部员外郎主考，设平射、武举二科为常科，主要考步射、马枪、马射、负重、语言、身材等，和文举一样实行两级考试制度。唐代有名的武将郭子仪即“武举”出身。

---

[1]《新唐书》卷四十四·志第三十四《选举志》.

[2]《通典》卷十五《选举三》.

（二）分级考试与举选分途

1. 分级考试制度

隋唐科举制度确立的一个重要标志就是逐渐形成了地方和中央两级考试制度，将地方荐举变为资格考试，即所谓的取解、乡贡考试，使中央尚书省的公平考试成为选人的关键[1]。唐代的科举考试采用两级考试程序，通过分级举行考试，以竞争淘汰的方式逐层选拔出优秀人才。具体而言，两级考试制分为解试与省试两级。解试是取得解送中央参加省试的资格的考试。省试是尚书省礼部（初为吏部）举办的对生徒、地方乡贡的终结性考试，属于贡举的最高一级考试。省试合格者，即赐及第，称为中第或叫前进士，中第后学子仅取得了做官资格，还不能立即授官。要获得正式授官，必须进入到下一个环节，即参加吏部铨选，这是在通过“解试”与“省试”两级考试之后所进行的第三层次的考试，待最终登第之后才能完成从考试到选官的全部过程。与此同时，唐代科举在礼部试后还出现了中书门下复核制度，即礼部省试名单公布之前，由贡举主司将预备发榜举人的答卷，先交由中书门下复核，经复核确认知贡举主司的初选无误后，方由皇帝敕礼部贡院发榜的一种制度。进士科中书门下的复核制度始于开元二十五年（737），中晚唐时期其复核范围与权限不断扩大，逐渐建立了由中书省翰林院主持的复试制度，五代时期的复试制度日趋严格，并扩大到了府州的取解考试[2]。唐代科举复核监督机制的建立是科举制度本身走向公平、公正和自我完善的内在要求，它为在贡院考试基础之上

---

[1] 金滢坤．“惟齐非齐”：论中国科举考试变革中的“至公”与“选人”得失［J］．甘肃社会科学，2023（6）：28-36.

[2] 金滢坤．中国科举制度通史・隋唐五代卷［M］．上海：上海人民出版社，2015：426-430.

出现新的一级考试制度——宋代皇帝亲自殿试提供了制度上的经验和支撑。如此，唐代的科举选士到选官基本遵循了这样一个程序：乡试（州、县的地方考试）—省试（礼部考试）—门下省复核复试—吏部科目选。前三步仅仅属于科举的考试制度，涉及礼部贡院和中书门下翰林院两个部门。第四步已经从纯粹的考试制度进入了选官制度，这四个流程共同构成了唐代特有的“举选分途”的官员任用制度。

武则天时期，科举考试出现了一种新的形式——殿试。据《通典》卷十五中记载，“武太后载初元年二月，策问贡人于洛城殿，数日方了。殿前试人自此始”[1]。载初元年（690），武则天即将称帝，为了提高科举质量与笼络人心，武则天以太后身份临朝，亲自举制策问天下贡士，体现了当权者对招揽贤才的高度重视。“数日方了”足见当时的殿试规模之大，其影响力必然不小。设殿试作为一种有效的纳贤手段，在武则天当政时期有打破贵族门阀特权，鼓励寒门士子广入仕途，扩大科举取士的积极效果。武则天开启殿试先河，虽在唐代仅处于草创阶段，未形成定制，但这一取士之法为北宋时期殿试制度的最终确立奠定了基础。

2. 举选分途

不同于察举制的举士与选官一体化制度（士获选即为官），唐代实行举选分途的官员任用制度，即以礼部考试举士，以吏部铨选举官；举官又分两途，吏部主文选，兵部主武选。

唐代的应试者通过省试（如进士、明经等常科科目的三场考试）取得进士及第或明经登科的佳绩后，尚不能直接授官，仅仅是获得了出身品第，也就是任职资格，还需参加吏部举办的新一轮的“才能”比拼，故称“选人”。守选三年期满，方能

---

[1]《通典》卷十五《选举三》.

参加吏部铨选，即“释褐试”（也称“关试”或“科目选”），通过考试后方可入流，正式开启“官人”生涯。因此，举选分途指的就是及第或登第后的资格授予与铨选任用各行其是、各为一途。

那么，释褐试的标准是什么呢？一旦“选人”进入吏部铨试程序，吏部就会按照“身、言、书、判”的“四才”标准铨选人才。“一曰身，取其体貌丰伟；二曰言，取其言词辩证；三曰书，取其楷法遒美；四曰判，取其文理优长。”其准则主要以书、判，尤以判为考察之重点。“书”通过判文的墨迹考核应试者的书法水平，“判”则要求考生能审断狱讼、判语要文理优长，并书法遒美，意在考察应举者处理政务、“临政治民”的吏政能力。这一标准能明显看出唐人对判词的华丽藻饰、章法技巧都很有讲究，足以表明唐人对应试者文学素养的高度重视，因此与应试有关的诗、赋、策文等也都展现出唐人对文学的偏爱。“四才”中，书、判远远重于身、言，而判文又与仕途攸关，以判文水平之高低评价“官人”能力之大小成为唐人的一种时尚，判文不仅在铨选中举足轻重，也成为行政活动中影响“官人”能力与政绩的重要因素。应试合格后待拟定职位，是为注官，其标准是“校功以三实”，即德行、才用、劳绩。也就说，应试者及第后，要想入流真正进入仕途，必须经过吏部铨选中“四才”和“三实”层层关口的筛选，这期间参选者还要接受参选数和考数的限制，只有通过为官从政素质的综合考察，“判入高等”者方能出任高级官员[1]。

为使卓异之才脱颖而出，吏部又有了科目选的设置，科目选属于分科选人，所试科目众多。《册府元龟》卷六百三十九

[1] 聂永华．“判文”与唐代官员选拔 [N]. 光明日报，2017-05-20（11）．

《贡举部》中记载“又有吏部科目，曰宏词、拔萃、平判官（应为平判入等）皆吏部主之。又有三礼、三传、三史、五经、九经、开元礼等科，有官阶出身者，吏部主之；白身者，礼部主之。其吏部科目，礼部贡举，皆各有考官。大抵铨选属吏部，贡举属礼部”[1]。唐中后期，世人最为看重的唯博学宏词和书判拔萃两科。前者重文章华美，后者重司法判辞。两科对于一般的明经、进士及第者的升迁速度以及优渥待遇，有其特殊意义。吏部科目选环节，往往决定了应试者的命运走向，有成功者，也有失败者。刘禹锡、柳宗元在贞元九年（793）同科中进士及第，前者同年登博学宏词科，两年后再登吏部取士科，后者于贞元十二年登科；王涯贞元八年进士及第，十八年宏词登科；元稹贞元九年明经及第，十九年平判入等，其间隔了 10 年；白居易贞元十六年进士及第后，十九年拔萃登科；而韩愈则在四考进士及第后，并未通过吏部科目选，“二试于吏部，一既得之，而又黜于中书”[2]。唐代在吏部试通过后，还要对登科名单进行中书省门下的复查审核，而韩愈并未通过最终考核，只好以“前乡贡进士”的身份两入幕府，做了幕僚才得以入仕，其间耗费的时间和心血令人感慨。

可以看出，礼部省试与吏部试的科目选，二者作为分科考试，其考试内容有部分重合之处，如三礼、三传，既是吏部的科目选，同时也是礼部的贡举科目。但性质却大不相同。贡举是由礼部主持，应考者是没有官职的白身士人，属于一种获得出身资格的考试（如进士及第可获得进士出身资格，明经及第可获明经出身资格）。科目选属于一种授官性质的考试，由吏部主持，可视为对礼部进士试的深化。应考者是已获出身资格者（如进士

[1]《册府元龟》卷六百三十九《贡举部》.

[2]《全唐文》卷五百五十二《答崔立之书》.

出身、明经出身等），或是已有官职的官员。已获出身资格的考生，科目选合格就可以正式授官；已有官职的考生，科目选合格则可以借此升迁。至于唐人为什么要实施选官制度的举选分途，“盖礼部考试重文艺，吏部考试重身言书判。文理优者，不一定能任事；故须再加考核。虽其时人多位少，亦可知其谨严。”[1]

（三）考生来源与考官设置

1. 考生来源

唐代参加科举考试的生源主要来自生徒和乡贡两大类。《新唐书》中的《选举志》记载“由学馆者曰生徒，由州县者曰乡贡，皆升于有司而进退之”[2]。科举的生源一是来自中央和地方各级学馆举送的“生徒”，二是就读于私塾或自学成才者“投牒自举”，考试合格后被举送到尚书省应试的“乡贡”。这里就能看出科举制与察举制的几处不同。

第一，唐代的乡贡虽来自地方州县，但去掉了州郡长或大中正举荐的一环，而是怀牒自列于州县，举子们在家自学，学业有成者“发解试”通过后获得省试资格，就可以前往尚书省参加全国统一考试。从某种意义上讲，“乡贡”举子产生的这个环节本身也是一种渗透于科举之中的荐举行为，它和察举制最大的区别就在于这种举士行为是建立在自荐的基础之上，且必须经过考试认证。在常举制度下，选举责任主体由与乡里社会关系密切的中正转为学馆及州县，使得学馆与州县成为重要的责任机构，由他们代表国家与地方社会进行制度性的联结，原本的乡里社会纽带便不再是选举的直接约束条件，而选举责任

[1] 邓嗣禹．中国考试制度史 [M]．长春：吉林出版集团有限责任公司，2011：88.

[2]《新唐书》卷四十四·志第三十四《选举志》.

主体的转移则反映了国家对社会控制力的加强。“正是在‘怀牒自列’即自荐这个意义上，唐代常举突破了门阀范围，具有了机会上的公平性。”[1]

第二，唐代应试之人，无论学校生徒，还是州县乡贡，都要经过考试这个环节决定去取，即白丁能不能解褐为官，资荫者想借助于科举出身迅速进阶，一切都以考试合格与否为选官或升迁的标准。由此可以看出，唐以后的人才选拔中，在士人可自由报考的前提下，“是否实行‘一切以程文为去留’，不仅是科举制与举荐制最根本的区别，而且是科举制与选举制度中其他入仕杂途，诸如恩荫、军功、吏道、货纳、方技等最根本的区别。”[2] 需说明的是，唐宋时把各地乡贡中试者前往礼部参加省试的人称为举人，因须入京考试，且愿意被选拔出来，所以“举人”成为应举者的通称。而这一称谓到了明清时期，成为乡试中试者的专属，相应地，应考者不再被称为“举人”，而是统称为“赶考者”。

2. 考官设置

唐代科举的建设尚处在奠基期，其考试管理机构及其职能的发展有一个逐步探索和完善的过程。高祖时期的主考官由吏部考功郎中担任，自太宗贞观年间起，贡举改为由吏部考功员外郎主持。考功郎中的品级是从五品上，而考功员外郎是从六品上，显然知贡举的品级有所下降。随着科举在唐代社会中的地位愈加受到重视，开元时知贡举的权位与贡举声望不匹配的问题遂愈发凸显。终于在开元二十四年（736），进士考试中一

[1] 李磊．官僚类型变迁：科举制与传统中国的治理模式 [J]. 文化纵横，2021（6）：118-127.

[2] 史仲文，胡晓林．中国全史·教育卷 [M]. 北京：中国书籍出版社，2011：455.

起举人李权责难主考官李昂、轻视主司之争端，引发了唐代贡举管理中的一次重大改革。这就是科举制度史上著名的开元二十四年进士考试中的“二李之争”。于是朝廷于开元二十四年下诏将主持科举取士的大权从以前的吏部转移到礼部，改由礼部侍郎（品级为正四下）充任主考官，吏部则主持铨选考试。“考选与叙用分署执掌，考试与铨选完全分离，礼部负责人才的考试选拔和确定名次，吏部根据官员缺额和人才资序予以任用，这一改革奠定了科举考试管理制度的基本格局。”[1]“二李之争”引发的贡举改制，看似是一件偶发事件，实则暴露出科举制度在考试机构与考试管理上的长期积弊，也暴露出事务的重要性与主事官员品秩、地位不符的制度缺陷，急需最高统治者能对其进行改革优化。

科举自创制起，秉承公平取士的原则，一切以考试定去留，各项建设均致力于维护考试制度的公平以抵御对公权力的各种腐蚀。唐前期考功员外郎品秩仅为从六品上，官轻位卑，不足以服众，以致举人敢于挑战其权威，更无力抗拒高官请托之行为。从“二李之争”可以看出主考官面临的压力来源不只是权臣贵戚，还有考生的公然挑衅。对于主考官来说，秉公执考的成本较高，抵抗权贵请托的能力有限，容易出现考选不公、取额泛滥的现象。因此，开元年间发生的贡举权的转移是朝廷平衡科举考试管理权限后的精心设计，奠定了唐以后贡举管理制度的基本格局。首先，考试管理部门从吏部改为礼部，加强中央对科举考试的直接领导，标志着科举考试机构完全从官员铨选职能中脱离出来，取得相对的独立性，这是科举制度向规范化发展迈进的重要一步。其次，确立了礼部侍郎作为知贡举官的专职地位。

[1] 杜成宪．封建国家平衡科举考试管理权限的精心设计——试论唐代贡举权的转移 [J]. 中国考试，2018（1）：59-66.

由礼部侍郎担任知贡举，考官品阶获得了提升，其主事之独立性加强，受其他部门和权势的干涉因素相应减少，这在一定程度上增强了考官抗拒请托歪风的能力，提高了贡举考试的地位和权威性，从制度层面保证了科举考试的公平性和权威性。最后，唐代还建立了礼部侍郎知贡举的非常任机制。虽然规定贡举为礼部侍郎“专知”，但为防止舞弊，唐代逐渐将知贡举一职使职化，改为由皇帝或宰相临时任命。如《文献通考》中的《选举考三》记载“开元时，以礼部侍郎专知贡举，其后或以他官领，多用中书舍人及诸司四品清资官……”[1]。据《登科记考》卷十一至二十六记载，开元二十五年（737）以后，担任过唐五代时期知贡举的职官共有 27 种，多临时选派正三品至正四品下之间的“清望官”……[2] 这使知贡举一职使职化，在很大程度上杜绝了请托行为的发生。

二、常科科目设置

在唐代贡举考试科目中，秀才科是常科六科中最早设立的科目，主要在高祖武德年间举行，因难度最大，应试人数少，至永徽二年（651）正式被取消，故影响力不大。明法、明书、明算是唐代常科考试当中新增的专业性较强的科目。明法科主要考察法律知识，培养明习法令的司法人才，提高政府官员的法律素养；明书科主要考察文字理论和书法水平，为国家培养有书法、文字专长的人才；明算科涵盖数学和天文学等知识，培养精通算数、计算等领域的数学人才。以上三科目旨在为国家司法、文字、数学等领域重点选拔专业和技能型官僚，这些科目的精细划分，使得不同领域有专业特长的人才能够通过科

[1]《文献通考》卷三十《选举考三》.

[2] 徐松．登科考记 [M]. 赵守俨，点校．北京：中华书局，1984：387-1026.

举一途步入朝堂，为国家各个行业的发展和进步做出了贡献。但终究因不是主流，加上这些人才及第后一般不能担任高级官吏，应举者普遍较少，在“重道轻器”“厚理薄技”的传统社会中终被冷落。

常科中以明经、进士两科应试规模最大，这与两科在诸多应试科目当中的受重视和受欢迎程度有很大关系。唐初，“取士之科，以明经为首”。经高宗、武后改革后，唐代形成了以明经和进士二科为主要取士科目的科举制度，世人尤为看重进士科。从历史渊源上看，明经科的历史比进士科悠久得多，明经科以儒家经学为考试内容，主要考察士人对儒家经典的背诵和掌握程度，旨在选拔熟悉经典、有深厚文化底蕴的人才。主要考查方式有三：一为帖经，类似于今人考试中的填空题，考察应试者对经典的识记能力，是对考生基础能力的要求，相对比较容易；二是口试经义，类似于今人考试中的简答题，考察应试者对儒家经典义理的理解能力，要求按照经书的正文或注疏，直接口答；三是策论，即对策或时务策，类似于今人考试中的论述题，考查应试者对有关政经时务、治国方略等重大问题的看法。这部分需要考生引经据典、精通时事，且能将经典义理迁移到实务运用当中，此关难度相对来说最大。

明经科具体的考试内容经历了一个不断丰富扩大的过程。唐初，颜师古的《五经定本》和孔颖达的《五经正义》正式成书，标志“新五经”学的确立，在社会上引起了广泛的影响。唐高宗永徽四年（653），《五经正义》和《五经定本》成为官定教科书，亦成为明经科必考的内容。后于开元年间，官方将“五经”扩而为“九经”，开启了“正经有九”的时代，唐文宗开成二年（837）刻开成石经时又加入《论语》《孝经》《尔雅》，遂有“十二经”的说法，在突破“五经”学系统的道路上又迈进了一步[1]。《唐六典》卷二《尚书吏部》中规定“正经有九：《礼记》《左传》为大经，《毛诗》《周礼》《仪礼》为中经，《周易》《尚书》《公羊》《谷梁》为小经。通二经者，一大一小，若两中经；通三经者，大、小、中各一；通五经者，大经并通。其《孝经》《论语》并须兼习。”[2] 扩展为“九经”后，因内容过于浩繁，士人不可能全部通习，于是《唐六典》记载的科举考试便实施了选择性学习的规定。如明经科考试，根据难易程度又分为三种——通二经、通三经、通五经，同时兼试《论语》和《孝经》。九部正经中，能学通学透其中两部（两部中必须大、小经各一部），属于专业性较强的人才；能学通五部经书，属于广博型人才。

唐高宗、武则天时期，明经科出现了一批具有卓越才能的政治家，如张文瓘、李昭德、狄仁杰等，其地位之显赫甚于进士出身的同僚。当进士科沿着文学的方向高歌猛进之时，明经科伴随传统经学的衰落走上了帖经取士的狭隘道路，其地位于开元年间开始下降。尽管世人对明经取士之弊提出了诸多修改意见，但明经的考试制度和录取标准始终未有根本性的改变。尽管唐中后期（特别是贞元、元和之后）明经入仕者等数量并未明显减少，但明经出身的高级官吏，无论是仕途出路、政治特权还是社会地位已大大低于进士科，如唐朝后期明经及第者担任宰相的，只有六人，都集中在德宗到文宗朝（780—840）[3]。明经科终因所试多为孤经绝句，过于呆板教条，难以选拔出博通经史之才，唐后期明经科与门荫和杂色入流一样，沦为中下

---

[1] 王培峰．汉唐时期“五经”学系统的内部调整与发展 [J]．山东师范大学学报（人文社会科学版），2018，63（2）：109-123.

[2]《唐六典》卷二《尚书吏部》.

[3] 吴宗国．唐代科举制度研究 [M]．沈阳：辽宁大学出版社，1992：201.

级官员的主要来源。

进士科主要考察士人对文章的创作和造诣，应试者要有极高的文学天赋和才华。唐代士林风气，尤重视文学诗赋，轻明经及其他诸科。唐初三代，进士科并非出仕之唯一正途，门荫入仕仍然是高级官员的主要来源。但这种情况在开元、天宝年间发生了逆转。由于统治集团开始重视文学，在科举各科中，进士科主要以文章作为主要录取标准。当时，宰相及其他高官以进士和制举出身为多，这使得进士科在唐人心中成为荣耀与名利的象征，备受偏爱。随着进士出身者在高级官员中比重的提高，进士科的声望和社会影响力大为增加，不少士子进士及第后飞黄腾达，名利双收，很快能抵达帝制政权的核心。与高宗、武周时期相比，玄宗开元元年至二十二年期间（713—734），科举出身的宰相共十八人，占这个时期宰相总数（二十七人）的三分之二，比重又有所增加[1]。《唐摭言》中曾记载："进士科始于隋大业中，盛于贞观、永徽之际，缙绅虽位极人臣，不由进士者，终不为美，以至岁贡常不减八九百人。"[2]这个说法指出了进士科的发展趋势，但从有关开元时期明经和进士录取名额的记载来看，进士科真正兴盛的时间比这个时间还要晚，至少是开元、天宝以后的事情了。由此，达官贵人发出了"缙绅虽位极人臣，不由进士者，终不为美"的遗憾。进士为何受到唐人如此偏爱呢？除上文所言及的社风崇尚文学之缘故以外，进士科本身录取人数少、进士及第难度大也是其中的重要因素。

从应试人数和录取比例来看，考进士的人比较多，录取率又低，是进士及第难的直接原因。据《通典》卷十五《选举三》中的说法，"其进士，大抵千人得第者百一二；明经倍之，得第

[1] 吴宗国．唐代科举制度研究 [M]. 沈阳：辽宁大学出版社，1992：168.

[2]《唐摭言》卷一《散序进士》.

者十一二。”[1]《唐摭言》卷一《散序进士》中又规定，进士科“岁贡常不减八九百人”。可以看出，及第人数当时已经形成了进士千人中取一二，明经十人中取一二的现状：按照进士科的录取率百分之一二，一百人当中共录取一或二名；明经录取率为十分之一二，十人当中可以录取一或二名。如果按照千人计算，进士一次可录取十至二十名，明经一次可录取一百至二百名，是进士的 10 倍到 20 倍。故有“三十老明经，五十少进士”的说法。正因为考中进士的难度要远远大于明经，一旦登第便名闻士林，甚至可以一步登天、飞黄腾达。

从考试内容上来看，文学诗赋贵乎原创与灵动，又兼具文采、韵律，要求创作者精通文史，通晓义理，比背诵孤经绝句的明经自然要困难许多。且进士本身考核的难度等级也在逐层加码，无疑增加了及第的困难。进士科在唐初沿袭隋制，原本只试策，以策文的优劣作为录取与否的重要标准，故此时的进士科实际上是策文试。后官方对进士科加以改革，新增帖经、杂文两个试项，确立了进士科三场考试的制度。如唐高宗永隆二年（681）考功员外郎刘思立谓“进士惟诵旧策，皆无实才”，建议加试杂文二篇。同年，高宗颁布《永隆科举诏》，设帖经、试杂文（诗赋）、时务策三场考试，从制度上确立了进士科的“三场试制”。《唐六典》中《尚书礼部》记载：“凡进士，先帖经，然后试杂文及策，文取华实兼举，策须义理惬当者为通。”[2]《通典》中的《选举三》也提到“帖既通而后试文试赋各一篇，文通而后试策，凡五条。三试皆通者为第”[3]。由此可以看出，唐代进士科对举子的要求既要有明经、帖经的基础，又要有答实务策的论辩能力，

[1]《通典》卷十五《选举三》.

[2]《唐六典》卷四《尚书礼部》.

[3]《通典》卷十五《选举三》.

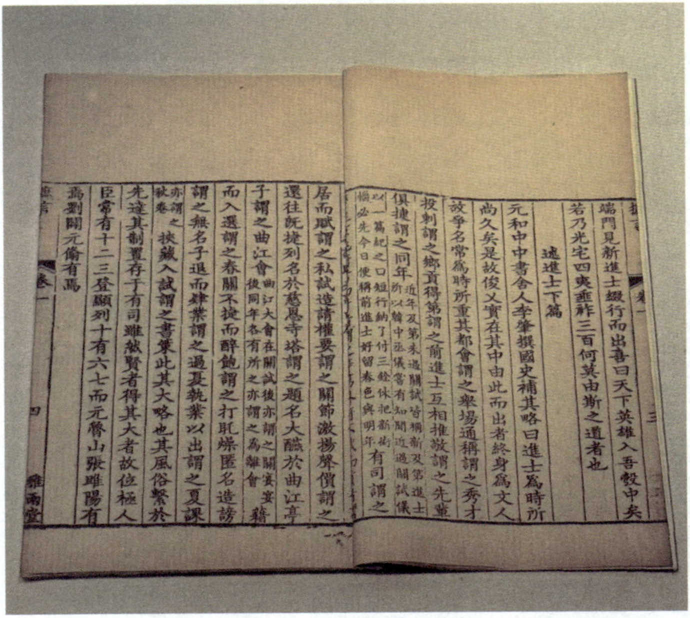

●《唐摭言》卷一《散序进士》书影

●隋代　青瓷多足砚

还要有极高的文学造诣和才华，进士科的考试难度逐渐加大。

起初杂文和策文的地位大致保持平衡，但随着唐代社会文学化趋势的发展，文士选择进士科求取功名的风气正盛，帖经和策文地位随之下降，至玄宗年间，进士科杂文试已奠定“一诗一赋”的格局，传统三场试的次序迎来了新的调整[1]。进士科在依循帖经、杂文、策文三场考试模式的基础上，将首场考试改为杂文试（诗赋），形成“新三场试”，且逐场、依次淘汰，从此进士科实行以诗赋取士为主的考试趋于定型。诗赋在进士及第中从“基础性作用”一跃变为“决定性的作用”，诗赋水平的高低直接决定了士子能否在科考中顺利胜出，可谓影响重大。唐人对文学的高度重视则引来大批士大夫潜心钻研诗赋，为盛唐诗坛群星灿烂与唐文化的广泛传播奠定了基础，在古代历史上留下了浓墨重彩的一笔。但盛唐以后，受诗赋风习影响，进士所试时务策近于骈赋，空文敷衍，渐背离科举选士崇实务学的宗旨，引起世人的抨击。随着进士科考试的内容和录取标准发生变化，特别是在贞元年间开始注重选拔“艺实之士”，一大批经世治国之才通过进士科被选拔出来，并很快进入最高统治机构。唐德宗贞元八年（792）科举考试，一榜得进士 23 名青年才俊，其中不乏中唐政界贵胄与文坛名士，更是把进士科推向了一个新的高潮。此后，在贞元、元和之际，大部分高级官员开始由进士出身者担任，进士科成为高级官吏的主要来源[2]。如从唐宪宗到唐懿宗期间共有宰相 133 人，其中进士出身者有 98 人，约占宰相总数的 74%，宰相中进士出身的人数已占绝对

[1] 徐晓峰．唐代科举与应试诗研究 [M]. 北京：北京大学出版社，2015：74-78.

[2] 吴宗国．唐代科举制度研究 [M]. 沈阳：辽宁大学出版社，1992：180.

优势，反过来又促使朝野上下更重视进士科[1]。但人人看到了龙虎榜成员的杰出作为，又有多少人留意过他们早年科场的挫败呢？

这要从贞元八年著名的龙虎榜说起。龙虎榜上的 23 名成员多为“天下孤隽伟杰之士”，其政治作为与文坛成就对中唐的社会发展产生了重要影响。然而，在可考证的进士考试经历中，“龙虎榜”上的诸多成员都经历了科举的艰辛。欧阳詹于贞元四年至七年连续四次落第；韩愈贞元三年、贞元五年、贞元七年三次落第；李观贞元六年春落第，当年秋的乡贡资格又遭黜落；陈羽、李绛、崔群等人也曾体验科场蹭蹬[2]。即使这些人在贞元八年贡举中进士及第，他们在接下来的吏部科目选中亦饱受挫败。韩愈三试博学宏词科皆落第，后放弃科考，通过入幕步入仕途；欧阳詹四应宏词，比韩愈更为波折；崔群应宏词科落第，后应制举及第……唐代的进士试录取比例本来就很低，举子往往数次落第、久困科场，唐代的进士考试难度可想而知。难怪唐代诗人孟郊在历经三试艰难，终于在进士及第后发出了“春风得意马蹄疾，一日看尽长安花”的感慨。时年，孟郊已四十六岁，正是“五十少进士”的年龄，在本应持重的年纪却如孩童般轻狂放浪，皆因历经千帆后的真实感受，多年的煎熬却只有极少部分人能最终换得功名傍身，何尝不是唐代进士及第艰难的写照？

三、制科的特殊贡献

制科是常科考试之外、有别于定期考试的特殊性科举考试，

---

[1] 郭齐家．中国古代考试制度 [M]．北京：商务印书馆，1997：70.

[2] 杜光熙．贞元八年“龙虎榜”科举内涵与文学理念的转变 [J]．文艺评论，2014（6）：66-71.

又叫特科、制举，一般都由天子亲自主持，依据政务世情因事因时录用人才。制科是在常科之外为士人开辟了入仕的第二个赛道，通过特殊通道选拔“非长之才”，满足国家对特殊性、应急性人才的需求。常科与制科各有侧重、互为补充，共同构成了唐代灵活、包容、开放的官僚选拔制度。据《云梦漫钞》记载，制科于高宗永徽三年（652）始设[1]。武则天时期大开制科选拔经世济国之才，“以禄位收天下人心”。制科在开元、贞元年间具有重要地位，并发展成为固定形式。

制科名目繁多，有学者统计，唐代的制科科目超过一百种。《册府元龟》卷六三九《贡举部》中列举了唐代一些制科的名称：“又有制诏举人，皆标其目而搜扬知之，志烈秋霜、词殚文律、抱器怀能、茂才异等、才膺管乐、道侔伊尹、贤良方正、军谋宏远、明于体用、达于吏理之类……”[2]。《新唐书》中的《选举志》记载，“其为名目，随其人主临时所欲，而列为定科者，如贤良方正、直言极谏、博通坟典达于教化、军谋宏远堪任将率、详明政术可以理人之类，其名最著”[3]。制科意在破格选用一些卓有才能的士人和官吏担任朝廷要官。因此，制科和常科在应试资格、授予官职以及考试内容、方式上都有一些明显的区别。

第一，从应试资格上看，制科在应试上没有任何资格的限制，不像常科那样需要先参加解试一类的资格性考试。因此，应试制科的士人，可以是常科及第出身或其他尚未获得官职的人，可以是已获得官位的低级官吏，也可以是社会地位处于较低层次的布衣或白丁。制科一般由皇帝出席，因此获得了世人的高度关注，又因制举登科后可以破格授予品级较高的官位，

[1]《云梦漫钞》卷第一.

[2]《册府元龟》卷六三九《贡举部》.

[3]《新唐书》卷四十四·志第三十四《选举志》.

吸引了不少科举进士前来应试。“在《新唐书》《旧唐书》有传的官员中，已经考中进士的人，又通过制科做官的有三十七人，加上应宏辞科入仕或应制科等然后辟署做官的四十五人，共有八十二人。”[1] 这极大地刺激了世人考取功名的积极性，对于吸引更多精英人才加入官僚队伍，提高国家政权的整体决策水平和治理能力起到了积极的促进作用。

第二，从授官程序和等级来看，制科与常科相比有一个重要的区别，制科士人在应试登科后即可直接授予官职，不像常科进士及第后仍需等待吏部的“释褐试”筛选。从授官等级来看，一般情况下，制科登科后的官员比常科及第的官员升迁要快，且官阶的授予通常要高于进士科，可以增加寒士和低级官吏跻身于高官行列的可能性。这就是有些进士及第后依然选择参加制举的重要原因，制举不仅为那些没有通过吏部铨选的进士提供了一条入仕得官的捷径，也为那些低级官吏或科举入流后官阶不高的人提供了一次升迁的机会，更为寒门之子通过考试选拔求得一官半职创造了条件。因此，唐中期以后制举发展成为仅次于进士的科目。唐代不少宰相和文学家都是制举出身。如张九龄应道侔伊吕制科，裴度应贤良方正能直言极谏科，李珏登书判拔萃科高等，这些人都先后官至宰相。

第三，制举考试内容最初只有试策三道，至唐玄宗时始加试诗赋。《旧唐书》中《杨绾传》记载，“天宝十三年，玄宗御勤政楼，试博通坟典、洞晓玄经、辞藻宏丽、军谋出众等举人……取辞藻宏丽外，别试诗赋各一首。制举试诗赋，自此始也。”[2] 这一时期制科的录取标准与常科进士考试一样，受到诗赋取士

[1] 李兵，刘海峰．科举：不只是考试 [M]．上海：上海教育出版社，2018：31.

[2]《旧唐书》列传第六十九《杨绾传》.

之风的冲击，尤以文科之学为重，因此在开元、天宝年间，朝廷设置了大量如文史兼优科、文儒异等科、博学通艺科、文词雅丽科、文藻宏丽科、博学宏词科、文词秀逸科、博学通儒科等的尚文或儒学之科，并未选出多少实用之才。贞元年间因取士标准的调整，出现了士子制科入流的小高潮。如贞元十年(794)贤良方正直言极谏科登第的十六人中，进士出身的裴垍、王播、裴度、崔群、皇甫镈等五人官至宰相；元和元年（806）才识兼茂明于体用科登科的十六人中，明经出身的元稹，进士出身的韦处厚（原名韦淳）、萧俛都官至宰相……[1]，充分展现制科不次擢拔人才的优势，但这一积极势头很快遭到高官新贵的抵制，他们极力赞成循资授官，而反对制科这样的破格用人，阻挠中下级官吏被越级提拔，以保证大地主、大官僚既得权位的世代传袭。最后制科于唐末文宗年间趋于停废。

四、行卷与通榜

唐代科举各科取士之中的荐举行为是相当普遍的，就渗透于科举之中的荐举行为来看，有公荐与私荐之别[2]。公荐是一种官方行为，正如有资格参加省试的举子，无论是生徒还是乡贡，都是接受了官方的某种举荐，只是这种荐士行为是建立在投牒自进基础之上、经过考试认证的公共活动。除此之外，围绕以省试为中心的私荐行为是相当普遍的。它们多表现为各级官员与知贡举之间，当世显人与主司之间，以及社会名流、达官贵人与当朝权贵之间的荐士行为，因而这种举荐行为一般带有人情往来和个人喜好的色彩，更多表现出私人的特性（因亲、故、子弟、贿、权势等）。唐代科举保留了一些察举制的遗风，突出

[1] 吴宗国．唐代科举制度研究 [M]. 沈阳：辽宁大学出版社，1992：207.

[2] 王佺．唐代荐举之制与文人干谒之风 [J]. 齐鲁学刊，2010 (5)：123-128.

表现为唐代科举取士中的行卷、公荐之风的盛行，形成了唐代科举考试与荐举、自荐相结合的制度。

何谓行卷？唐代允许应试者在礼部试之前，把自己的文学作品编录成卷轴，投献给主考官的相知亲友或社会上有身份和名望之人，希望得到他们的赏识和荐举，这样，考官在取录时，除依据考试成绩外，还会结合考生平时的作品和名声进行综合考量，考生得以增加金榜题名的机会，此谓之“行卷”。向礼部投献的称为“公卷”（也称“纳省卷”），向社会名流投献的称为“行卷”。因直接投递公卷的难度很大，参加科举的考生便把主要目标放在行卷上，纷纷向达官贵人和社会名流投卷，希望提升自己的社会知名度，促使其向知贡举官推荐自己。为彰显个人的最高水平和能力，考生们一般皆拿出自己平日里最得意的诗文作品进行投递，因此唐代文人干谒之风日益鼎盛，干谒甚至成为唐人步入仕途和仕途升迁的必要手段。

通榜即考官与其关系密切的僚友预先确定录取名单（即榜帖）的一种形式。这份名单与实际录取名单一般不会有较大的出入。正是由于通榜的存在，唐代科举考试并非“一切以程文为去留”，尚保留了举荐的旧制。最著名的是贞元八年由梁肃和王础佐定陆贽所放之榜，时称“龙虎榜”，是唐代科举史上首次采取公开推荐人才的通榜之法选用人才，共录取进士贾稜、欧阳詹、韩愈、崔群、冯宿等 23 人，近一半的人做到六部侍郎以上的高官，有人位极人臣，有人成为文坛巨擘。唐代有许多著名的人物是通过行卷、荐举的方式参与科举，步入仕途的。如王维因得到岐王李范和睿宗九公主的推荐，于开元十九年（731）以进士及第；白居易以《赋得古原草送别》得到诗坛前辈顾况的举荐，于贞元十六年（800）进士及第；杜牧在太和二年（828）参加进士考试时因《阿房宫赋》得到太学博士吴武陵的保举，要求主考官崔郾将其列为第一，但因榜单早已内定，杜牧最后以第五名进士及第。

中唐时期的通榜定夺之权仍归知贡举，但晚唐时期，这种考试加推荐的办法逐渐走样，考试不仅要依据试卷成绩，还要考察举子平日的诗文水平和社会声誉，掺杂了太多人为因素。通榜形式易于被权势官宦所利用，甚至出现了考官主试，他人定榜的荒谬现象。通榜产生初期公开荐士、选士，求取真才实学者的优势亦不复存在，科举中的推荐往往变成“私荐”，通榜之法反而成为社会请托之风盛行、科场徇私舞弊的助推器。请托发展成为唐代科举考试中一种极为普遍而恶劣的社会风气。正所谓“贵者以势托，富者以财托，亲故者以情托”，请托的手段非常多样，有人以人情恳托，有人以权势威胁，有人则以财富利诱，使得中举者的能力和素质大幅度下降，极大地危害了科举考试的公平性。总之，唐代科举考试与荐举结合的考选措施。一方面，能够尽可能地全面了解、考核人才，在一定程度上避免了“一试定终身”的局限性，以更灵活的方式在唐代选官体制中发挥了重要的作用，使不少怀有真才实学者脱颖而出。另一方面，恰恰是因为举荐等人情因素的存在，无法逃脱察举制的窠臼，最终因请托、舞弊之风损害了考试的公正性。这也是其备受世人责难的主要原因。唐代的这种举荐之风直到北宋才根除，实现了真正意义上“一切以程文为去留”的科举制要义。

第三节　科举制度对隋唐社会的影响

一、科举对隋唐社会选士制度的影响

唐代科举入仕道路的进阶过程充斥着科举出身的官僚群体

与门资入仕的高级官吏之间的争斗。发展至唐中期，宰相和朝廷大臣主要由进士出身者担任，进士出身者有了稳定而优越的晋升通道，科举制度培育出的新官僚逐渐取代门阀的制度性特权，在中国封建社会的文官制度和选举制度史上都具有进步意义。尽管唐代始终保留着门荫制度，但科举考试“以文取士”的确立，使得这些高官子孙即使承袭门荫进入仕途，也难以再代代世袭政权，长期独占高位。这对于广泛吸引一般地主和寒族子弟中的优秀人才进入朝堂为官，保持官僚队伍的有序流动与机构活力，提高统治效能、笼络天下英才都具有积极作用。而唐后期进士科出身者成为高级官员的主要来源，不仅标志着唐朝廷高阶官僚队伍学识文化水平的提高，更为重要的是这是一场科举出身的官吏与门荫入仕的功臣贵戚子弟之间斗争的胜利。据《文献通考》及《登科记考》统计，有唐 290 年间，共开科取士 268 榜，有具体数字记载者为：秀才 29 人，进士 6 646 人，明经诸科（包括明经、三礼、三传、三史、明法、童子科等）1 596 人，制举 652 人，共 8 923 人。以上统计数字中，进士及第者平均每榜为 25 人，每年为 23 人[1]。我们再来看唐代宰相中进士出身的占比。据统计，唐历时 290 年，一共有宰相 381 人，其中进士出身的有 97 人，还有明经科、博学宏词科、贤良方正科、英材杰出科、下笔成章科等制科出身的。限于资料阙漏，因此统计的进士出身的宰相人数必不完全，但已占唐朝 381 名宰相的 25% 以上[2]。可以看到，进士科在唐中后期已成为高级官员的主要来源之一。随着以科举士子为代表的进士官

[1] 张希清 . 论宋代科举取士之多与冗官问题 [J]. 北京大学学报（哲学社会科学版），1987（5）：107-118，125.

[2] 薛贻康 . 略论唐朝宰相的设选 [J]. 山东师范大学学报（人文社会科学版），1990（3）：25-32.

僚集团的崛起，唐初的世家贵戚集团越来越没落，这是唐代统治阶级勇于革新除弊，不拘一格选拔天下各类英才的改革成果，也是唐代选士制度具有进步性的一面。

与此同时，唐代科举在发展过程中又衍生出一些新的问题，如“诗赋取士”和“经义取士”的分歧就反映了当权者在以什么标准取士以及选取何等规格的人才问题上的不确定性。以进士科取士为例，进士科考试从唐初试时务策，到高宗永隆年间加试杂文，再到开元、天宝年间独重诗赋，形成诗赋取士的基本格局（即以诗赋作为录取进士的主要标准）。但诗赋取士之盛所带来的“儒道不举”，又促使唐中期以后的当朝者对进士科考试内容中的诗赋比重作出调整，策文的考核内容随之变化，一大批经世治国之才通过进士科被选拔出来，贞元八年的龙虎榜就是改革的显著成果。然而，尚浮华轻实务的时风终究难以打破，发展至唐后期，由于行卷和请托之风更盛，进士科考试基本沦为形式。究其原因，进士科长期以诗赋取士所造成的士人文学和政事之分离，造成了大量的空疏之才，他们难以承担起经世济民的重任，这可能是唐代科举在相当长的一段时间始终不能真正压倒门荫入仕和流外入流的贵族官僚的重要原因。唐初到玄宗时期，尽管科举出身者在宰相及其他高级官员中有所增多，但门资入仕仍是高官的主要来源之一。中唐以后，门资入仕者和科举出身者对高级官吏的席位展开了激烈的角逐。直到唐德宗、宪宗的贞元、元和之际，宰相及其他朝廷大臣主要由进士出身者担任，进士科出身者成为高级官僚的主要来源，这一变化在中国封建社会的职官制度史和选举制度史上具有划时代的意义[1]。

总的来说，整个唐代科举发展史是一群科举出身的官吏不

[1] 吴宗国．唐代科举制度研究 [M]．沈阳：辽宁大学出版社，1992：165-174.

断取代门荫入仕、打破贵族世袭特权的斗争过程，这个过程伴随着旧有功臣贵戚集团的没落和新兴科举官僚阶层的出现，为宋以后科举出身者向中下层官吏的下移以及科举的平民化进程奠定了重要的基础。然而，唐代科举取士中有关经义和诗赋之争，始终未能找出一个有效的解决思路，文学和政事的分离反而愈演愈烈，造成空疏之学遍及社会，为宋代科举考试废明经诸科，专以进士一科取士埋下了伏笔。

二、科举对隋唐世风及其文坛的影响

中国文学在唐代走向了成熟与繁荣，特别是唐代诗歌在中国文学史上的璀璨夺目，与科举制度对于唐代文学的推动有着不可分割的关系。首先，唐代科举确立了“以诗取士”的选官制度，应试诗例用五言律诗（称为“试律诗”），讲究格式和韵律之美，是唐代科举与诗歌之间最为直接、重要的媒介。世人多将“以诗取士”视为唐律繁荣的重要因素。它不仅促成了崇尚诗歌的社会风气，对诗人队伍的壮大以及唐诗的高质量创作都起到了至关重要的作用。其次，唐代取士讲究全面考察人才，流行行卷和通榜，世人要博取功名就需要携带自己的优秀作品向达官贵人投递自荐。这些作品和礼部试相比，在创作上具有较高自由度，而唐代士人多有游宦经历，又为其创作提供了丰富的素材，更能展示应试者的思想和才华。

唐人创作出优秀的诗歌成了“纳卷”“行卷”的必备利器，可以避免“一考定终身”的局限。因此，行卷的质量要求在一定程度上为考场外唐人持续推出文学新作，繁荣文坛提供了诸多动力，使得“五尺童子耻不言文墨”成为风气。正是在这个意义上，可以说唐代的科举考试以及“行卷”之风推动了文学的发展与繁荣。

然而，在从“以文取士”到“以诗赋取士”的发展过程中，一方面对于诗歌的片面追求，带来了文学与政事的分离，空疏之学泛滥导致难以选拔出真才实学者；另一方面，诗赋进士政治地位的提升使得“学而优则仕”和“读书做官”的观念在当时社会广为流行，人人追求创作华丽的辞赋以博得权贵的赏识与荐举，当“仕途”与“学途”合二为一，诗赋取士的副作用在整个教育系统蔓延开来。从本质上看，唐代社会荐贤举士风气的盛行与唐代君臣对于荐举贤能、举才至公之治国理念有很大的关系，它在某种程度上为布衣之士热衷仕途而干谒自荐提供了制度性保障，也为吸引更多的贤能之才进入官僚系统创造了相对宽松的社会环境。然而，在一个等级社会里，虽说唐代科举取人的中心环节已从举荐变为考试，但公荐私嘱的旧俗仍颇盛行，并在很大程度上干预和影响着录取结果。权贵高官、公卿显人不仅可以事先决定录取名次，甚至可以直接决定举子能否及第，其影响力之大使考试本身形同过场、流于形式。唐代公荐制度最大的弊病在于为官僚权贵请托营私提供了方便，尤其是公荐发展到最后沦为私荐举子的名利场，因权势、亲故、结党和贿赂的私荐风气日盛，更是严重侵蚀了科举取士的公正性。那些权贵子弟所拥有的政治资本使他们在请托行卷中更容易脱颖而出，进而在吏部铨选中顺利入流。

不仅如此，唐代荐举已经深入文人求取功名仕途的各个环节，除了科举考试中的发解试、省试外，及第后的释褐授官、应制举、科目选和累资升迁等环节无不渗透着荐举的因素。这些在政治上占优势的权贵世家极力排挤新兴士人，形成了晚唐时期寒门出身者在吏部铨选中多遭废黜的局势。官员中寒族占比仅为13.5%，许多未及第的士人，只能供职于藩镇幕府，对朝廷渐生离心，有的落第士人连入幕的机会也没有，以致铤而走险，成为唐王朝的反叛者[1]。

三、科举对隋唐学校教育发展的影响

汉代罢黜百家、独尊儒术，统治阶级热衷于兴太学、置明师，通过办教育、广取士构建了一个“教育—选士—尊儒”的仕进之路，把广大知识分子全部吸引到做官这条路上，使“学而优则仕”获得了制度上的保障。进入隋唐以来，统治阶级继续重视国学建设，隋建立了中央独立的教育行政管理机构，唐把兴学视为经邦治国之本，兴办各级各类学校，“六学”得以迅速发展。同时，通过实行开科取士广纳人才，刺激了唐初学校教育的全面兴盛。

武则天时期，为扭转官学为贵族把持的局面，开始实施重科举、轻学校的政策，再加上崇佛轻儒，学校教育毁废，导致中央官学衰败长达 60 余年，学校教育陷入了有其名而无其实的境地。玄宗朝社会安定，学校得以恢复，但在安史之乱的重创下学校教育系统饱受摧残，一时间硕儒解散，国学毁废。中唐以后多次试图重振中央官学，但皆因政局不稳、财政拮据，屡兴屡废，几起几落，濒于崩溃。当然，在这其中少不了科举取士制度对学校教育的冲击。因为无论政局多么动荡，朝廷都可以通过科举制度持续选才纳才，因此学校教育的兴衰似乎就没那么重要了。这也就是自隋唐政权统一、科举创办以来，学校兴衰不定，科举却能够一直坚挺（虽然元和宋代有过短暂的停废）的重要原因。

以上对科举考试与学校教育互动关系的讨论，表明考试与教育之间始终存在一种不平衡的兴衰互动关系。尽管科举在历

---

[1] 高驰．唐代选官制度得失——以科举制为中心的思考［J］．洛阳理工学院学报（社会科学版），2024，39（1）：28-32.

史的发展中也曾面临过衰败或停废的危机，但在与学校教育的角逐中始终处于胜利的一方，始终对学校教育产生强大的制约和导向作用。科举取士背后所联结的功名与权力不少一分，世人的干禄之举就必然会持续不断。应该说，原本国家可通过兴教办学、选贤任能支撑起治国理政的重大任务，但却因为科举制度的出现改变了学校教育的发展轨迹。唐朝以后，学校教育与科举制之间的轻重存废，总是遵循着“重学校轻科举—科举与学校并重—重科举轻学校”的一般规律[1]。唐代如此，随后的宋、元也是如此，无论官学、私学都与科举紧密地缠绕在一起，明代更是鲜明地提出科举必由学校的主张。

科举制度作为一种选拔官吏的政治制度，与教育发生关系本不足为奇，当官方有意识地把教育制度和科举制度进行连接的时候，便逐渐改变了学校教育德业双修、学行并举的发展轨道。尽管有时候科举对教育制度的发展起到了促进作用，但科举逐渐侵入学校教育的“机理”深处，使得学校教育始终难以与其脱钩，身处发展的边缘地带，走上了一条与科举的兴衰荣辱归为一途的风险之路。在科举制度的掌控之中，学校自然沦为科举考试培训的孵化基地，教化育人也沦为科举取士的附庸，学校教育的独立性逐渐丧失，社会也逐渐产生重科举、轻学校的功利之风。当科举走上了一条由皇权主宰的官本位造仕之路时，科举自然就成了在皇权庇护下为集权统治尽忠行孝的御用工具。科举制度催生了大量的读书人，并导引和主宰着这些读书人的命运，唐代以后直至清末科举被废，这一状况始终未有改变。

---

[1] 郑若玲．科举启示录——考试与教育的关系［J］. 清华大学教育研究，1999（2）：15-19.

第三章

两宋科举制度的改革与承续

科举制度发展至两宋，迎来了更大的上升空间，最明显的变化莫过于：考试形式从以考试为主，到“一切以程文为去留”，取消公荐与行卷；考试的内容从重诗赋到重经义；考试科目从多科取士，到以经义、诗赋二科为主；考试等级从乡试、省试两级到含殿试在内的三级考试制度；考试时间从每年一次变为三年一次；铨选程序从及第后不能直接做官到立即“释褐授官”；考试管理层面实行弥封制、别头试等技术上的改进。这些变化使得科举制的优势在宋代得以显现。以上各项制度变革虽有不同的起点，但关键性转折在于宋初，宋初三朝对科举制的改革固然有其加强中央集权的迫切性，但也与宋初通过科举考试满足国家抑藩和为新生政权培养职业化官僚集团的取士倾向密切相关。而南宋科举的理学化则推动了隋唐受门阀政治控制的士族社会彻底向宋代完全由君主独裁的科举社会的全面转型。

第一节　北宋科举制度的改革

唐末五代战乱，地方藩镇拥兵自重、各自为营，宋太祖陈桥兵变、黄袍加身后，最为迫切的政治难题仍是建立中央集权的新王朝，以削弱地方藩镇势力，消除军队与地方官僚机构的分权隐患。然而，在宋太祖翦夺地方藩镇之际，他面临的一个最实际的问题就是如何缓解中央后备官员匮乏的状况，加大维护皇权统治人才的供应量。科举制正是在这种背景下被当作巩固新生政权的重要手段，开始了宋代的改革实践。

一、北宋前期的科举改革

（一）创立殿试制度

北宋初年，科举制度改革的总体趋势是不断扩张国家权力，通过官僚集团加强对民众的直接控制。最突出的表现之一是太祖开宝六年（973），创立殿试制度，即在省试之后增加殿试，变唐代的两级考试制为北宋的三级考试制。开宝八年以后的殿试，始有省元、状元之别。唐代科举实行两级考试制度，州县的解试为资格类考试，中央礼部举办的省试为终结性考试，举子在参加省试及第后要到吏部铨选，等待入流。北宋科举的举子在参加完省试并被录取之后，还要加试一场由皇帝亲自主持的考试，即殿试。殿试建立了皇帝与新及第进士之间的“天子门生”关系，既体现了皇权对新进士人的荣宠与恩惠，提高了进士的尊贵度和影响力，又为皇帝笼络了一批官僚亲信，极大地巩固了赵宋王朝君主专制中央集权。

“天子门生”牌匾

北宋初期，省试录取额和殿试录取额是不等额的，也就是说，在殿试环节实行差额录取，有一定的淘汰率。自仁宗嘉祐二年（1057），“进士与殿试者，皆不黜落”，即殿试后趋于等额录取，只定高下而不再淘汰，这一制度为后世所沿袭。殿试起初是一年一举，还有两年一举，但因考试的间隔时间太短，且每科录取名额较多，容易引发冗官问题，因此英宗治平年间将其确定为三年一行，试图在科举考试规模和官员需求上达到一种相对的平衡。太祖还对举子与有司之间可能结成的特殊关系加强了干预，如下令禁止门生座主相互结交，对于抑制考生与主司之间结成朋党互相攀缘起到了积极作用。又下诏废除唐代的公荐制度，使得北宋科举取士得以实现一切凭考试成绩决定去留，此后除武举、制举之外，其他科目应举不再需要荐举。这也是唐宋两代科举最为重要的不同之处。这些举措的主要意图很明显，即打击一切权贵政要对科举制度的私权干预，在提升科举公正性的同时，进一步加强科举官员与君权间的高度依赖，使选拔出的科举士人更能够成为中央集权体制下的可靠力量。

与殿试制度直接相关的是宋“赐进士”制度的普遍化，这是皇权对科举制度加强干预的又一表现，即朝廷对所有进士及第者以“赐进士”的方式给予出身，并形成了“赐进士及第”“赐进士出身”“赐同进士出身”这样的等级序列。据《文献通考》载，进士分甲取人始于宋太宗太平兴国八年（983）[1]，此后进士功名分层出现。淳化三年（992）复分“五等，第一至三赐进士及第，第四、五赐进士出身”。宋真宗景德四年（1007），重定《亲试进士条例》，规定“其考第之制凡五等：学识优长、词理精绝为第一；才思该通、文理周率为第二；文理俱通为第三；文理

[1]《文献通考》卷三十《选举考三》.

中平为第四；文理疏浅为第五……上二等曰及第，三等曰出身，四等、五等曰同出身”[1]，明确了“五甲”进士功名的层级与分等标准。

另外，考虑到部分举子多年应考不中，宋太祖开宝三年（970），在录取正奏名进士外，又录取那些连续参加 15 次以上的科举考试而未及第的老生 106 人为特奏名。太宗太平兴国二年（977），太宗对连续参加 10 次以上至 15 次科举考试而未及第的 180 余人赐出身。此后恩科成为定式。哲宗时期又将特奏名分为五等，形成了“正奏名进士五等”和“特奏名进士五等”的“一体多层”的进士功名体系[2]。“赐进士”的普遍化与殿试制度的合流，意味着所有科举出身者都将成为皇帝恩宠下的“天子门生”，“取舍之柄，当由人主”。这两项制度的有效结合是皇帝直接参与科举选人的体现，前者是皇帝对公布结果过程的参与，后者是皇帝对考试过程的参与。“特赐进士本是皇帝在科举制之外施恩，化用‘赐进士’作为进士及第者的通称则可强调皇帝的主导权与恩惠，而殿试又使皇帝自己变成了主考官，二者的结合确实有助于实现‘恩归有司’到‘恩归主上’的转变。”[3]

（二）增加考试录取名额

宋初的科举改革虽迫于当时人才匮乏的现实需求，有它应急性的一面，但倘若从唐宋科举制变迁的视角分析，则会发现北宋初期（特别是宋太宗太平兴国二年）增加进士录取名额的举措对科举制自身的变革具有根本性的影响，不但提升了科举

[1]《宋史》卷一百五十五・选举志第一百八《选举一》.

[2] 郭培贵. 科举功名制度的变迁及其政治和社会功能 [N]. 光明日报，2022-08-03（11）.

[3] 黄承炳. 文柄自决：唐宋间“赐进士”考论 [J]. 中国史研究，2021（1）：92-110.

功名的社会传播力与吸引力，还在完善科举制度功能与扩大科举制的政治影响方面意义深远。

太宗太平兴国二年（977），宋太宗大量增加进士录取名额，北宋科举的改革迎来了新的机遇。隋唐实行科举制度为广大寒素之士开辟了一条仕进的通道，按理来说应对魏晋以来的门阀政治构成一定的冲击，但在科举的具体运作中，却因进士录取数量少而未能达到预期的效果。如果录取名额太少，就难以满足宋初文官治理取代武人统治的迫切需要，如果不立即授官或者继续延续唐代的举选分离制度，势必会延缓举子及第入流的速度，无法将大批知识精英充实到统治集团队伍中来，这无疑不利于王朝统一和社会安定。因此，宋初改变了选人策略，开始了科举招考的扩员计划。太宗朝 23 年，共举行科举 8 次，共计录用 1 487 人，平均每年录取进士约 70 人，比太祖时增加了五六倍；到仁宗时猛增至共计 4 561 人，平均每年 111 人；徽宗时达到顶点，共计 5 495 人，每年 220 人[1]。据统计，北宋贡举共开科考试 81 榜，取士总计 60 035 人（含正奏名进士 36 400 人、特奏名进士 23 635 人），南宋贡举开科 49 榜，取士总计 49 915 人（含正奏名进士 23 198 人、特奏名进士 26 717 人），两宋合计共取士 109 950 人，其中正奏名 59 598 人，特奏名 50 352 人。若再加上武举、制科及词科、童子举以及宗室应举的人数，两宋通过科举共取士 115 427 人，平均每年 361 人，总体上约为唐代的 5 倍，元代的 30 倍，明代的 4 倍，清代的 3.4 倍，大大超过唐及元、明、清的科举取士人数[2]。

[1] 胡星，李岩．唐宋变革视域下科举制演进的制度基础与现实动力 [J]. 求是学刊，2017，44（4）：162-172.

[2] 张希清．论宋代科举取士之多与冗官问题 [J]. 北京大学学报（哲学社会科学版），1987（5）：107-118，125.

从这些数据当中，我们能明显看到宋代科举录取率在量上的急速上升。

除此之外，朝廷还在录取的质量上对进士及第者进行了优培优育，如取消了唐代及第后的吏部试环节，直接为这些进士授予官职，并加快其提拔速度，将大量科举精英充实进官僚队伍。另外，宋代在正奏名进士外，还将那些屡试不第而又年岁偏大的士子录取为特奏名进士。“通过妥善安置生员以上的科举落第者，有效降低了落第者可能的消极情绪和行为，使其由科举的失意者变为相应功名的享有者，把可能的消极因素甚至对立面变为朝廷的利益共同体，并由此催生出大量的科举家族，为社会树立了效仿对象。”[1] 北宋大力推行科举，实现了科举队伍从量变到质变的转换，中央政权很快被新科进士占领，彻底清除了门阀世袭制的残余，建立了以科举官僚为核心的新的行政运行体制，成为唐宋科举制度变革的重要转折点。

（三）及第即释褐授官

相较于唐代科举制，宋代科举制最重要的变化是太宗太平兴国二年科举及第即释褐授官[2]，这也被看作宋朝贡举的最大恩荣[3]，即免除了进士、诸科及第后的吏部试，改为殿试后由天子直接授官，士大夫的所有荣宠与得失皆仰仗于皇帝，进而显示出君主至高无上的权威，极大地笼络了天下英才，对于宋初政权的稳定无疑发挥了积极作用。

---

[1] 郭培贵．科举制与古代国家治理及其启示 [N]．光明日报，2023-04-24（14）．

[2] 胡星，李岩．唐宋变革视域下科举制演进的制度基础与现实动力 [J]．求是学刊，2017，44（4）：162-172.

[3] 张希清．宋朝贡举释褐授官制度述论 [J]．中原文化研究，2015（3）：20-28.

唐代与宋代贡举及第授官制度不同，唐代进士及第、明经登科之后，不能直接入仕做官，仅仅取得做官的资格，须经吏部关试，合格后方能授予官职，选中者脱去平民的粗麻布衣，换上官服，即“释褐授官”。唐代举子进士及第多年未能释褐授官者，甚至仍为一介布衣者，可谓比比皆是。唐代贞元八年进士“龙虎榜”上的韩愈四试进士、二试“释褐试”落第，欧阳詹五试进士、四应“释褐试”落第，崔群和冯宿亦在吏部释褐环节落第。这些人虽然最终通过个人的努力登上了中唐政坛或成为文坛的翘楚，但也足以说明唐代士子仕进之路的艰辛，比起宋代士子有过之而无不及。因此，这个重大改变与唐代进士屡屡受阻于吏部关试的实际情况相比，不失为科举及第者的一大福祉。

总之，及第授官凸显了科举制在选官中的重要地位，不仅表现出皇权对官僚集团控制的加强，还可以有效避免举子关试落第之后产生的社会压力，以及衍生出的诸多社会问题。宋代授官的及时性以及授官后的诸多优待体现了统治者对知识分子的拉拢与恩宠。科举入仕已成为宋人心中出人头地的最佳出路，极大地激发了民众读书的高涨情绪，以至于自北宋中后期起至南宋，不论是距离京畿较近的各个州县，还是川广等僻远荒凉地区，抑或东南滨海地区，到处都是读书应举之人。宋代读书人之多，可谓史上空前。

二、经义取士与诗赋取士之争

在宋代，有关经义取士与诗赋取士之争是一个恒久不衰的话题，它起源于宋初科举改制，一直贯穿到南宋，这场旷日弥久的争论体现了宋人对进士科取士的高度关注，从表面上看反映了宋代科举考试科目、考试内容较之前代所产生的新变化，但归根结底，则表现为两宋政权掌控者对科举社会下官僚集团政治角色的重新设计。北宋初期仍沿唐之旧制，崇尚以诗赋文辞取士，对以儒家经术取士的明经科不予重视，在经历庆历、熙宁改革之后，时人皆对独美进士科、专尚诗赋的浮华之风进行批判，开始强调经学义理对选士取材的实用性，一时间有关“诗赋取士”与“经义取士”的对峙关系紧张起来。

从源头上看，有关经义和诗赋的争论，最初由唐代玄宗朝科举考试尤重诗赋取士之积弊而起。自唐高宗永隆二年（681）考功员外郎刘思立以“进士惟诵旧策，皆无实才”，建议加试小经和杂文开始，进士科考试在原来考查经义旧策的基础上加入了诗赋。至玄宗朝天宝年间，科举制度发展为从以文章取士到以诗赋取士，并形成了科举考试诗赋进士独盛的局面。唐以“诗赋取士”，不是说只用诗赋考察士子，而是实行多科取士、分科取士，其中进士科最为瞩目，而进士科中又以诗赋试为最，故而以“诗赋取士”成为唐代科举考试的标签。唐人对诗赋的高度推崇的确为唐代产出了大量有才华的诗人，奠定了唐代在中国文坛独领风骚的地位。然而，进士科一味独尊诗赋，片面强调文辞技艺，导致及第者多为文辞技巧之士，不利于对具有为政理念与实际政事能力的人才的选拔，以致唐代进士科沦为“文学之科”，甚至在中唐时期一度引发了进士科的“存废之争”。如唐代宗广德元年（763），礼部侍郎杨绾上疏奏议贡举之弊，认为诗赋取士造成文学和政事分离，导致“儒道不举”，举子不学儒家经典，不懂得古今治道，力荐废科举，复察举。这是有唐以来官方领导阶级首次对科举考试内容、录取标准展开的人数众多的讨论[1]。但终归旧业已成，积重难返。即使贞元、元和

[1] 吴宗国．唐代科举制度研究 [M]. 沈阳：辽宁大学出版社，1992：155-158.

之际，进士录取标准有些许调整，诗赋取士重新为文章取士所代替，官方开始注重选拔“艺实之士”，但进士试诗赋在中晚唐始终没有得到实质性的改变，进士科以诗赋取士所造成的文学和政事的分离问题始终未能得到解决。

至宋代，以诗赋取士的标准备受时论质疑。这场关于以何种方式选拔人才的论辩，表面上看是经义与诗赋在科考中地位的较量，实则反映国家对于不同类型人才的需求，是对重才学还是重实学，重人文还是重治政的积极探索[1]。先是仁宗庆历四年（1044）范仲淹在《贡举新制》中提议省试先策、次论、再次诗赋，将策论作为进士科人才选拔的首要标准。这一主张体现当权者对进士政治角色的重新设计，尽管庆历新政昙花一现，但是为后续熙宁变法对进士科的革新打下了基础。再有神宗熙宁四年（1071），王安石推行贡举新制，通过“罢诗赋及明经诸科，以经义、论、策试进士”，独存进士科取士，并在省试、殿试中取消诗赋之试。与此同时，朝廷又将王安石的《三经新义》作为进士考试的官方教材，不断强化进士的经学素养，从而对进士科进行了更为根本性的变革。王安石改制科考以后，北宋至南宋朝廷内部又围绕诗赋取士和经义取士又展开了持久的争论，但熙宁变法之后诗赋取士的主导地位再未出现。直到南宋高宗绍兴三十一年（1161），进士科最终被分成经义与诗赋两科取士，经义成为科考的必考内容，且经义和诗赋在进士科考试中几乎占了同等重要的地位，之后两科并列的格局就成了定制。

从形式上看，由分科取士向独以进士科取士的转化，是对分科取士精神的一种弱化。若从唐宋官僚制度运作的人事安排来看，王安石变法独存进士科所蕴含的历史信息正是北宋朝廷

[1] 毛鹏程．“以诗赋取士”抑或“以经义取士”——论北宋进士科试士方式的承转之道［J］．教育与考试，2018（4）：41-46.

对科举官僚政治角色重新定位的开始，而经义、诗赋两科分立之制在宋高宗时的最终确立，则预示着宋代进士功能的新变化，即由原先选拔技术官僚转向选拔具有价值立场的领导型官僚[1]。因此，宋代欲借取士方式的承转改革完备科举制度，其意义不止于选拔出熟悉宋儒义理之士以平衡国家对不同类型人才的需求，更重要的是形塑了科举士子的价值认同，通过“广开科举之门”进一步加强皇权的集权统治。

然而，熙宁变法未持续多久便以失败告终，但引发了世人更为深入的思考，即王安石的“罢明经、诸科”究竟只是经学科内部的结构调整，还是有更为深远的政治、思想方面的考虑？有学者已经敏锐地观察到，世人对这一变法的关注点往往集中于“罢诗赋”,看到了王安石等人在“诗赋取士”与“经义取士”之间所作的取舍，但王安石“罢明经、诸科”的历史影响则更为深远，更值得世人反思。因为熙宁变法中，王安石不但在科举诸文体中罢去了诗、赋，而且在科举的科目上罢去了进士科之外的其他科目，使得唐宋的多科目取士制度被删减为进士独科，成为一种“有科无目”的制度。从文体的限定到科目的萎缩，显然后者对后世王朝的影响比前者更甚，“有科无目”形同一座独木桥，把所有的士子统一到一定的思想框架里，成为明清诸多科举弊端的总根源[2]。

三、“凭才取人”与“逐路取人”之争

科举取士的南北地域之争是指以下两者之间的矛盾：究竟

[1] 李磊．官僚类型变迁：科举制与传统中国的治理模式［J］．文化纵横，2021（6）：118-127.

[2] 陈维昭．论经学流变、政治文化对中国科举史的影响［J］．甘肃社会科学，2023（6）：19-27.

是根据地域或地理差别有区分度地、灵活多样地分路取士，还是不分地域无差别地用全国一张试卷或按照“一把尺子”唯才是举。实际上，科举取士的南北地域矛盾早在唐代就已经存在，并与经义和诗赋之争交织在一起，贯穿于两宋时期。经术和诗赋取士之争随着元代科举只考经义进士而尘埃落定，但科举取士的南北地域矛盾自宋代显现以来，一直延伸至元、明、清三代，争论不休，甚至影响着今人的高考录取制度改革。人才问题向来是国家治理中的大计。如前所述，科举取士的经义和诗赋之争反映了宋代皇帝对于科举官僚集团政治角色的重新设计。科举取士的南北矛盾则反映了以“取士”为着力点的国家治理理念和治理方略的差异。虽说侧重点不同，但二者都共同指向于以什么标准取士以及选取什么样的人才的问题。

唐代科举初创阶段，中央省试人数已经出现了府州区域及第名额的比例失衡问题。其中，京兆府的解额备受举子瞩目，其前十名被视为等同及第，故有“神州等第录”之称；而距离京兆府不算远的荆州解，却罕有人及第，被称为“天荒解”[1]。这导致一些乡贡、馆学举子冒籍取解，扰乱了省试的秩序。为此，玄宗朝还对诸州的“乡贡”名额进行限定，规定了“上州岁贡三人，中州二人，下州一人;必有才行，不限其数”[2]的基本原则，唐武宗朝时对各府州的解额按照进士 7 ～ 30 人不等进行分配，照顾了偏远落后地区的应试人数，其中北人解额仍占多数。隋唐两代起于西北地区，重用北方士人及关陇贵族集团，当时又以西京长安和东都洛阳为全国的文化政治中心，因而北人所在府州解额相对较多亦在情理之中。当然，唐代取士的地域矛

[1] 金滢坤．“惟齐非齐”：论中国科举考试变革中的“至公”与“选人”得失[J]. 甘肃社会科学，2023（6）：28-36.

[2]《唐摭言》卷一《贡举厘革并行乡饮酒》.

盾未能引起足够的重视，这与唐代整体进士及第录取的名额不多有关，而且唐代始终没有解决区域间及第差距的问题。

唐末五代大动乱，世家旧族饱受摧残。及至宋代，由于北方长期战乱和经济重心的南移，南方人在科举考试中逐渐占据了绝对优势，从而出现了南北易置的局面，科举取士在地域分布上逐渐从北多南少转向北少南多。经过北宋三朝的励精图治，赵宋王朝政权稳定，参加科考的人数急剧上涨，最终引发了北宋中期（宋英宗治平元年）科举录取的南北地域之争。争论最先由作为北人的司马光发起。司马光于 1064 年上书《贡院乞逐路取人状》指出，当时宋社会文化发展不均衡，仅依据凭才取士、自由竞争，便会出现地域上人员录取的严重失衡。主张应改革省试录取制度，按地区分配录取及第名额，正式提出“逐路取人”的设想。在南方士人录取比例普遍高于北方士人的情况下，司马光的主张对北人无疑是有利的。但这一主张很快遭到南方人欧阳修的激烈反对。欧阳修认为本朝科举取士不惜采取糊名、誊录等多种防弊措施以尽量减少人为因素的干预，较前代更加追求科举取士的公平，所谓“最号至公”，这恰恰是宋代科举最大的优点。他在《论逐路取人札子》中进一步指出南方比西北地区的文化教育水平发达，其发解试取解难度远远高于北方，在省试中南方录取人数多、西北人数少是客观合理的，逐路取人反而会黜落更多有真才实学的南方士子，实际上是损害了更多南方籍举人的利益，是变相地模糊了取士标准，对科举体制的公平属性是一种严重损害。因此，欧阳修主张科举取士应继续以个人才能为首要标准，坚持“惟材是择”，“一切以程文为去留”。

司马氏和欧阳氏的论战是中国历史上有关科举录取南北地域矛盾的首次争论，也是北宋科举公平之争中具有代表性的案例。表面上看这是北人和南人关于进士录取名额的一次派别（或利益）之争，根本上则表现为二者对“至公”原则的理解不同。司马氏的“逐路取人”蕴含均衡论和“大一统”的政治理想，而欧阳修的“惟材是择”则秉持着“以人为本”的人本思想[1]。前者着意于解决“安史之乱”之后南北文化差异加大所带来的国家分裂或“疆域危机”的隐患，有通过科考取士调节南北差异和社会均衡，防止政权偏移的大格局观。后者主导以才学取士的进士录取标准包含着最公平的取士思路，重在维护科举选才自由竞争的公正性。可以说，司马氏的“至公”思想是以宏观层面的教育资源公平为辩论依据，而欧阳修的“至公”思想更多地关注微观制度层面给予每位考生的程式公平、机会公平，两者立场不同、认识不同、观念不同[2]。“逐路取人”的建议当时未能落实，但对后世考试制度改革产生了重要的影响，尤其为元明清三朝的科举取士录取程式的改革提供了新思路。

四、科举考试防奸措施的改进

科举自创制以来，一直在追求至公的道路上不断摸索前行。但是几乎是在科举诞生的同时，各种与考试相关的舞弊行为相伴而生，严重违背了科举公平取士的精神。因此，防止舞弊从一开始就成了科举制度中的一项重要内容。宋代考试制度的规范化和标准化既是科举制自身发展的内在需要，也是社会公平竞争的必然趋势。北宋为保证取士的公平性，在考生资格审查、考试程序、改卷标准、录取以及防范科场舞弊等各个环节继续

[1] 陈攀．宋代分路取士与凭才取士的论争及其启示 [J]．考试周刊，2016（98）：22-24.

[2] 贾树硕．从司马光与欧阳修的科举论争看北宋科举制度改革 [J]．考试研究，2023，19（4）：96-108.

完善其制度和技术设计，把科举制至公如权衡的取士理念推向了一个新的高度，从而保证了科举考试“一切以程文为去留”这一原则得以真正施行。宋代在唐五代科举的基础之上推出了一系列科举改革措施，废除“公荐”制度，严格规范考试程式，如锁院制度、锁厅试制度、别头试制度、封弥誊录制度。

锁院制即负责贡举的主考官和考试官在接到诏书后即赴贡院锁宿，一直到放榜结束，用于隔绝考官和考生以及其他权贵的联系，防止请托通关节。锁厅试制度作为科举考试制度的补充，是为现任官员参加科举考试而设立的专门性的考试制度，用于避免有官人与寒门士子“争功名”。有官人应举即锁厅试始见于宋太宗太平兴国五年（980）[1]。宋初，若考生考试合格，则准予迁升职位而不赐出身，落第者则停其现职，后逐渐免除对锁厅试落第官员的处罚。宋太宗雍熙二年（985），朝廷还设立了亲属回避的“别头试”制度。别头试起源于唐代高宗朝上元二年（675）[2]，是专门针对举人与考官存在姻亲关系的情况而另设考场、单独进行考试的制度。最后发展为除殿试之外，宋代的解试、省试的考官子弟、亲戚都需要参加别头试，从而提高了宋代科举考试的公平性。以上制度大多源于唐代，只是发展至宋代多为朝廷推广，并成为定制，此后又为历代相沿袭。

封弥誊录制度分为“封弥”与“誊录”两个制度。所谓“封弥”，是把考卷上的姓名、籍贯等考生的重要信息密封起来，故又称为“糊名”。这一考试制度的起源可以追溯到唐代武周

[1] 张希清．中国科举制度通史·宋代卷 [M]．上海：上海人民出版社，2015：545.

[2] 刘景云，杨林，孙建军．图说科举制度 [M]．长春：吉林人民出版社，2009：105.

朝制科考试。[1] 宋代的科举糊名始于太宗淳化三年（992）的殿试[2]，即将试卷卷首加以封印并遮盖乡贯状，用字号标注顺序次第。但实行封弥之后，新的问题出现了，这是因为“糊名”不能完全杜绝试卷考校中的作弊问题。当权者为防止考生和主考官串通，在考卷上做记号或者利用笔迹作弊，于宋真宗景德年间又创立了誊录制度，即将试卷重新誊录，然后再送考官评定，后“糊名”法又推广于省试和州试。“糊名”与“誊录”制度的结合，可谓宋代科举考试的一大发明。它使得考官在评阅试卷时，无法辨别考生的姓名及其字迹，的确对于防止考校试卷时舞弊发挥了关键性作用。欧阳修称赞道：“窃以国家取士之制，比于前世，最号至公……又糊名誊录而考之，使主司莫知为何方之人，谁氏之子，不得有所憎爱薄厚于其间。故议者谓国家科场之制，虽未复古法，而便于今世，其无情如造化，至公如权衡，祖宗以来不可易之制也。”[3] 实际上，糊名誊录制度在实施的过程中曾遭遇多次质疑，前有庆历新政的主要发起人范仲淹，后有熙宁知制诰苏颂，他们都认为不考察考生平时的德行和才学，仅以考试成绩来决定是否录取，很有可能选不出有真才实学之人。但这一观点很快遭到包拯、欧阳修等人的强烈反驳，实在是因为糊名誊录制度背后所承载的考试为公的竞争理念早已被宋人奉为心中的精神“利器”。在经历北宋中叶的争论之后，糊名誊录制度最终被确立，并为以后各代科举所遵行。

然而，随着宋王朝政权的日益腐朽，考试舞弊的现象难以

[1]《通典》卷十五《选举三》记载：“武太后又以吏部选人多不实，乃令试日自糊其名，暗考以定等第。糊名自此始也。”

[2] 刘海峰．科举制的终结与科举学的兴起 [M]．武汉：华中师范大学出版社，2006：101.

[3]《欧阳文忠公集》奏议卷第十七《论逐路取人札子》.

遏制，到了南宋时期愈演愈烈。高宗绍兴年间，秦桧专权，大兴科场舞弊之风，科举殿试及第者多为其子孙、亲信和门客，以致天下士子皆为怨愤。至理宗朝，科场“奸弊愈滋”。《宋史》中《选举志》记载：“而举人之弊凡五：曰传义，曰换卷，曰易号，曰卷子出外，曰誊录灭裂。”[1] 指出了当时考场作弊的五种手法。在考场要么传递答案、调换试卷，要么涂改试卷或将试卷传出考场请求外援，要么誊录时进行篡改，真是防不胜防。绍定元年（1228）开科，考场上发现有高度雷同的试卷，甚至一字不差。究其原因，可能是考官受贿，暗中将范文交予应试者；又或者考题早已泄露，由老儒写好后卖给士子传抄。朝廷不得不颁布诏令，规定一旦发现试卷雷同，即将应试者和考官、监试官一并黜退。当时的阅卷是一项浩大的工程。绍定四年（1231），“时场屋士子日盛，卷轴如山。有司不能遍睹，迫于日限，去取不能皆当。盖士人既以本名纳卷，或别为名，或易以字，一人而纳二三卷。不禁挟书，又许见烛，闽、浙诸郡又间日引试，中有一日之暇，甚至次日午方出。于是经义可作二三道，诗赋可成五六篇。举人文章不精，考官困于披阅。幸皆中选，乃以兄弟承之，或转售同族，奸诈百端，真伪莫辨。”[2] 可见，士子、考官对考纪考风的漠视以及科场内外纲纪的懈怠已经无处不在，这样的考试又何言公平呢？

应该说封弥制的全面推行，是北宋前期一系列科举改革中最具关键性的一项改革，其意义和影响都远远超出了制度本身，值得引起重视[3]。它不但抑制了科场的舞弊行为，保证了科举选

[1]《宋史》卷一百五十六・选举志第一百九《选举二》.

[2]《宋史》卷一百五十六・选举志第一百九《选举二》.

[3] 何忠礼. 宋代封弥制考辨［J］. 杭州大学学报（哲学社会科学版），1987（3）：113-121.

士的公平竞争，使北宋前期的科举改革成效得以真正发挥，更为重要的是，它对唐代以来权贵和朝臣操纵科举、请托盛行所结成的朋党之弊形成了一次有力的打击。

第二节　南宋科举制度的承续

一、南宋科举制度的主要变化

（一）进士分科考试制度的形成

科举制度发展到北宋，经过一系列的调整，改革基本趋于定型，可谓进入了较为完备的历史时期。无论是考试科目、考试内容，还是考试阅卷、考试防弊、考试管理等方面都有了较大的完善和发展，科举考试制度本身不断趋向客观化与标准化。在右文、崇文政策的刺激下，特别是宗室南渡之后，科举制度的规模不断扩大，中央和地方官学得到发展，不仅进士考试录取的比例比北宋时期大大增加了，而且促进了社会阶层的流动[1]。然而，自北宋神宗熙宁初至南宋高宗绍兴末，时以诗赋取士，时以经义取士，抑或并行不悖，诗赋取士与经义取士之争一直循环往复，其过程的复杂程度令人感叹。宋初沿用唐制，“有进士，有诸科，有武举。常选之外又有制科、有童子举，而进士得人为盛”[2]。礼部贡举设进士科和九经、五经、开元礼、三史、

[1] 虽然南宋录取的进士在绝对总数上少于北宋，但由于南宋的疆域比北宋大约减少了五分之二，其户数及人口也大约减少了五分之二。因此，南宋科举的录取比例无疑是大大增加了。另外，根据宝祐四年（1256）《登科录》统计，家庭背景可考的572名进士中，平民家庭出身的有331人，占57.9%。因此，宋科举确实在相当大的范围内促进了阶层流动。参见：李兵，刘海峰．科举：不只是考试[M]．上海：上海教育出版社，2018：99-101.

[2]《宋史》卷一百五十五·志第一百八《选举一》.

三礼、三传、学究、明法等诸科；仁宗嘉祐二年（1057），新设明经科[1]。宋代的常科科目与唐代相比大大减少，在明经科目上与唐代也有所不同，但北宋科举考试科目中仍然以进士科最受重视。就进士科而言，中晚唐科举考试重诗赋、轻经义的遗风深深影响了宋初的取士方式和社会风气，华而不实的诗赋之学亦备受士大夫的诟病。随着赵宋王朝对经义实用之学日益重视，北宋科举在考试形式和内容上做出了一些重大的改革。

先是仁宗庆历时期的兴学运动，范仲淹提出对进士科的取士标准进行调整，强调以实用性的策论取代诗赋作为取士的重心。此次庆历科举改革挑战了流行了三四百年的专尚文辞、脱离社会现实的旧规，推动了进士考试由“重诗赋、轻经义”到嘉祐年间“诗赋与经义并重”的转变。神宗熙宁年间，王安石再次推动变法，对进士科考试进行改制，罢诗赋、帖经和墨义，专以经义论策取士，科举考试正式从“分科取士”完全变成“有科无目”的进士一科。哲宗元祐元年（1086），王安石新法尽废，进士科被分为诗赋进士与经义进士，出现诗赋取士与经义取士并峙的局面，元祐四年（1089）哲宗亲政之后，又重新推行王安石新法，直到经义取士处于首位。此后，关于“诗赋取士”与“经义取士”的争议也未间断。《文献通考》中记载：“熙宁四年，始罢词赋，专用经义取士，凡十五年；至元祐元年，复词赋与经义并行；至绍圣元年，复罢词赋，专用经义，凡三十五年；至建炎二年，又兼用经、赋。盖熙宁、绍圣则专用经而废赋，元祐、建炎则虽复赋而未尝不兼经，然则自熙宁以来，士无不习经义之日矣。”[2]可见，北宋科举关于诗赋和经义的地位经历了数次改革与争论，政策的反复十分明显，仅在

[1] 张希清．中国科举考试制度 [M]．北京：新华出版社，1993：22.

[2]《文献通考》卷三十二《选举考五》．

哲宗一朝就出现了两次大的变动，教育政策朝令夕改，缺乏连贯性，不利于科举取士质量的保障，势必挫伤士子读书入仕的积极性。

关于诗赋经义取士的争论一直延续到了南宋时期。南宋高宗朝在两宋政治文化上起着承上启下的作用，高宗朝继承了北宋的科举制度，奠定了整个南宋科举制的基本框架，但由于长期战乱的影响，高宗朝对科举制度也进行了一些改革。首先，从考试时间和形式来看，宋室南渡，受战争的长期影响，原有贡举每三年举行一次的周期被打乱，直到绍兴十二年（1142）才重新走上正轨。与此同时，变化较大的是在川陕诸路实行了相对独立的类省试制度（也称“类试”），以及调整“解试”“类试”“殿试”的时间，在录取名额和所授甲第方面实施了各项优惠政策。这是南宋朝廷在战时出于对川陕地区特殊战略地位的考量，采取怀柔政策笼络川陕士子的一种驭民之术。尽管类省试存在买卖解额、贿赂公行等诸多弊病，但类省试作为南宋科举制度的一种补充，直接或间接地促进了川陕地区经济文化的发展，尤其在巩固南宋政权的统治基础上起到了积极的防御作用。其次，科举考试内容上的调整是高宗时期科举制度最重要的改革。不过这一时期进士考试政策始终摇摆不定：建炎二年（1128），拟定以元祐四年诗赋、经义两科分试制度为基础，试诗赋进士不兼经义；绍兴十三年（1143），一度将经义、诗赋合并为一科；绍兴十五年（1145），再分两科；绍兴二十七年（1157），又合为一科；最后于绍兴三十一年（1161）确定了解试、省试以经义进士和诗赋进士两科取士，前者以考经义为主，后者以考诗赋为主且诗赋不兼试经义，一直沿用至南宋灭亡[1]。至此，

[1] 张希清．中国科举制度通史·宋代卷 [M]. 上海：上海人民出版社，2015：360-380.

中国古代科举制度经历了中唐以来多科取士基础上的诗赋和经义取士之争的承转反复，终于在北宋熙宁变法科举“有科无目”的改制之后，到南宋绍兴时期发展形成了诗赋经义两科分立的取士体系。南宋进士分立的考试制度的确立，标志着宋代科举史上“经义与诗赋”之争的结束。这场中国科举史的“经义与诗赋之争”，起源于唐，发展于北宋，至南宋进士分科考试而结束，历时之久，并非受社会单一力量的推动，而是至少受到四种因素的干扰与左右，“即因党争而引起的政见之争，因籍贯不同而引起的地域集团利益之争，因个人才性不同而导致的学术之争，以及历史惯性与改革的时代要求之间的矛盾冲突而产生的尊重历史与重视现实之争”[1]。四种因素相互交织，共同作用于两科的分合较量。南宋科举政策吸取北宋的经验教训，对科目之争的认识更为理性务实，且已经意识到科目设置仅为评判标准的区别，无法仅凭改变科目就达到更好地甄别士人的目的，因而放弃了经义、诗赋在选才优劣上的绝对化认识，根据实际需要，兼而取之，转而在录取配比上加以权衡，于高宗末期完成彻底分科[2]。当然，南宋科举制度的流弊比北宋更为严重，南宋政治日益腐朽，败坏了士学风气，尤其是考场舞弊现象，缺乏严格的监督，导致科举选士功能大为降低。

（二）南宋宗室科举制度的发展

科举奠基的隋唐时代，官贵子弟作为享有特权的特殊群体，得益于门荫任子制度的庇护，不需要任何考选，从童稚之时即

[1] 钱建状．南宋进士分科考试制度的形成契机——兼论宋代科举史上的“经义与诗赋之争”[J]．厦门大学学报（哲学社会科学版），2008（5）：85-91.

[2] 汪潇晨．南宋科举政策变化研究——以科目设置、程文考校与官学培养为中心[J]．浙江大学学报（人文社会科学版），2021，51（6）：29-41.

可享受赐名授官特权。只是中晚唐时期诸科以进士为贵，缙绅即使位极人臣，也不免发出“不由进士者，终不为美”的感慨。唐代在职的“正员官”，即有官者不被允许参加贡举考试，只能通过制举走特殊通道。后来这一制度在宋代发展为恩荫补官或科举入仕的有官人也可以参加贡举考试，即宋代的锁厅试。因前文已有论述，在此不赘述。除此之外，唐代的宗室子弟也不得参加科举。宋神宗熙宁二年(1069)创立了宗室应举制度。《宋会要辑稿·职官二〇》之《宗正寺》记载："熙宁二年（1069）十二月二十三日，诏：近制，皇族非（祖）祖免以下，更不赐名授官，只令应举。”[1]《宋会要辑稿·帝系四》之《宗室杂录》也有同样记载。在此基础之上，“宗子三科”制度形成，即宗室非袒免亲（五服以内的近亲）赐名、授官后可以像有官人一样锁厅应举；袒免亲（五服以外的远亲）不再赐名、授官，可以像一般士人一样应举；非袒免亲无官者可以像特奏名一样应举[2]。随后，“熙宁十年，始立《宗子试法》。凡祖宗袒免亲已受命者，附锁厅试；自袒免以外，得试于国子监”[3]，又将宗室科举进一步制度化。

宋初实施以文治国，出于防范宗室的需要，朝廷对宗室子弟采取不任以职事的“豢养”政策，因而皇室成员的宗子一直被排挤在科举之外。那么，为什么宋朝又要创立宗室应举之制呢？一方面，是由于“祖宗受命百年，皇族日加蕃衍，而亲疏之施未有等衰，甄序其才未能如古”，就是说过去宗室子弟享受门荫任子之制的庇佑，不用参加科考，久而久之人满为患，朝

[1]《宋会要辑稿》职官二〇《宗正寺》.

[2] 张希清．简论唐宋科举制度的变迁（上）[J]．北京联合大学学报（人文社会科学版），2010，8（1）：33-39.

[3]《宋史》卷一百五十七·选举志第一百十《选举三》.

廷不堪养人之重负，只好要求宗室子弟由科举入仕受禄以减轻国家财政负担。另一方面，皇帝以科名诱使大批宗子积极向学，使一批有进士出身、文化素质较高的宗子能获得从政机会，从而提高整个宗室群体的文化素养。实际上，参加科举试的宗子在北宋就已出现，只是人数不多，并未引起重视，自熙宁至元符初 30 余年，中举者才 20 余人，说明宗室科举制度尚在初行阶段，影响不大，而宗室应举真正对科举取士制度及宗室群体自身产生较大冲击是在南宋以后，各种《登科录》中的宗室人数迅速增多。如绍兴十八年（1148）与宝祐四年（1256）之间相隔 108 年，宗子登第人数由 16 人上升至 76 人，扩大了近 5 倍；在各榜中所占的比例也由 4.8%提升至 12.6%[1]。这说明宗子登第人数成倍增长，在一定程度上影响到科举制度的公正性。

相比于汉代察举制度的“任子”“内侍”特权，科举选官背景下唐代的门荫特权开始与考试，甚至与科举相结合，不断稀释特权，这种特权入仕的变化得益于科举制实行的结果。发展至两宋，不但一般士人和有官人可以参加科举考试，而且有官、无官的宗室子弟也可以应举，且在考试科目、考试方法、考试内容和赐第授官等方面形成了一套较为完备的制度。北宋官贵子弟从一开始被拒于科举大门之外，到被允许以“锁厅试”的方式进入科场，再到南宋时大批宗子登科现象的出现，这些新的变化都是科举制度对门荫制度直接冲击的结果，也是宋代科举在选官中的地位不断提升的表现。

总的来说，南宋科举政策并未出现重大改革，而是在汲取北宋改革经验教训之上进行了完善和细化。南宋时期，科举及第者仍然是文官的主要来源，他们成为南宋官僚体系中的主体，

---

[1] 祖慧．南宋宗室科举制度探析 [J]. 历史研究，2011（2）：35-49，189-190.

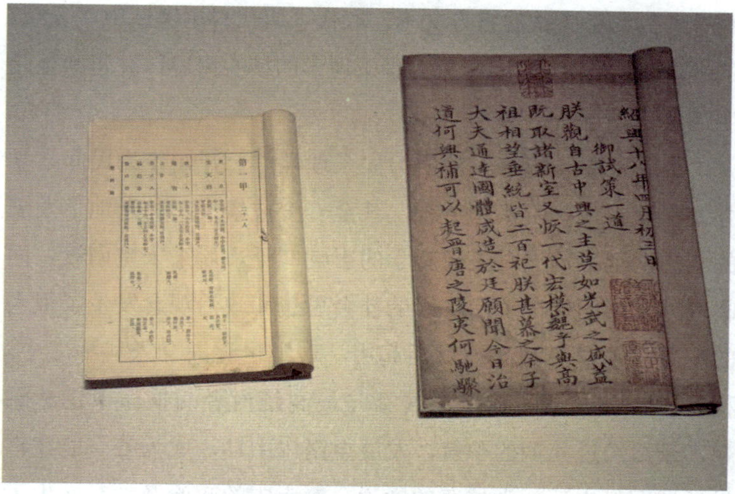

●绍兴十八年同年小录 宋代仅存的两份题名录之一

其中涌现出文天祥、赵汝愚、陆秀夫等治术之才。这一制度还选拔出了许多有较高学术造诣的学者，如朱熹、吕祖谦、陆九渊、陈亮、叶适等。南宋科举取士向宗室权贵阶层的倾斜在一定程度上损害了平民举子的利益，但从宋代科举平民化的进程来看，宗室科举的推行是一个转折点，它使得大量皇室后裔得以通过参加科举考试竞争的方式融入官僚队伍，这不仅推动了“宗室士大夫”阶层的崛起，更是宋代科举社会导向下宗室阶层走向平民化改革的一项重要举措。

二、南宋科举与教育的理学化进程

两宋思想文化史上的一大变化是理学在与王氏新学的长期竞争中逐渐登上主流学术的舞台，对南宋科举及教育都产生了深刻的影响。理学家所主张的“正心诚意”“存天理、灭人欲”学说，为统治阶级提供了适应其统治需求的学术思想，并在南宋获得了极大的发展，尤其是朱熹集注的“四书”在南宋末期被尊奉为科举考试的官方文本，取代了唐代科举考试中“五经”的地位，“四书”学因而成为程朱理学的核心内容，并延续至元明清各代。

由北宋周敦颐等人初创的程系理学，一开始作为民间之学并没有获得统治阶级的重视，甚至一度被禁止，处于地下发展的状态，远不及当时王氏新学的影响广泛。后来宋室南渡，面临内外发展困局，统治阶级的社会思想和政治观念发生了很大的变化，理学家渐次被朝廷起用，理学也逐渐介入科举之中。程系学说在其弟子的广泛传播与最高统治者的扶植下迅速崛起，最终经过前期的孕育，发展至南宋中期，成为唯一能在官学领域同王安石新学抗衡的学说，对南宋的政治及教育产生了深远的影响。那么，程朱理学为何在北宋中晚期遭受了冷遇，却能在南宋迎来发展的极盛局面呢？

从理学自身的发展进程看，从程氏奠基到理学学说的兴盛，再到朱氏集成，理学从北宋时的民间之学演变为南宋占主导地位的官方之学，首先得益于程门弟子的道统承传，以及频繁的讲学活动对程氏学术的广泛传播与大力推广。理学家们纷纷著书立说，广招门徒，传播自己的思想和主张，在当时的社会上产生了很大的影响，并形成一股学术思潮，对南宋的政界和学界产生了深远的影响。在理学的传播与发展过程中，除集大成的朱熹之外，还有陆九渊、张栻、吕祖谦等著名的正统理学家。理学内部还有众多派别，这些派别几乎都源自“二程”开创的洛学学派，并且每个派别都吸引了大批追随理学的士人学子，极大地繁荣并奠定了理学在南宋的崇高地位。影响较大的有从福建杨时传承而来的朱熹闽学。朱熹在江西和湖南的“白鹿洞书院”和“岳麓书院”讲学，开启了理学闽派学门。从其发展线索与轨迹来看，北宋南渡之后的高宗朝时期，当时为程门弟子“四先生”之一的杨时，被东南学者推崇为程氏正宗，他晚年以著书讲学为事，其师门在程氏后学中最为鼎盛，使得这一脉从众多学派中脱颖而出并迅速兴盛。杨时门下的从学者甚多，“而朱熹、张栻之学得程氏之正，其源委脉络皆出于时”[1]。可见，杨时在程、朱之间直接的承传作用。除闽学之外，还有陆九渊的心学，吕祖谦的婺学，胡宏、张栻的湖湘之学，以及薛季宣、陈傅良等人的永嘉之学，在传播理学并确定理学在南宋教育领域的主导地位方面发挥了骨干作用。

除此之外，理学的兴盛发展还与南宋朝廷统治阶级的政治支持与推崇有很大的关系。程系理学无论是基于思想还是政治上的传播，均与南宋统治集团的治民政策相呼应，使其得到了前所未有的发展机遇：先是在高宗朝获得了高度认可，后在孝宗朝出现了理学集大成的局面，最终在理宗朝被确认为官方的正统思想。首先，偏安江南的南宋统治集团面临着主战和主和两派的尖锐对立，这种对立在南宋初理学与王学的斗争中也有所体现。南宋初期，程学受到排挤。《宋史》中《选举志》记载：“程、王之学数年以来，宰相执论不一，赵鼎主程颐，秦桧主王安石。至是，诏自今毋拘一家之说，务求至当之论。道学之禁稍解矣。”[2]秦党专权的结束为程学发展带来了机遇。当时作为湖湘学派创始人之一的胡安国，其所著《春秋传》借解释《春秋》而“托讽时事”，反复释义旨在强调兵权之重要，而这恰与高宗收夺兵权的意图如笙磬之合[3]，被宋高宗赞为“深得圣人之旨”[4]。也就

[1]《宋史》卷四百二十八·列传第一百八十七《道学二》.

[2]《宋史》卷一百五十六·选举志第一百九《选举二》.

[3] 许总．南宋理学极盛的过程与原因试析 [J]. 扬州大学学报（人文社会科学版），2002（1）：72-75.

[4]《宋史全文》卷二十六上《宋孝宗五》.

是说，胡安国的主张恰与高宗集团打击主战派、收夺主战派之兵权有了高度的契合，并为其投降卖国之主张提供了有力的理论依据。另外，作为南渡政权的继任者，高宗一直致力于在政治学说上能够为其父徽宗的亡国之罪寻找开脱的合理借口，程系理学在学术思想上彻底否定王安石新学的做法，与高宗集团把北宋亡国之祸归结于王安石变法的政治主张不谋而合，适应了南宋初年特定现实条件下的政治需要和政策规定，使得程系理学在高宗一朝得到格外的恩宠与推重，并为其后的大发展奠定了重要的基础。其次，宁宗朝在嘉定十三年（1220）追谥周敦颐为元公，程颢为纯公，程颐为正公，使三人的学术地位得到了官方的正式承认。这在理学发展史上是一个重大的转折点，为理学成为南宋后期的官方哲学起了先导作用[1]。最后，嘉定十七年（1224）进入理宗朝，程朱理学得到前所未有的大发展。理宗先是于宝庆三年（1227）下诏，“朕观朱熹集注《大学》《论语》《孟子》《中庸》，发挥圣贤蕴奥，有补治道，朕励志讲学，缅怀典刑，可特赠熹太师，追封信国公”[2]，将理学的集大成者——朱熹推到了理学的宗师地位，并为《四书集注》后来被确立为理学的核心典籍，成为儒生的官学考试文本奠定了重要的基础。端平二年（1235）又下诏将胡瑗、周敦颐、司马光、苏轼、张载、程颢、程颐等十人从祀孔子庙庭，奉理学为正统，提高了理学家的整体地位。淳祐元年（1241）又正式废黜王安石从祀，封周敦颐、张载、二程为伯。这一系列操作将理学的开创者和集大成者全部推上了神坛，基本完成了宋代官学理学化的进程，也标志着在程、王之学的长期斗争中，理学最终取

[1] 陈丽．南宋理学官学化原因探析 [J]．河北师范大学学报（哲学社会科学版），1999（3）：93-97.

[2]《宋史》卷四十一·本纪第四十一《理宗一》.

得了全面的胜利。这为理学占领科举这个事关人才选拔和主流学术思潮的前沿阵地带来了前所未有的机遇。科举考试以程朱义理、“四书”为取士标准，并且全面影响着时文写作风格以及学校教育的发展。

可以说，理学作为一种学术思想与当时的生产关系和政治制度产生了高度一致性，适应了时代发展的需要而获得发展的动力。理学具有较强的理论思辨性和丰富人性修养理论，比起董仲舒的天人感应学说，它构建了更高的理论思维体系，超越了旧儒学的精华，同时吸收了佛道二教中的平等学说，融儒释道思想为一体，增强了儒学的吸引力和生命力，使得理学作为一种新的社会思潮在社会上迅速传播开来，从而为靖康之乱后宋室南渡的偏安政局提供了最有力的可供利用的统治工具。

第三节　科举制度对宋代社会的影响

一、宋代科举社会的全面形成

科举制度原本是选官制度，却天然地将“学而优则仕”纳入其制度使命，成为强化皇权的得力武器。与其他选官制度相比，科举创制所带来的选拔标准的根本性变化，为巩固皇权创造了前所未有的契机。统治阶级通过多次的调试对这一制度进行改革优化。唐代皇帝在与新旧士族的博弈中，终于使各方势力接受了科举作为选官制度的事实，并认同了以文取士的普遍取向。从此，读书人可以投牒自举而无需推荐，文章优劣成为是否录取的主要依据。科举制在向庶族地主开放的同时，也把士族大地主纳入其中，共同推进强大的科举社会的形成。

科举社会是指科举在政治生活和社会结构中占有重要的地

位，即科举的影响无所不在的社会，也可以是指教育和文化活动都以科举为中心、以科举为取向的社会[1]。相对于以前的士族门阀社会，科举制度通过不断的改革完善，改变了原来的仕进道路与流动机制，科举考试带来的最大变化在于，决定人物社会身份、地位高低的标准，从血统出身、门第阀阅完全转变为科名及其才能的高低。经过唐末五代的战乱攻伐，士族势力以及门阀社会基本退出历史舞台，为宋代科举社会的形成创造了有利的发展空间。在皇权的推动下，科举制度成为加强集权统治与稳定社会秩序的国之利器，又成为全社会各色人等博取功名、获取地位与身份的一个名利场。在这个庞大的科场之中，君与民各取所需，共同塑造出一个崇尚科举的新型社会，这个社会又反过来促使科举的影响力渗透到社会的每一个角落。无论是社会结构的变化、社会阶层的流动，还是社会习俗、社会风气的形塑，几乎都与科举息息相关。

较之隋唐，宋代参加考试的人数变化最大，无论是考试录取人数的绝对数量，还是选才录取出身寒素士人的占比，都在增加。真宗大中祥符八年（1015）礼部放榜，合格进士者无一人以权门显名；仁宗朝，13 榜进士中，竟有 12 榜进士第一名出自平民布衣之家[2]。新旧《唐书》所载 830 名进士中，出身望族和公卿子弟者高达 71%，小姓为 13.1%，寒素子弟仅占 15.9%，而在《宋史》有传的一至三品官中，来自布衣者约占 53.67%，至北宋末已达 64.44%。宋代宰相里，布衣出身者占比 53.3%，超过一半[3]。这说明北宋时期构建了一个不同于隋唐的

[1] 刘海峰．科举学导论 [M]．武汉：华中师范大学出版社，2005：232.

[2] 史仲文，胡晓林．中国全史・教育卷 [M]．北京：中国书籍出版社，2011：513-514.

[3] 李贵．唐宋科举制的区别 [N]．文摘报，2019-05-18（2）.

以庶族士人为权力结构的官僚社会。在科举社会中，读书仕进的层层关卡被彻底打通，科举以最大的诚意向全社会开放，上至朝廷官员，下至寒俊布衣，人人心系科举与功名，充分体现了宋代公平考试、广搜寒俊的取士原则，不仅促进了人才的社会性流动，而且对全社会老百姓的读书行为产生了巨大的鼓舞，更使得“学而优则仕”成为天下人的共识。

与此同时，科举社会的形成造成了世人对科名的狂热崇拜，催生了流传甚广的科举习俗。唐代新科进士及第后会举行曲江关宴，俗称“闻喜宴”，引得长安街头的人们倾城而观。《唐摭言》第三卷中记载：“曲江之宴，行市罗列，长安几于半空。”在宋代，科举及第者一般要经过隆重热闹的金殿传胪、闻喜宴、朝谢、跨马游街、立题名碑编登科录等多项仪式和活动，正式步入仕途[1]。北宋将闻喜宴改称为“琼林宴”，后政府赐宴成为定制。雍熙二年（985），殿试之后又实行传胪大典，即唱名赐第。及第举人依次被传唱姓名，旁侧卫士若干人齐声高呼，引新科进士出列，遂分别登殿受敕，正式成为“天子门生”，荣耀至极。唱名赐第之后，一甲三人还要插花披红，“跨马游街”，引得万众夹道观看，一时倾动京城。正如南宋诗人杨万里在其诗作《四月十七日侍立集英殿观进士唱名》前半段所言：“殿上传胪第一声，殿前拭目万人惊。名登龙虎黄金榜，人在烟霄白玉京。”新科进士在传胪仪式上享受的这种极高规格的待遇无论对于应试者还是亲人家族都是巨大的荣耀，令世人无比尊崇和艳羡，纷纷以科举入仕为最高的价值追求。应试者即使是科场屡试不中也无怨言，只会归咎于自身学艺不精、运气不佳，于是日复一日、年复一年地陷进科场深潭里，寻求一朝扬名立万的机会。无论

[1] 刘景云，杨林，孙建军．图说科举制度[M]．长春：吉林人民出版社，2009：137.

是士族子弟还是寒素士子，科举入仕都为他们创造了一个新的人生契机，早已变成了宋人的一种社会风尚与生活方式。

不仅如此，科举社会的影响力还波及传统社会观念的改变，尤其是“门当户对”的婚姻观念在科举社会影响下遭遇了前所未有的挑战。魏晋南北朝时期的选官主要看门第，婚姻观上同样看重门第的匹配。隋唐科举制度的创立打破了门第、家世的限制，仕途的大门开始向庶族开放，进士出身的科举官僚的崛起使得传统士族固有的婚姻观发生了重大变化。初唐时官宦世家婚姻崇尚阀阅，婚姻的门第观念依然较浓厚。到了中晚唐时期，公卿之家与进士的联姻渐成风尚，科举功名逐渐成为唐人择婿的重要标准。由唐入宋，随着旧有士族高门的沉寂，门阀宗族制下“士庶天隔”的门第等级观念逐渐消失。“婚姻不问阀阅”到“贵人物”的转变成为由唐及宋婚姻价值取向变化的显著特征[1]。这里的“不问阀阅”，并非完全不讲门第，只是阀阅不再是首要条件，而变成了“贵人物”，这里的“人物”是一种综合考量，不仅包括个人才能，还包括个人资财、家世及家法影响下的个人品行。只是在宋代官宦世家的选婿观念里，才干与修养已经排在了第一位，而这一切得归功于科举社会的形成。科举社会的形成广为寒门入仕开路，公卿之家必须以科举功名为支撑，个人与家族的贫富贵贱与科举考试密切相关，个人与家族的关系也从家族决定个人变为个人影响家族。与之相适应，嫁女就不再是嫁“家族”，而变成了嫁“人”，人们择偶的关注点落在了“人”身上，人的贤与不肖则取决于是否具有科举功名[2]。北宋司马光在谈论婚姻观时说：“凡议婚姻，当先

[1] 姜宇，王善军．从“尚阀阅”到“贵人物”——唐宋官宦世家婚姻价值取向的比较 [J]. 西北大学学报（哲学社会科学版），2022，52（2）：119-126.

[2] 吴根洲．科举导论 [M]. 杭州：浙江古籍出版社，2016：206-210.

察其婿与妇之性行及家法何如，勿苟慕其富贵。婿苟贤矣，今虽贫贱，安知异时不富贵乎？苟为不肖，今虽富盛，安知异时不贫贱乎？”[1]这说明他已经意识到婚姻择偶以及家族富贵贫贱的变化已与门第没有多大关系。南宋史学家郑樵“自五季以来，取士不问家世，婚姻不问阀阅”[2]。这些都说明处于科举社会的宋代人已把择婿标准转向了科举功名，而不再看重门第。从隋唐士族社会到科举社会婚姻观的变化，反映了科举考试制度巨大的社会影响力。

●痴翁碑

该墓志铭由河南汤阴杨灏为自己书写。杨灏为贡生，其父是廪生，岳父是贡生，儿子娶监生的女儿，女儿嫁武庠生的儿子。杨灏一生为科举所累，但仍钻研举业、文化联姻，可见，科举在古人心中具有举足轻重的地位。

---

[1]《书仪》卷三《婚仪上》.

[2]《通志》卷二十五《氏族略第一》.

●宋代　省油灯

●宋代　“唯有读书高”陶俑

二、宋代科举考试公平取士的经验探索

宋代的科举制度持续发展，关于科举改革的论争几乎贯穿宋代始末，取士公平的改革更是议论的焦点。这些改革措施不失活力和生机，既体现了宋代儒臣济世兴邦的家国情怀，又为宋王朝选拔出一大批实用之才。其中，科举考试的公平择优原则在这一时期得到了充分体现。科举制度对公平的维护主要基于程序和实体两个方面展开。如唐宋时期的锁院制度、弥封制度、誊录制度、别头试等制度以及明清时期不断完善的回避制度、覆试制度、磨勘制度等都是基于维护科举考试的程序性公平所做出的尝试。但程序性公平仅属于基础性的公平，程序公平还不能完全满足士人对科举公平取士的期待，尤其是在当时中国社会经济与文化发展不均衡的条件下。如果完全遵照“一切以程文为去留”，势必会影响先天处境不利的（如偏远落后地区）士子应试录取的可能性。

以北宋科举中的区域分卷取士为例，如果科举单纯是为了通过考试这种形式网罗最优秀的经世人才，满足朝廷对精英人才的质量需求，大可采用欧阳修的“惟材是择”作为取士的首要标准，即坚决拥护“分数面前，人人平等”，那就不能为了所谓的区域公平而牺牲选才的绝对质量，让北方次等的考生混进来以次充好，而把南方优秀的考生淘汰出去。也就没有必要考虑区域经济之间的差异，进而也再无必要权衡科举名额的区域差异性分配。然而，事实恰恰相反，唐宋以后的科举制度在追求程序性公平之余，依然兼顾了科举及第名额与区域差距、民族差异的平衡，把科举的程序性公平推向了实质性公平。其中，乡试解额制度的创立是宋代科举的一

个创举[1]。乡试解额制度从无到有，通过从比例解额到定额取解的完善，保证了科举考试的过程公平，体现出“公平取士”的内在制度逻辑。科举取士的公平性不应局限于“一切以程文为去留”的程序正义上，还应体现对实质公平的维护，这样科举才能成为被人们广泛认同的资源分配手段而长久存在。北宋解额制度使得考试程序公平与区域公平形成了合力，共同维护着赵宋王朝政治体制的稳定。这一做法对后世如明代南北分卷制度、清朝会试分省录取制度以及清代官民分卷制度的发展与完善均产生了深远的影响[2]。

取士名额在人口和地区上的差异早在东汉时期的举“孝廉”中就已出现，宋明清时代的“进士”录取名额，也是在地区名额均衡配置的大原则下产生的。这说明无论是两汉时期的察举制，还是唐宋、明清时期的科举制，这些选官制度的背后都存在一个共性，即朝廷在追求选士资格广泛性、考试过程规范性、评价标准统一性的同时，都注意到了区域选士名额的配置问题。科举制不单单是一种考试制度，它还担负着突破阶层固化、实现阶层流动、维护社会稳定和国家统一这一重大的制度使命。因此，对科举至公之道的追求不能仅局限于对考试内容、考试形式、考场纪律、考试评价等方面的技术性改进，还应考虑到民族差异、区域差距这些补偿性原则。应该说，科举取士的直接目的是选贤任能，而选贤任能的终极目的则是维护皇权政治体制的统一与稳定。科举制度对程序性公平的维护与追求，进一步强化了这一制度的社会文化统合作用，使其更好地成为官方有效的政治统治工具。分地区录取补偿性原则的推广，也许

[1] 王世岳，王运来．公平取士的制度逻辑——以宋代乡试解额制度为例 [J]. 江苏高教，2018（5）：54-59.

[2] 吴根洲．科举导论 [M]. 杭州：浙江古籍出版社，2016：174-194.

未必是科举制度最优先的考量（或者审慎地说，仅是科举制对教育公平的考量之一），但它在维护政权统一方面有着与程序性公平同样的政治作用，因此受到历代王朝的同等重视。

与此同时，宋代通过不断放宽对应试举子的出身、行业的限制，扩大了宋人参加科考的资格和权利，使科举的实质性公平向前迈进了一大步。唐初严格限制现任官员、商贾子弟和宗室子弟应举，中晚唐时已有所松动，到了宋代，杂色贱业几乎均可通过变通的形式应举登第。这些杂色贱业出身的子弟，多属寒素阶层，而对这部分士子应举资格的开放，大大激活了寒素阶层参加科举考试的积极性，使科场上不辨贵贱，人人平等，“一切以程文为去留”成为现实。科举取士的程序公平与实质公平两个方面都是科举追求至公之道的体现，二者相互依存，互为表里。科举制度的细节调整，表现出科举考试由对程序公平、机会公平的追求，逐步转向对实质公平的追求。无论是科举考试“防奸的精细化、程式化调整”等程序性操作，还是“分地域录取”所表现出的对弱势群体的优待等实体性操作，二者背后的终极诉求都是遵循并服务于“帝国统一”这个最高目的。

北宋科举在运行的百余年间，大刀阔斧地推行改革，处处防弊，尽力减少人为的偏私，追求至公的大道，对后世科举取士如何平衡教育资源产生了深远的影响。宋代科举“追求至公”的经验告诉我们，所谓的“公平”是相对的，一味地追求绝对公平，只会因公平的“形”而戕害公平的“实”。尽管宋代科举制度严防舞弊的措施已经趋于完备，但终究未能抵挡权臣专政的致命打击与世风陋习的侵蚀腐化，导致密法严防也难以除弊，纵有良法美意亦沦为弊法害政。宋代科举考试早已背离了唐代“分科取士”的多样性，走上了一条“有科无目”的单一化道路，无论后世在科举取士的内容上如何优化调整，在技术层面如何防奸除弊，其他的大原则始终未变，反而在追求绝对公平的道路上越走越远，元明清三朝更是如此。

三、宋代科举取士对学校教育的影响

北宋建国后，对各地的文化教育事业进行了重建与修复，为恢复儒学的正宗统治，开始重修孔庙，整顿纲常，实施了一系列尊孔崇儒的政策。一方面，在教育和科举考试中不断强化经学的地位，为宋代儒家经学教育的普及和发展奠定了基础；另一方面，重用文治人才，鼓励世人读书仕进，广开寒俊布衣仕进之途。北宋三朝的励精图治、锐意改革，不仅奠定了宋代科举制度的基本格局，而且使得科举考试更加制度化和客观化，向着公平取士的目标迈进了一大步。两宋学校教育体制以北宋最为齐备，它是在历次兴学运动与科举制度的改革当中逐步发展起来的。宋代规模较大的三次兴学均以科举改制为重心，以太学的改革为起点，并着眼于探索一种科举取士和学校育才相结合的人才选拔制度。

第一次是庆历四年（1044）由范仲淹主持推动的庆历兴学，它是庆历新政的重要内容之一。首先，对“不兴学校，长育人材，而只以贡举取士”的现象提出批评，认为这是“不务耕而求获”[1]。其次，主张“劝学育才”，振兴太学和州县学校，规定应试士子不入官学者不得应举，恢复学校教育和科举考试的衔接。针对科举制度改革，提出要选拔实用之才，废除帖经、墨义，改试“大义”，确立儒家经典在考试中的核心地位，“力图将学校教学、科举取士和经世治国统一起来，形成一个以学校

[1]《范文正公集》卷第八《上执政书》.

为主体、科举考试为手段、社会需求为目的的新的教育体制”[1]。这些做法对于改变学校依附于科举、强化学校的社会功能起到了重要的推动作用，更为重要的是为北宋的社会和教育诸领域开创了一个敢于求新变革的新时代。庆历兴学持续的时间虽短，但内涵深、影响大，为熙宁兴学改革创造了有利的社会条件。

第二次是熙宁四年（1071）王安石主持的熙宁变法，在兴学部分主张废止科举中的明经及诸科，独留进士科，又废止过去以诗赋为主考进士的做法。同时，王安石把改革的重点首先放在改革太学上，从学校直接选拔官吏，学校教育与科举考试并行；在太学中推行三舍法（也称为“三舍考选法”），即将太学生员依次分为外舍、内舍、上舍三个等级，生员依学业程度和考核成绩，依次升舍，即外舍升内舍，内舍升上舍。根据《太学令》的规定，外舍生每年升学一次，内舍生每两年升学一次。上舍生内部分为三个等级，即若考试为两优（朝廷公试优等、校定亦获优等），则可升为“上舍上等”，此时可直接推荐做官，等于科举及第，立即释褐授官；若考试为一优一平，则升为“上舍中等”，参加科考可免解试及省试直赴殿试；若考试为两平或一优一否，则为“上舍下等”，参加科考可免解试直赴省试，从而形成了“上等命以官，中等免礼部试，下等免解试”的取士原则。“三舍法”实际上赋予了学校一定的取士权，使太学兼有培养和选拔人才这两种职能，开辟了一个学校养士和选士并轨的人才选拔制度，是北宋学校教育与科举取士相结合的一大突破。

第三次是崇宁元年（1102）蔡京主持的崇宁兴学，沿袭王安石的太学“三舍法”，扩建太学规模，改革科举制度，规定选拔人才全部由学校升贡，一度停止州郡发解和礼部试。这种取

[1] 史仲文，胡晓林．中国全史·教育卷 [M]．北京：中国书籍出版社，2011：521.

士皆由学校升贡的制度从大观元年（1107）起，实行了 15 年，到宣和三年（1121）三月被废除（主要是废除州县学的三舍法）[1]。自熙宁变法大兴太学三舍法以后，赵宋王朝一直致力于探索取士皆由学校的升贡之法，以替代科举考试，这无疑极大地促进了学校教育事业的发展。然而，一直备受赵宋王朝青睐的学校取士却在一次次的兴学运动中时兴时废，最终以遭遇废除并恢复科举取士而告终。这又是何故呢？官宦子弟多免试入学，贫寒子弟即使有入学听读的机会，大部分人由于家庭财力有限还是很难长期维持学业，这使得原来从自学到科举入仕的道路被堵死。更何况在官学和州县学全部实行三舍法之后，大规模的置学养士、投资学校使朝廷的财政不堪重负，宋朝政府也无法创办足够多的学校，学校入学名额有限，因而堵塞了大批知识分子由学校升贡的这条路径。

发展至南宋，南宋教育大体因循北宋旧制，其中最引人注目的变化，即理学在与王安石新学的争逐中占据主导地位，朝廷于宁宗年间将朱熹的《四书章句集注》正式确立为官方教材，以教育天下人才，宋代官学于理宗朝完成了理学化进程，南宋沿袭北宋的官学体制框架，没有太大的变化，依然十分注重发展太学教育，扩大太学教育规模，如在解试落选士子中实行待补生制度，增加了士子读书仕进的机会，改革太学考试内容，于绍兴三十一年（1161）确定了经义和诗赋两科取士制度，结束了北宋以来关于科举考试的经义取士与诗赋取士之争。与此同时，南宋书院在经历北宋百年沉寂之后，逐渐恢复发展并在理宗朝达到了鼎盛，其创办的数量和规模最盛。据统计，北宋前期共有书院 38 所，整个南宋的书院，共有 147 所之多，达到

[1] 张希清．中国科举制度通史・宋代卷 [M]．上海：上海人民出版社，2015：761-764.

北宋书院数量的近 4 倍，南宋是我国书院最为繁荣的时期[1]。南宋书院的兴盛固然得益于理宗朝崇尚程朱理学的政策，与大量理学家积极推进讲学活动也是分不开的，当然更为主要的原因是朝廷不再规定非入官学不得应举，客观上为书院的兴盛创造了宽松的政治环境，再加上当时书院教学质量普遍较高，能满足广大士子读书应仕的需求。

综上所述，北宋的三次兴学运动以三舍法的实行最为普遍，影响也最大，但三次兴学运动均致力于发展官学，对民间或私人办学关注不足，反而使宋初闻名于世的书院在兴学运动中日渐沉寂，这引发了后世关于如何处理官学与私学关系的思考。三次兴学运动都着眼于解决科举与学校的关系，解决培养人才与选拔人才之间的矛盾，并都坚持取才应立足于学校，这也启示了后世，使明清时期学校教育完全纳入了科举考试制度范围之内[2]。北宋科举改革中政策的反复性亦值得深思。三次兴学运动均因改革派得势而大力推进，也因守旧派的卷土重来而骤然落寞，教育政策一直处于摇摆不定的状态，致使北宋科举改革问题频出，取才制度朝令夕改、支离破碎，对学校教育的发展产生了负面影响。

---

[1] 何忠礼．科举制度与宋代文化 [J]. 历史研究，1990（5）：119-135.

[2] 郭齐家．中国古代考试制度 [M]. 北京：商务印书馆，1997：125-134.

第四章

辽金元科举制度的继承与发展

辽金元时期的科举制度，虽说无论是从规模还是地位上都不能与两宋齐肩，但它却在唐宋与明清之间发挥了承上启下的作用，对中国封建社会后期的选官制度以及社会文化产生了或多或少的影响。隋唐至两宋的统治者对科举取士大力推行，赢得了与中原文化存在差异的辽、金、元三朝少数民族统治者的青睐，他们在借鉴和吸收唐宋科举制度的基础之上，实施了具有本民族特色的少数民族科官制度，在一定程度上促进了多元文化的传播与多民族的融合，为明、清两代科举制度的进一步完善提供了借鉴。尤其是元代科举定程朱理学于一尊的改革，为明清两朝所承袭，在其后约600年的发展过程中，对封建社会的整个政治与文教事业均产生了多方面的影响。

第一节 辽朝科举的继承与发展

辽朝是五代十国后期由北方契丹族建立的少数民族政权，先是由耶律阿保机（史称辽太祖）于公元907年统一契丹八部称汗，并于公元916始建年号，定国号契丹。后由他的儿子耶律德光（即辽太宗）继承皇位并于大同元年（947）灭后晋，改契丹国号为“辽”。辽天祚帝保大五年（1125）被金国所灭，辽朝历时218年。辽政权先后和北宋、西夏并立。因此，辽朝的科举制度早期仿唐进士取士之法，后来则转为与其政权对立的北宋学习，建立了一套模仿唐宋官制的官僚系统，逐渐融入了华夏文化的氛围当中，辽的汉化倾向对于发展北方少数民族的文化教育，促进各民族文化共生交流发挥了重要的作用。与唐宋相比，辽朝科举制度在不断吸收借鉴科举旧制的基础上，逐渐形成了具有契丹族民族特色的科举制度，这也使得辽朝科举制度在我国科举史占有一席之地。

辽初，官吏选拔依赖世选制度[1]，并未触及科举取士之法。辽太宗于会同元年（938）获取燕云诸州之后开始在南京［即燕京（今北京西南）］地区推行科举考试。据《辽史》中的《室昉传》记载，契丹族人室昉在会同初登进士第[2]；《辽史》中的《景宗本纪》记载，保宁八年（976）又“诏南京复礼部贡院”[3]，下令恢复科举考试的机构，辽朝科举制度才逐步稳定下来。《续文献通考》中的《选举考》记载，圣宗统和六年（988）对汉民族正式开贡举，标志着辽朝科举考试制度的正式建立。最初的应试者基本限于燕云十六州地区的读书人，辽圣宗统和六年开科取士之后，科举的应试区域逐渐推广至全国。起初及第人数很少，统和六年开贡举及第仅一人，后每年几人、十几人到几十人不等。直到统和二十四年（1006），放进士杨佶等23人及第，此

[1] 辽朝的这种世选制度是从功臣的子孙中选拔“材能者”，“量材授之”，既不同于中原王朝的世袭制，也不同于中原王朝的科举制度，是契丹族自古以来在契丹官制体系中实行的一种固有的传统的选官制度。参见：高福顺．辽朝科举制度的历史作用及其局限性［J］．赤峰学院学报（汉文哲学社会科学版），2014，35（5）：1-8.

[2]《辽史》卷七十九・列传第九《室昉》.

[3]《辽史》卷八・本纪第八《景宗上》.

后历朝贡举人数或多或少，少则二人，直到兴宗、道宗时，逐渐上升至百余人，有时多则 138 人（道宗咸雍六年）[1]。据《辽史》所记，圣宗统和六年以后，每隔一二年就开进士科一次，兴宗以后也是每三四年开科一次，总计开进士科 53 科，放进士及第 2 383 人，平均每榜 45 人[2]。

显然，随着崇尚中原文明的风气日盛，历经 20 余年的发展，辽后期科举制度逐渐趋于完善与成熟，开科取士时间更加有规律，录取人数明显增加，科举及第者所任官职在辽朝廷的政治地位显著提升。“辽圣宗朝以后的汉人重要官僚，大都是进士出身，而南面最高官署——枢密院，从长官到下面的院吏，几乎都由进士出身者担当。”[3] 辽科举考试在考试内容上仍沿袭唐代科举重词赋科的观念，唯进士科独重，在圣宗时仅设了词赋、法律两科，其中词赋是正科，法律是杂科，词赋科类似于唐宋的诗赋科，法律科类似于唐宋的明法科，主要是选拔精通法律条文的人才。由于统治阶级对词赋进士的看重，词赋创作在辽朝出现了较为繁盛的局面，使得契丹文学成为当时多民族文学融合的源流之一。在考试程序上，辽朝科举在统和十八年（1000）后改为三岁一试。起初科举效法唐制，设立了乡试、府试、省试三级考试制度。辽兴宗重熙五年（1036），皇帝御元和殿，以《日射三十六熊赋》《幸燕诗》作为考试题目试进士于廷，赐冯立、赵徽等 49 人进士第，“御试进士自此始”，开了辽朝御试进士的先例，从此辽朝科举正式形成了乡试、府试、省试、御试四级

[1] 史仲文，胡晓林．中国全史·教育卷 [M]．北京：中国书籍出版社，2011：586.

[2] 刘海峰．科举考试的教育视角 [M]．武汉：湖北教育出版社，1996：73.

[3] 杨若薇．契丹王朝政治军事制度研究（修订版）[M]．北京：社会科学文献出版社，2022：255-257.

考试制度，并成为科举定式。

辽朝的选官制度有世选制度、恩荫制度和科举制度三种。其中，世选制度是专门用于契丹皇室、贵戚两大集团成员为官的基本制度。恩荫制度是针对汉族世家大族，如辽朝中的韩、刘、马、赵四大家族的特权荫补制度，它在辽朝选官制度中的占比较小，无法与世选制度和科举制度相比拟。辽朝科举考试制度是面对汉族（也有渤海族士人），广泛选拔其进入辽朝官僚系统的选士制度。与此同时，辽朝廷明确禁止契丹族人参加科举考试，其他被视为下贱职业出身的人，如医卜、屠贩、奴隶或犯事逃跑者也不准应举进士。这说明辽朝科举奉行的是“以国制治契丹，以汉制待汉人”[1] 的选士制度。这种“蕃汉不同治”的治国政策，将契丹族以及辽国境内的北方其他部族人民与汉族、渤海族人分而治之。一方面是为了维护契丹族尚武习战的民族特性，辽朝统治者对契丹族人仍保留其擅长武事的传统，继续通过世选制度的方式参与政权而不允许族人涉足科举场；另一方面又对中原文化保持尊重态度，通过大力推行汉族士儒所熟知的应举考试制度，不断笼络汉族知识分子为辽朝廷服务，从而形成了在汉地汉族读书人与契丹贵族共同治理辽政权的协作模式。这样做不仅有利于最大限度地在汉人聚居区利用汉人文治的方式实现统治秩序的稳定，而且对于消弭契丹、汉民族之间的隔阂，维护北方各民族的和平共处起到了积极的推动作用。

随着科举在辽朝社会地位和影响力的不断提高，许多契丹士人和北方游牧民族士人也渴望学习先进的汉文化，并通过科举入仕获取进士功名，他们试图冲破辽朝的禁令，和汉族一样同等地参加科举考试。例如兴宗年间，乌衍突厥部节度使耶律

[1]《辽史》卷四十五·志第十五《百官志一》.

庶箴因为让儿子耶律蒲鲁去参加科举考试，竟“以庶箴擅令子就科目，鞭之二百”[1]。可见，辽朝初期对契丹贵族参加科举控制之严格。作为契丹族人，耶律蒲鲁本不需要参加科考即可晋升授官，因此，此举动恰恰表明了少数民族对科举取士的高度认可以及对汉文化的极大崇尚。这表明，有关禁令似乎已经阻挡不住契丹及北方部族人学习汉文化、博取功名的大势了。在参与科举的强烈呼声中，科举应试权利渐渐放宽，直至向本族人开放，像耶律俨、耶律大石这样的皇室子孙也考中了进士。与此同时，在科举取士的猛烈冲击下，享有荫补特权的汉族显贵家族也开始不以荫补得官为荣了，他们纷纷想在科场以进士登科彰显无限荣耀。

辽朝科举制的推行，开创了我国历史上少数民族政权实施科举制度的先河。辽朝从最初禁止契丹人参与科举到允许其应试，汉族世家放下恩荫转而以科举求取功名，足以说明儒家文化在北方游牧地区已得到了广泛的传播，科举在辽朝社会受重视的程度越来越高，辽朝整个民族汉化的程度也就越来越深。正是科举制度的实施，构建了契丹族文化与中原文化之间的多元信仰和政治联盟，改变了辽朝以世选制度为核心的选官任吏的局面，扩大了辽朝官僚机构的统治基础，对中原儒家文化在北方草原地区的传播而言也是一次积极的推广。

总体来说，“辽代的教育、科举制度上承唐、五代，仿效宋代，下启金、元时代，是中国古代少数民族在中原地域建国以来的创始”[2]。但契丹统治者所推行的“蕃汉不同治”的统治策略，一方面是对北方汉民族儒家文明的延续，另一方面是始终

---

[1]《辽史》卷八十九・列传第十九《耶律庶成》.

[2] 李文泽．辽代的官方教育与科举制度研究［J］．四川大学学报（哲学社会科学版），1999（4）：60-64.

对契丹族融入汉民族文化抱有抵御态度，契丹人也从未像女真人、蒙古[1]人那样开设女真、蒙古进士科，反而禁止本民族参加科举，坚决维护其崇尚武事的习性。这种文化政策制约了契丹游牧文明发展的进程，也历史性地决定了其文化成就终不及金、元等少数民族政权。

第二节　金朝科举的继承与发展

一、金朝科举的创制与完善

金朝是由东北女真族建立的少数民族政权，是继辽之后统治中国北方地区的又一个强大的王朝。金太祖完颜阿骨打于公元 1115 年创建国家，仿汉制称皇帝，国号大金。金朝先迁都中都（今北京），后迁都汴京（今河南开封）。建国后发动了对辽和北宋的战争，于公元 1125 年灭辽国，1127 年灭北宋王朝，成为与南宋汉人政权相对峙的、雄踞中国北方广大地区的强大政权。天兴三年（1234），在南宋和蒙古的夹击下灭国，历时 119 年。

金朝和辽、西夏等少数民族政权一样，其选官方式既承袭唐宋之制，即在科举、荫补、征辟等选士制度的基础上，又保留了本民族的选人传统，如通过世选、世袭方式选取本民族的精英，以维持国家的统治秩序。虽说金和辽都保持世选或世袭的选官制度，但又各有特色。辽当时推行的是世选制度，对被选者采取了一定的条件限制，即从本族的贵族阶层中选取“材能”和有功之人，而不是只考虑家世出身和血统，但金朝的选官仍然保留了世袭制，以维护女真人在政治统治中的主导权。随着金朝汉化程度的加深，

[1] 蒙古，原为蒙古诸部落中一个部落的名称，后来随着历史的发展和演变逐渐成为这些部落的共同名称。

科举制度在金中期以后发展成为其重要的选官制度。

实际上，金朝在建国之初已开设科举。据《金史》记载，金朝的开科取士始于太宗天会元年（1123）。金朝虽开科较早，但前期一直处于战乱状态，既有金统治的原有区域，又有扩张自辽宋的旧地，使得境内的统治比较复杂。金初的职官制度中，“初无定数，亦无定期”，贡举时间和地点都不固定，世袭与军功入仕仍然是重要的选官方式。随着金朝在中原地区的统治日趋稳定，其原有的单一游牧生活方式逐渐被游牧、狩猎、农耕等多元生产方式所取代，传统以游牧经济为基础的政治统治体系已无法满足游牧文化和农耕文化的合流交融，迫使统治阶级开始思考如何借鉴中原先进的制度文化以实现大一统的局面。因此，金朝不得不重用大量的汉人儒士辅政来实现对北方汉地的统治，故承辽宋之法，选官制度的规范性随之提上了议程。科举也从最初的“无定期”和“无定数”逐渐向程式化进程迈进，到世宗和章宗时期趋于稳定。

金初科举的考试科目与北宋、辽朝基本相同，“凡词赋进士试赋、诗、策论各一道，经义进士，试所治一经义、论策各一道”[1]，录取名额和考试的时间都不确定。后来考试科目在设置词赋、经义进士科、女真进士科（策试）的基础上，还增加了律科、经童科和临时性的制科，并仿唐宋科举制设置了武举，考试科目明显比辽朝更具多样性。词赋、经义和策论三科及第称进士，律科、经童科中选称举人。太宗朝天会五年（1127）又“以河北、河东初降，职员多缺，以辽宋之制不同，诏南北各因其素所习之业取士，号为南北选”[2]，正式创立了金朝科举考试的“南北选”制度，即根据南北士子所习之业不同分南北两场进行考

[1]《金史》卷五十一·志第三十二《选举一》.

[2]《金史》卷五十一·志第三十二《选举一》.

试，如北人（原辽朝所辖地区）重诗赋善于文学辞章，而南人（原由北宋朝廷所控制的中原地区的士人）擅长经义，因此设置了词赋进士和经义进士两科取士，让两地的读书人分别参加内容不同的科考内容并分别予以录取，于是就出现了北人应用词赋进士，兼考经义进士，两河人应经义进士的南北选制度。北选词赋进士的录取名额是 150 名，经义进士录取 50 名，南选录取进士 150 名，南北选共录取 350 名[1]。至天眷元年(1138)五月，熙宗亦下诏，命南北选分别以词赋、经义两科进士，完颜亮天德三年（1151）又“并南北选为一，罢经义策试两科，专以词赋取士”，概因迁都中京为南北士人参加统一考试提供了便利条件，再加上熙宗朝以后南人习词赋者逐渐增多，南北分选考试似乎没有多大的必要，遂废除了分南北两场考选的办法，这样金朝科举由初期根据南北士人不同情况施行的“南北选”发展到了后来的“南北通选”，对科举制在整个金朝做出了统一部署和安排。词赋和经义进士考试的程序，仍沿辽朝科举制度，“凡诸进士举人，由乡至府，由府至省，及殿廷，凡四试皆中选，则官之”，实行了和辽朝一样的乡、府、省、殿试四级考试制度。

二、金朝科举考试的新变化

金朝初期的科举制承袭辽和北宋，对科举制度的继承与推广超过了同时代同为少数民族政权的辽和西夏。金朝统治者为提高女真族文化素质和保持民族特色，先后于太宗、世宗两朝兴办女真国子学、女真字学，后又创建女真太学和府、州学，以及用女真大小字翻译儒家经典，鼓励女真人学习本民族语言和文字，弘扬女真传统文化，开创了我国建立民族学校的先

[1] 李兵，刘海峰．科举：不只是考试 [M]．上海：上海教育出版社，2018：111.

河[1]。就经义进士而言,“金章宗明昌元年(1190),曾下诏从‘六经’、‘十七史’、《孝经》、《论经》、《孟子》以及荀、杨、老子内出题，由此把金朝科举考试的内容和范围大大地扩展了，将单单从‘四书’‘五经’中寻找答案扩大到经史、百家之言，并且要在题下注其本传。这不仅是对辽、宋旧制的一个发展，也对士子提出了更高的要求……”[2]。经义进士考试内容摄取的广泛性完全突破了北宋经义科王氏新经学的内容范围，不能不说是金朝经义进士考试的一次大胆尝试。金朝举办科举的次数没有定论，有 36 次、38 次和 47 次说，且不同阶段，金朝科举取士人数不定。金熙宗时期，平均每次取士 300 人左右；海陵王时期，进士科取士人数为 60 ～ 70 人。总体上来看，金朝进士科人数为 5 000 ～ 6 000 人，平均每次人数在 150 人左右[3]。世宗和章宗时期，科举取人进入鼎盛阶段，“士由科第位至宰辅者接踵”。其中，世宗时，宰相 41 人，其中有进士出身者 12 人，约占三分之一；章宗时，宰相 32 人，有进士出身者 17 人，占一半之多[4]。进士科在高阶官员中占比的加大,大大提高了统治集团的行政素质和执政能力。金朝的科举规模虽不能与南宋科举相比，且其开科次数较之辽朝要少一些，其中很多年份的登科人数已经缺失且无可考证，但即使这样，金朝科举的发展仍然在同时期少数民族政权中处于优势，足以显示出金朝统治阶级对汉文化的包容以及对科举制度的重视程度。

---

[1] 刘景云，杨林，孙建军 . 图说科举制度 [M]. 长春：吉林人民出版社，2009：150.

[2] 刘希伟 . 辽、金、元科举制比较研究 [J]. 中国地质大学学报（社会科学版），2008（3）：76-80.

[3] 魏淑霞 . 借鉴、趋同、变迁：辽西夏金选官制比较 [J]. 中华文化论坛，2022（6）：10-28，152.

[4] 郭长海，姚虹云 . 试论金代科举制度 [J]. 黑龙江史志，2021（6）：55-61.

金承辽宋之制，在选官制度建设上有了新的发展与贡献。其中，女真进士科的设置是金朝科举的一大特点，它首创于金世宗大定十一年（1171），是为了专门选拔以女真族为主的少数民族人才而开设的科目，形成了一套异于汉族人的科举考试录取制度，并和汉族科举取士相互辅助，推动了金朝多民族参政体制的形成。女真进士科初始定每场试策一道，大定二十年（1180）增加了诗赋，大定二十八年（1188）又增加试论，并以诗、策合格为中选，而以“论”定其名次，因此女真进士科也称为策论进士科。为确保女真人在科举考试上的特权，金朝采用本民族文字进行科举考试以加强女真文化建设，成为金朝考试制度的一大创举。另外，女真进士科设立后，为了保持女真族骑射之习性，在首次考试中，金朝规定女真人年四十五岁以下应进士及第后需加试射。这一做法与辽统治者为防止契丹人汉化而不许其族人应举相比，显然要明智得多。金世宗超越了契丹族对科举文化的狭隘看法，不畏惧少数民族汉化的固有偏见，表明他对汉文化的接受程度相对较高。金世宗创建女真进士科，“在中国科举史上第一次为少数民族开辟了竞争参政的制度化管道，对元代的蒙古进士科和清代的八旗科举皆有影响”[1]。另外，较之前代，金朝科场极严格的管理是其创制的另一个特点。除严格实行北宋考场上的亲属回避、弥封、誊录制度外，金朝的考试管理更为严苛。如为防止考生夹带作弊，一度采取了“解发、袒衣、索及耳鼻”的严格搜检制度，最后又演化成入考场前的集体沐浴更衣，不能不说是金朝科举管理中的奇葩之事。

相较于汉民族，女真人的入仕途径多元且升迁速度比较快，在金朝选官制度中充分体现了对本民族的优待，这种做法也为

[1] 刘海峰．科举考试的教育视角［M］．武汉：湖北教育出版社，1996：79.

元、清两朝所承袭。金朝实行女真进士科选拔实用之才，提高了金朝官员的行政素质和执政能力，不仅有利于巩固金朝的统治，而且为元、清两代分别设立蒙古进士科和满蒙进士科开创了先例，对少数民族的选官制度的不断优化也提供了借鉴。值得一提的是，与辽朝科举只向汉人开设不同的是，金朝统治者深知科举制促进教育、文化发展之理，并没有沿袭辽朝对本族人参加科举考试的禁令，而是几乎向所有人开放。金朝不但有针对汉族知识分子的汉人进士科，还特别为女真及其他少数民族开设了独具特色的女真进士科，形成了一套风格独特的少数民族科举考试制度，对元、清两朝的科举制度产生了直接影响。

第三节　元代科举的存废与发展

一、元代科举的停废与理学的复兴

蒙古人从成吉思汗到忽必烈统治时代，经历了多次西征运动，征服了横跨亚欧大陆的诸多民族，于 1279 年灭南宋，实现了南北统一，建立了第一个由少数民族政权统治的、地域辽阔、民族众多、文化多元的大一统帝国，同时也开启了蒙古游牧文化、西亚商业文化与汉族农耕文化三者交汇融合的历史序幕。然而，在元前期的统治当中，科举一度受到冷遇，被停废了长达 70 多年。“从第一次元太宗十年（1238）的‘戊戌考试’到元仁宗皇庆二年（1313）正式下诏施行科举共 76 年，历经乃马真后（称制）、定宗、海迷失后（称制）、宪宗、世祖、成宗、武宗七朝，均未开科取士。”[1] 太宗窝阔台时期的“戊戌选试”主要是出于

[1] 陈·巴特尔，李莉．元代科举考试时断时续的文化解释 [J]. 中央民族大学学报（哲学社会科学版），2007（2）：42-47.

确立儒户、保护儒户的考虑，同时也具备一定的选拔官员的功能。其间有多位儒臣谏言恢复科举，并言明科举取士的重要性，但始终未被采纳。后经过多方论证、酝酿之后，科举制度终于在元仁宗皇庆二年得以在全国正式推行，此时距元世祖灭南宋已有 34 年，这是科举制度自诞生以来中断时间最长的一次。

为什么被汉人奉为选官之良法的科举取士制度，在元代前期遭遇了当权者的抵制呢？原因应是多方面的。一是元朝贵族保守势力出于集团私利，担心通过科举选拔出的人才会危及本民族的专制统治，不希望有新的科举官僚分享他们的权力，因此他们强力反对和抵制科举取士，这自然造成了科举制在元代前期备受冷待的局面。二是元代前期统治阶级轻视科举，与蒙古人崇尚实用之风，以及对南宋科举以文取士弊端的担忧紧密相关。在长期对外族征战和扩张的过程中，蒙古人从使用“重武轻文”的治世方式中看到了对本民族统治最有效最得力的做法，他们崇尚武力与实用，对于汉地人才的选拔方式持怀疑态度，其中一部分人将南宋的覆亡归咎于科举的以文取士，严厉批评众多以文误国的文人墨客，认为元朝不需要实行科举，再加上元代逐渐完成了由吏入仕的制度化过程，这种特殊的用人制度成为科举推行的障碍，这应该是元代科举停废之后在开与不开的政策分歧中宕延的直接原因。三是蒙古族奉行游牧文化，游牧民族多年来以武力征讨天下、倚重军功吏才的统治方式，很难完全因袭当时以定居农业文明、以文治德政为特点的汉族文化制度，因而蒙古人在建立元朝前后的相当长的时间内，不太可能将汉地推行的科举选人制度迅速发展起来，更不太可能将其推广至其他民族。元前期对科举制度的淡漠甚至抵制，说明了蒙古人“重武轻文、马上征世”的行国价值观与汉地文人“偃武修文、化民成俗”的居国价值观之间不太容易相合，因此在当时缺乏科举取士环境的情况下，统治阶层内部虽反复商讨和权衡，亦迟迟没有定论。然而，随着忽必烈及蒙古贵族对汉文化认知的加深，科举作为影响中原士子的重要制度最终还是逐渐走进了统治者的视野。

那么，元代中期为什么又重新恢复科举考试制度，还将科举推广至包括蒙古族在内的所有民族呢？元代理学思想的异军突起并非偶然事件，而这要从两宋儒士的理学化转变以及元代文教制度的全面理学化说起。从理学的发展史来看，理学并非横跨两宋的统治哲学，也并未取得像元代经学那样的独统地位。理学最初起于北宋中叶，其间历经与王氏新学的几番论争，还一度被当作“伪学”加以禁止，至南宋朱熹时集大成，最终在南宋末年，朱熹的“四书”学被立于官学，科试亦始许用朱注。不过这个时候，它仍是被允许采取的诸家学说之一，一直未被官方以一种制度化的形式加以确认。发展至元代，南北一统后，理学加速了在北方的传播。元初，许衡、刘因、吴澄是最具有代表性的儒者，被称为元代三大学者，尤其是许衡被尊为“朱子后一人”的元代第一通儒和学术大师，这些汉族儒士为蒙古文化的变迁、知识的转型以及理学的复兴发挥了重要的推动作用。“四书”学社会地位的彻底改观取决于元朝国家制度的一次重大调整，即元仁宗延祐二年（1315）科举的复归。也就是说，元仁宗改革科试旧制，最重大的变化就是定理学于一尊[1]。新的理学经典体系在元代的建立，标志着理学在与王氏新学的斗争中取得了全面的胜利。其经书注解内容的变化以及科举考试内容和标准的调整，均反映了程朱理学对新兴政权统一的政治适应，统治阶级力求从“马背上打天下”转向“以仁义治天下”，

[1] 姚大力．蒙元制度与政治文化 [M]．北京：北京大学出版社，2011：270.

决意通过科举制度的复归来实现这一重大改变。蒙古游牧文化和汉族农耕文化作为两个性质完全不同的文化，二者的兼容经历了一个漫长的时期。在蒙汉等多个不同的民族从最初的矛盾对立到逐渐融合共生的发展过程中，科举起到了不可估量的作用。而元代科举从废到立的过程，恰好反映了蒙汉文化从对峙冲突到相互适应，再到交流融合的全过程。

二、元代科举的复立与发展

元仁宗皇庆二年（1313），元廷以宋代从祀的九名儒者——周敦颐、程颢、程颐、张载、朱熹、张栻、吕祖谦、司马光和邵雍的基础上，又增加了一名本朝儒者许衡，从祀孔子庙廷，将程朱理学推向了正统学术的绝对优势地位。与此同时，元仁宗于延祐二年（1315）正式恢复科举，开科取士，史称“延祐复科”，标志着元朝科举制度的正式建立。

元代科举考试分为乡试（行省试）、会试（礼部试）、御试（殿试）三级，每三年一次，蒙古人、色目人与汉人、南人分开而试，称南北榜或左右榜。“此时距元太宗戊戌选试（1238）已有 77 年，距元世祖攻灭南宋统一中国也有 36 年之久，这是中国科举史上中断时间最长后的重建。”[1]

考试内容及程式：“蒙古、色目人，第一场经问五条，《大学》《论语》《孟子》《中庸》内设问，用朱氏章句集注。其义理精明、文辞典雅者为中选。第二场策一道，以时务出题，限五百字以上。汉人、南人，第一场明经，经疑二问，《大学》《论语》《孟子》《中庸》内出题，并用朱氏章句集注，复以己意结之，限三百字以上；经义一道，各治一经，《诗》以朱氏为主，《尚书》以蔡氏为主，《周

[1] 刘海峰，李兵．中国科举史 [M]．上海：东方出版中心，2004：259.

易》以程氏、朱氏为主，已上三经，兼用古注疏，《春秋》许用《三传》及胡氏《传》，《礼记》用古注疏，限五百字以上，不拘格律……蒙古、色目人作一榜，汉人、南人作一榜。”[1] 可以看出，朱注的“四书”是南北榜必考的科目，“四书”和《诗经》必须采用朱注，《周易》主程氏、朱氏之说，《尚书》以蔡氏为主，蔡氏是朱熹的门人蔡沈，其《书集传》由朱熹授意完成，《春秋》则用程颢弟子胡安国作的传。基本上，除《礼记》尚用古注疏，《春秋》并用左传、公羊、谷梁三传外，其他一律以程朱理学的阐发为主，从而奠定了“四书”学在元代科举考试中的霸主地位，诗赋文学基本上被排除在科举考试的内容之外。科举的理学化“使南宋理宗以来受到官方认可的‘四书’学在经历了元朝前期的‘低迷’之后，终于实现了官学地位的制度化”。不仅如此，“延祐复科”的推行还是南宋政权继军事和政治上的失败后最终的一次文化上的胜利，而“四书”学的官学化正是蒙古族统治者追求“政权的合法性”与汉族儒士追求“文化的优越性”之间所达成的一种双向满足[2]。在官方的大力提倡下，元代最高统治者一步步在兴学、重教、崇儒的文治活动中，将理学推上了绝对正统地位，以致“海内之士，非程朱之书不读”。在科举取士的刺激下，元代学校教育开始兴盛起来，地方官学遍及各地，书院讲学在江南得以流行，并成为国家学校教育的重要组成部分。

较之唐宋科举发展的繁荣程度，元代科举制度历时最短、规模最小，录取人数也最少。自元仁宗延祐二年（1315）第一次开科至元顺帝至正二十六年（1366）最后一次取士，共 52 年，其间尚有 7 年（1336—1342）中断，科举制实际施行 45 年。按

[1]《元史》卷八十一·选举志第三十一《选举一》.

[2] 周春健.“延祐科举”与四书学官学地位的制度化 [J]. 内蒙古大学学报（哲学社会科学版），2008（3）：18-22.

照三年一科计算，45 年共开科 16 次，最多的一次取士 101 人（至正十二年，1352 年），最少的一次 53 人（至正二十年，1360 年），共取士 1200 人左右。而据《元典章》记载，当时元朝的官员总数为 26 690 人，元代所取人数仅占全部官吏的 1/22，只相当于唐代和北宋的约十分之一[1]。这说明元代的官僚再生产，主要依赖的并不是科举。科举的停废与复立对于元代官场作用甚微这样一个客观现实，却对元代世风学风的走向以及元以后的社会政治文化产生了重要影响。延祐复科像一根指挥棒，引导着天下学风与文风的发展方向，“学而优则仕”的儒家理想又一次回归，使得士人欢呼雀跃、备受鼓舞，一扫过去为仕而游、屈膝为吏的无奈与阴霾。

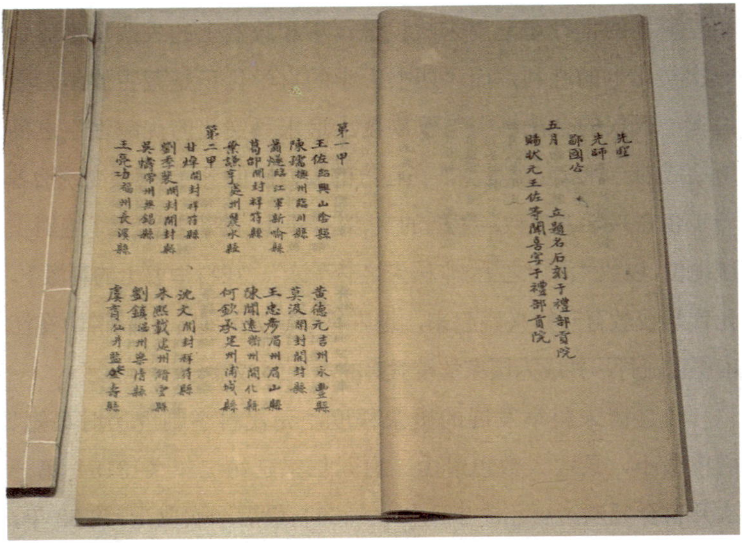

●宋元科举题名录

[1] 徐黎丽．略论元代科举考试制度的特点 [J]．西北师大学报（社会科学版），1998（2）：46-50.

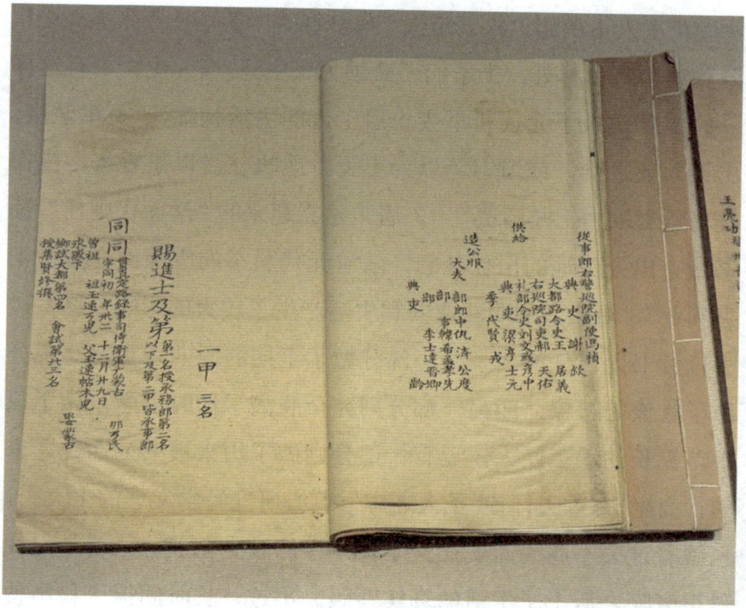

●元统元年进士录

元初科举停废，汉族儒生的入仕之途与谋生之路被堵死，士人在仕进无门的情况下，不得不另谋生计。一时间，社会上出现了大量的游士，他们背着自己的诗文不远万里奔赴京城，寻找馆阁重臣推荐自己，这些从南北上的“游士”是读书人失去科举后畸形的生存方式，是元初入仕无门造成的奇特现象[1]。一部分士子选择归隐，正所谓“元之隐士亦多矣”[2]。元代隐逸之士的数量超过以往历朝历代，尤其是元末，士人归隐者众多，而且依然是隐逸之士盛于南方，形成很有特色的隐士群体，如“铁笛道人”杨维桢、“金粟道人”顾瑛、“心白道人”钱惟善、“逃

[1] 李文胜．论元代延祐科举的意义 [J]. 北方论丛，2015（1）：73-79.

[2]《元史》卷一百九十九·列传第八十六《隐逸》.

禅室”主人丁鹤年、“松云道人”熊梦祥、“一笑居士”张昱……[1]除隐逸乡野山林外，士子们还必须另谋生路。《元史》中有这样一段文字记录了元代科举废止后士人的生活状况，“贡举法废，士无入仕之阶，或习刀笔以为吏胥，或执仆役以事官僚，或作技巧贩鬻以为工匠商贾”[2]。唐宋建立起来的“学而优则仕”，读书做官出人头地的出仕梦想，随着元代科举的废除而变得“士失其业”，对士人的职业取向和生活产生了较大的影响。这些过去以读书为己任的士子，一部分做了下层的职业官吏，一部分做了官僚的幕僚，而另一部分则完全脱离了幼时所学，做了以手艺见长的手工匠人，还有一部分则做了历来被列为四民之末的行商坐贾。过去怀抱“圣人之志”、专心研究经学义理的士大夫，也做着过去不屑为而现在又不得不为的贱吏职业。这就是元代科举废除之后士子生活的真实写照。不过，长时间停废科举使得士人从应试的桎梏中解脱出来，可以自由开展研究、创作和选择职业，唤醒了元代文人的独立人格意识，反而造成了士人职业的分化，为其个人发展提供了多种选择的可能，并催生了元曲和杂剧所铸成的中国古代文学艺术的又一座高峰。基于此，有观点认为从宏观的角度看，元代科举的停废，给社会带来的冲击是有限的，绝不能夸大；从微观的角度看，元代科举的停废，其积极意义要大于消极意义[3]。

元代延祐复科后，尽管从规模和成就上无法与唐宋时期媲美，但元代科举制度的推行，将程朱理学的思想延伸至不同民

[1] 任红敏．元代科举对元代文坛格局的影响[J]．齐鲁学刊，2017（2）：133-139.

[2]《元史》卷八十一•选举志第三十一《选举一》.

[3] 王瑞来．士人走向民间：宋元变革与社会转型[M]．桂林：广西师范大学出版社，2023：266-284.

族的各个阶层，融入百姓日常生活之中，成为连接儒家传统文化与蒙古族，以及其他民族知识分子学习中原文化的一个重要桥梁。正是科举的复建较好地引导各民族形成了共同的价值观，培育了国家精神，优化了社会治理与族群发展的主体结构，在最大范围内建立了多民族的国家共同体，促进了民族文化的多元融合[1]。在科举制度影响下，多民族文化经历了从民族对立到多民族大融合的过程，高度归一的国家精神逐渐超越了狭隘的民族主义，凝聚成了具有强大向心力的民族精神纽带，实现了从民族认同向国家认同的转变。早年从元代科场走出来的进士精英，他们的态度经历了从最初的反抗到高度认同元朝的政治统治的转变，以至于元末出现了“殉难者多进士”的感人事迹。这些士大夫为保护元朝而献身，以死效命，体现了元代“天下一体”这一国家观念在士人心中的强大凝聚力。正如有学者所言：“蒙古组成由诸多民族构成的武装力量，起朔漠，并西域，平西夏，灭女真，臣高丽，定南诏，遂下江南，而天下为一……忽必烈及其元朝，留给后人的最大遗产恰恰是这个伟大的国家和民族共同体本身。正是中国历史上最大范围的民族融合与国家统一，留下了最为辽阔的疆域可供子孙后代去耕耘，使中国这艘雄伟的东方之船，在历史的惊涛骇浪中颠扑不破。”[2]

三、元代科举取士的变化及其影响

（一）从“有科无目”到独重“四书”文

为了强化政治文化上的封建专制主义，实现大一统，元代

[1] 张伟．元代科举与多民族的国家精神培育 [J]．西南民族大学学报（人文社会科学版），2014，35（4）：235-240.

[2] 白濮．中华民族多元一体格局的历史特征 [J]．人民论坛，2011（23）：193-195.

在沿袭王安石的“有科无目”制度的基础上，把科举的入仕之途压缩在程朱理学的框架内，不仅置理学于经学之上，而且将“四书”学奉为官方哲学，进一步强化“有科无目”的制度设计，强化政治文化上的封建专制主义。这是元代科举最大的变化。在《唐书》中的《选举志》或《宋史》中的《选举志》里，科举考试“科目”指分科取士的名目，如秀才、明经、进士等。但北宋熙宁变法删减诸多科目，设置进士独科，标志着科举考试从创立之初的“多科取士”走向了“有科无目”的单一模式。尽管两宋交替之际，一直存在经义取士和诗赋取士的争议，但基本是在进士这一个科目的范畴内进行的讨论，已经改变不了进士独科的这个结局。顾炎武深刻地指出：“唐制，取士之科有秀才，有明经，有进士……而明经之别有五……见于史者凡五十余科，故谓之科目，今代止进士一科，则有科而无目矣。犹沿其名，谓之科目，非也。”[1] 发展到元代，科举考试的科目中只有“进士”一科，“科目”一词的含义随之发生了变化，到了《元史》中的《选举志》里,“科目”指的是进士所考的经义、古赋、表、策等文体[2]。正如顾炎武所说的“设一科以待士，是有科而无目”，科举制度的科目聚焦于进士科考试中各种文体的考核，而不再具备隋唐多科目取士和“不拘一格降人才”的选人优势。

元代科举复建之后把汉唐推崇的“五经”学体系改换成以“四书”学为核心的理学体系，确立了程朱理学在科举中的独尊地位。元代科举只考经义进士，看似解决了唐宋以来经义取士与文学取士之争，但却使所有士子走上了一条更为狭窄的通往科举入

[1]《日知录》卷之十六《明经》.

[2] 陈维昭．论经学流变、政治文化对中国科学史的影响 [J]. 甘肃社会科学，2023（6）：19-27.

仕的独木桥，自此科举作为元代封建政治专制性的工具得到固化，并在考试内容上全面开启了专以朱熹《四书集注》取士的“后科举时代”[1]。

（二）左榜与右榜的推行

发端于北宋以司马光和欧阳修为代表的科举取士南北区域之争，最后以欧阳修的“惟材是择”胜出而暂告一段落。靖康事变后，北方大量国土为金人所占领、统治，南宋偏安东南一隅，南北之争更是无从谈起。蒙古族人统一天下之初并未实行科举制度，直到皇庆二年（1313）第四任皇帝元仁宗继位恢复科举制度。元代是科举史上第一个实行民族配额制度的朝代，实行种族与区域配额相结合的取士政策。元代统治者基于政治考量、统治需要等因素，将所辖民族分为四等。其中蒙古人为第一等级；色目人（指党项人、畏兀儿人及其以西诸族出身的人们）为第二等级；汉人（指淮河以北原金朝境内的各族人民，以及四川、云南两省的人；除汉族外，还有女真人、契丹人）为第三等级；南人（大体指原南宋统治下的汉族人）为第四等级。这奠定了蒙古人、色目人在为官入仕方面的绝对优势地位，同时对于不同等级的民族，统治者在入仕方面给予不同的限制。其中，蒙古人、色目人作右榜，汉人、南人作左榜，中选后的蒙古人、色目人一般就任六品官，汉人、南人则逆降一级。可以说，元代的配额考试制度反映了元代社会和政治制度的多元性特色，南北分卷的考试设计从考试公平与区域公平的角度，比较客观地考虑到了多元种族和民族在科考中的文化差异性，有利于社会各民族间的权力制衡以及各家各派的利益分配，具有一定的

[1] 刘海峰．中国考试发展史 [M]．武汉：华中师范大学出版社，2002：135.

现实意义和可操作性。然而，无论在考试内容、考试形式还是考试结果上，元代科举看重民族出身，压制汉人，尤其是南士，将民族歧视政策贯穿于整个科举制度之中，使得科举制度在这一时期充斥着民族和种族的各种矛盾，可以说元代对汉地农耕文明以及汉人的抑武崇文传统有所压制。

综上所述，元代作为我国历史上由蒙古族建立的封建统一王朝，尽管从忽必烈改制开始算起，统治时间不到百年，但是元代对于结束唐末至两宋以来的南北对峙、多个民族政权并存的分裂局面有其重要的政治意义，不仅实现了全国的统一，而且推动了多民族的融合和传统文化的传承。元代是科举史上科举制度停废时间最长的时期，尽管元代中期科举恢复之后选拔出了一批汉族儒学官员，但蒙古人骨子里深受马背文化的影响，以及对汉文化的接纳和融合相对有限，始终未能在官员体制上进行深度重塑，在学术思想领域也没有培育出汉学大儒，以至于史学家们在评价元代政治文化的贡献时，往往更多关注其版图的扩大。但不容否认的是，在元仁宗的治理下，元代出现了一些改革之声，迈出了汉法治国的关键一步，促使蒙古族的游牧文化与汉族的农耕文化从最初的对峙、冲突走向了蒙汉的交流和融合，这无疑是有进步意义的。

然而，元代科举也有其局限性，“忽必烈虽然在立法度、定纪纲、奠立传统大一统的国家规模方面倚靠儒生，并在很大程度上采纳儒家学说，但在遴选具体管理和操纵国家机器的各级官僚时却排斥了科举的传统地位，不用儒生”。这种选举制度损害了官僚素质与传统法度之间的内在谐调，破坏了国家机器理应具有的调节作用，既加剧了吏治的腐败，也催化了整个社会状况的恶化。不仅如此，“元代科举的狭隘规模，把它对国家官僚构成所能发挥的积极影响限制在最低水平上。这不能不是元朝吏治腐败、政治黑暗的一个重要原因”[1]。元代科举考试看重民族出身，带有一定的民族歧视色彩。不仅如此，元代将程朱理学定于一尊，独重科举经义取士，并把科举考试内容限制在“四书”文之内，对后世明清科举走向程式化和单一化均产生了较大影响。

[1] 姚大力．蒙元制度与政治文化 [M]．北京：北京大学出版社，2011：269-270.

第五章

明代科举制度的定型与普及

明朝是继汉唐、元朝之后再次实现大一统的盛大王朝，明代科举制度作为强化君主专制政权统治的得力工具，迎来了发展的鼎盛时期。明代统治者“以理学开国”，使理学居于神圣不可侵犯的统治地位，明王朝对科举高度重视，形成科举定制，主张“科举必由学校”，并对科举考试做出了重大调整。洪武三十年（1397）发生的“南北榜”事件和宣德年间会试推行地区分卷按比例录取，皆为明代科举史上的重大事件。与此同时，明代八股科举之标准化和严密化改革超过了历代，这使得明代科举在鼎盛发展的同时又面临着僵化和封闭的危局，为清代科举取士全面走向没落和衰败埋下了隐患。

第一节　明代社会转型与科举的独尊

一、明初开科取士的反复

洪武元年（1368），明太祖朱元璋结束了元末的长期战乱，建立了统一的明王朝政权。一方面，废除实行了约 1 600 年的宰相制度，高度强化中央集权的专制主义统治；另一方面，注重礼乐教化，大力发展学校教育，迅速建立起完整的教育体系，同时还大力提倡学习儒学经典，尝试恢复科举取士制度。明初，统治者为巩固新生政权，迫切需要各种人才以保障朝廷各部门的正常运作。因此，培养和造就一批新的官僚，恢复礼治和教化，就成为明初各级各类学校得以兴盛的直接动力和根本目的。

明太祖朱元璋建立明朝之前，各项制度尚不完备，为迅速填补行政人员之空缺，朱元璋延续旧制，大规模的举荐选官得以广泛实施。举荐制的推行与当时朝廷急需大量人才而正规化的选官制度又难以在短期内建立密切相关，再加上元末明初确有大量真才实学者隐匿山林，存在呼吁广招天下贤才而用之的现实诉求。但荐举之流弊以及由此而造成的任官的随意性，使得朱元璋开始思考在用人问题上如何更好地实现制度化和规范化。于是，朱元璋在建都南京称帝的前一年（1367），尝试“设文武二科取士”，由此揭开了明代立国之初科举的序幕。接下来，洪武三年（1370）正式开科取士，打破取士常规，连续三年实施乡试，且规定乡试中第者可免去会试，直接赴吏部授以官职，以解立国之初人才匮乏之急。然而，科举取士又带来了新的问题。明初科举推行不久，因从乡试选拔出的举人多是后生少年，这些人虽写得一手好文章却无实际行政能力，更难以胜任朝廷政事，朱元璋对此大失所望，于洪武六年（1373）宣布“停罢”科举，改用汉时的察举选士之法，由偏重文才的科举正式转向偏重德行的荐举制度，推行“以德行为本，而文艺次之”的标准。同时还设置了多种举荐科目，如聪明正直、贤良方正，孝弟力田，儒士、孝廉、秀才，人才、耆民，皆礼送京师，不次擢用。官方明确规定“中外大小臣工皆得推举，下至仓、库、司、局诸杂流，亦令举文学才干之士。其被荐而至者，又令转荐。以故山林岩穴、草茅穷居，无不获自达于上，由布衣而登大僚者不可胜数。”[1] 洪武十五年赴京师的各类举荐人才达到了 3 700 余人。从此，科举停废长达十年之久。然而，举荐的人才比之科举取士并无明显的优势，反而因举荐标准不明，效果不佳，且存在大量滥举的现象而备受诟病。朱元璋重新意识到科举制在笼络人心、稳固统治秩序方面的重要性，又于洪武十五年（1382）下诏恢复科举考试。可见，明初从洪武元年至洪武十五年这段时间，荐举是朝廷取士的主要途径，即使洪武三年正式开科取士，荐举之法也仍在推行，和科举一起“两途”并用作为人才选拔的制度。

科举恢复新初，荐举之法亦并未废除，特别是洪武十七年（1384）“科举成式”正式颁布，奠定了明清长达 500 多年的科举制度之程式化运作，标志着明代的人才选拔途径进入科举、荐举并用时期，二者共同发挥选取人才的作用。那么，明初的取士制度探索，为什么会如此反复呢？这和当时的集权统治需要以及朱元璋的人才观有很大的关系。洪武初政权新立，国力尚需恢复，急需填补政府机构的人员空缺以稳定时局与恢复统治秩序。朱元璋从重举荐到首开科举，寄希望于通过正规化的科举选人以平定天下，但科举考试中胜出的“后生少年”素质普遍堪忧，迫使朱元璋不得不重新调整思路，转向重视考试制度之外的方式以招揽人才。举荐再次受到朝廷的重视，朱元璋遣官至各地，多次在全国范围内鼓励各地官员为国荐贤，如“遣文原吉、詹同、魏观、吴辅、赵寿等分行天下，访求贤才”[2]，不仅如此，还下令“吏部访求贤才于天下”，“令有司采举备礼，遣送至京”[3]，正式将举荐制度官方化。继明初科举停废之后重

[1]《明史》卷七十一 · 志第四十七《选举三》.

[2]《明太祖实录》卷三十六上.

[3]《明太祖实录》卷八十一.

用荐举作为取士的主要途径，选人以宽、只问才德、不拘资格的用人之法恰好满足了开国初期巩固新生政权的政治需要，因此作为祖宗之法的举荐制再次受到了统治者的高度青睐。

然而，随着官僚系统的重建，举荐制度重德轻才、人为操弄的传统流弊再次显露出来，并与明代高度集权的政治统治产生了背离。朱元璋逐渐意识到荐举并非常行定制，也认识到荐举作为一种主观性强的人才选拔方式，缺乏客观规范的选人标准，该制度具有本身的缺陷和人为性操作上的漏洞，并不断削弱了举荐在选贤任能方面的优势。因此，科举逐渐走进了当权者的视野并日益得到官方的认可，荐举趋于名存实废，科举取士的重要性越来越凸显。

《明史》记载："太祖虽间行科举，而监生与荐举人才参用者居多，故其时布列中外者，太学生最盛。一再传之后，进士日益重，荐举遂废，而贡举日益轻。"[1] 总体来说，"明朝的选官途径，经历过一个从荐举到荐举、科举两途并用，再到专用科举的过程"[2]。这个过程既可视为明代人才选拔途径制度化的过程，也可视为明代人才选拔途径一元化的过程[3]。明建国之初人才选拔制度的调整，权宜与定制的关系在明初的荐举和科举之间反复上演，足以看出朱元璋一直致力于"俱求实效，不尚虚文"，广纳实用人才的实践探索，以至于在建国最初的 15 年中，在荐举和科举的取士两途中研究比对、来回试探，终于在永乐年间，科举作为传统社会选士制度的主导地位得以回归。从本质上看，

[1]《明史》卷六十九·志第四十五《选举》.

[2] 杜婉言，方志远．中国政治制度通史·第九卷　明代（修订版）[M]. 北京：社会科学文献出版社，2011：321.

[3] 宗韵．明代人才选拔制度的特点及利弊 [J]. 安徽史学，2003（2）：107-109.

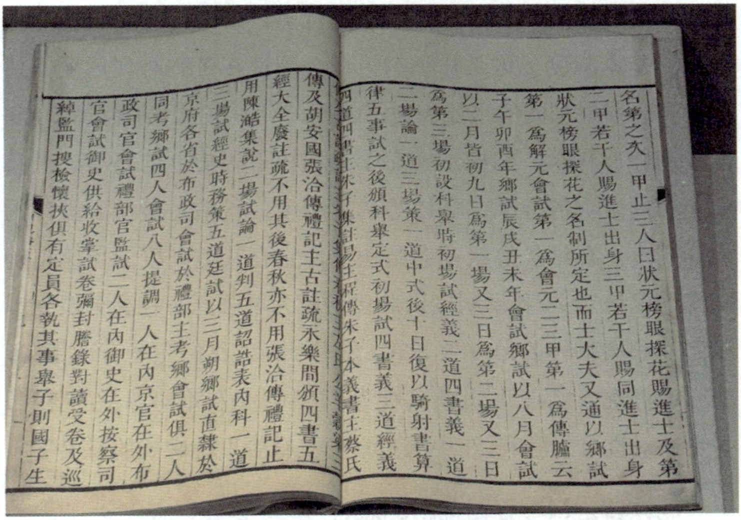

●《明史》书影

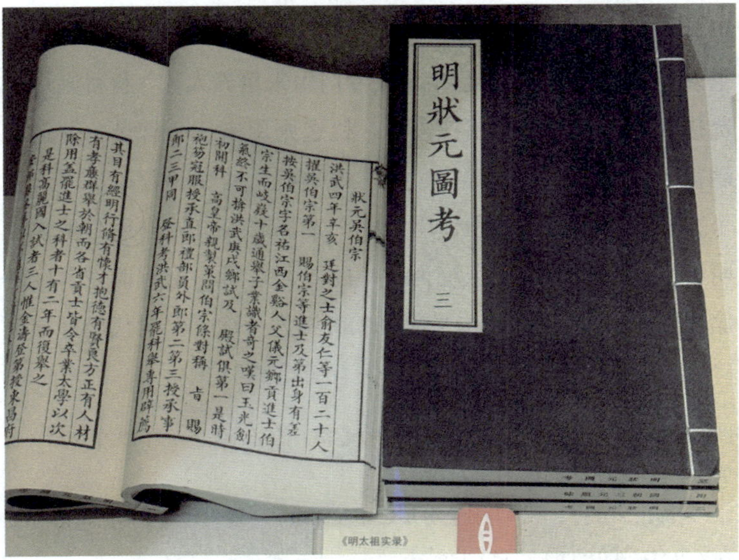

●《明状元图考》书影

朱元璋通过反复比较荐举与科举的优劣，最终选择将科举作为选士的基本制度，这是科举的内在合理性在帝制时代后期依然存在和有发展空间的重要表现[1]。因此，明代中后期撇开荐举和学校而独尊科举，归根结底在于“相较于历史上的察举、九品中正和同时代的荐举、学校等选官制度，科举是最便于操作的成熟制度，在维护等级社会结构上，它有其他制度无可比拟的操作性优势”[2]，科举制度以此优势成为增强既有社会分层秩序稳定性和柔韧性的最有效方式。基于此，“我们完全有理由说，朱元璋再次恢复科举，并将其视为‘永制’是科举对荐举的胜利，是考试对推荐的胜利，在中国科举史上有着里程碑式的意义”[3]。

二、明代科举理学独尊地位的确立

明代选举之法有四，包括学校、科目、荐举、铨选。“学校以教育之，科目以登进之，荐举以旁招之，铨选以布列之，天下人才尽于是矣。”[4] 意指学校专门用来培养人才，科目则用于选拔人才，荐举用于招揽人才，铨选则用来任命官员。这句话涵盖了一整套的人才选拔过程，即学校、科目、荐举、铨选四个方面在培养、选拔和任用人才上发挥着各自的作用。虽说在明中后期明代学校完全沦为科举的养才之所，正所谓“学校则储才以应科目者也”，似乎应将二者归为一途，但明代施行学校

---

[1] 李兵．科举成“永制”：朱元璋试行荐举后的选择 [J]. 厦门大学学报（哲学社会科学版），2013（6）：78-85.

[2] 宗韵，吴宣德．科举与社会分层之相互关系——以明代为中心的考察 [J]. 人文杂志，2007（6）：140-146.

[3] 李兵，刘海峰．科举：不只是考试 [M]. 上海：上海教育出版社，2018：132.

[4]《明史》卷六十九・志第四十五《选举》.

与科举交错的取士政策，“科举必由学校，而学校起家可不由科举”。就是说，将学校教育完全纳入科举体系，凡是参加科举考试者，必须经过学校的培养。而学校的优秀生员不通过科举也能直接被选授为官。仅从选官的途径来看，官学中，如监生不通过科举也能走上仕途，说明二者虽有交叉点，但有着不同的用途。明成祖以后，科举日盛，监生直接做官的机会越来越少，纵使不经科举而得官，所得也大多为下级的官职，监生直接出仕的定制被打破，国子监乃至地方官学作为人才培养机构的功能日益弱化，完全转变为科举取士服务。尽管有“科举必由学校，而学校起家可不由科举”的成例，但是监生在监学习的积极性大大降低，这直接弱化了官学的人才选拔功能。此时学校与科目不宜再分为两途，在本质上应归于一途。

铨选属于“任官之事”，不属于选官方式的范畴，既然学校和科目归为一途了，那么，在明代与科举相对应的人才选拔途径只能是荐举。“科举是通过正规的考试选拔人才，而荐举则是‘不拘一格’推荐人才，两者选拔人才的程度不同，故而《明史》称之为‘两途并用’。”[1] 意即通过正规的考试选拔人才和灵活的举荐制推选人才相互补充，共同营造一个多渠道的人才选拔制度。在谈到具体官员“任官之事”时，《明史》又称：“进士为一途，举贡等为一途，吏员等为一途，所谓三途并用也。”[2] 这与之前说到的“两途并用”并不矛盾。科举、荐举的“两途并用”指的是选官的途径或方式不同，三途并用指的是任官者的资格或出身[3]。二者的侧重点不同，但都能体现出科举在明代选官制

[1] 宗韵．明代人才选拔制度的特点及利弊 [J]. 安徽史学，2003（2）：107-109.

[2]《明史》卷七十一·志第四十七《选举三》.

[3] 杜婉言，方志远．中国政治制度通史·第九卷 明代（修订版）[M]. 北京：社会科学文献出版社，2011：321.

度中的地位，明初“三途并用”的选士途径在中后期已完全转变为独重科举。这使得士子不断争取入闱博取功名成为社会常态。

明初受宋元旧制的影响，程朱理学一直占据主导地位，学校教育内容以“四书”和“五经”等儒家经典为主，考官所出考题，或经或史，经学释义不作统一要求，而是博采古注疏、宋儒的注疏等多种解释。直到永乐年间，为统一规范诸家对儒家经典解释的多种经说版本，明成祖下令根据程朱等宋代理学家的注疏编成了《五经四书大全》一书；又将宋儒周敦颐、程颐、朱熹等人的语录及其他著作汇编成《性理大全》，于永乐十五年（1417）将这两部书推广至全国各级学校，各地出现了“非孔孟之书不读，非程朱之学不讲”的现象。由此，官方彻底摈弃了古注疏及其他各家学说，将程朱理学推上了一统天下的独尊地位，使元以来占主导地位的理学再次被确立为明代的官方学术思想，科举考试的内容随之固定下来。这带来的后果是，宋儒对儒家经典的解释成为官方所采用的唯一正确的解释。《五经四书大全》既是各级学校教育的首要教材，又被确定为科举考试的唯一依据，成为士子们仕进的必读书目。科举考试与学校教育内容走向了高度融合，科举考试逐渐控制了学校教育，学校教育的目标完全转向为科举服务，被迫适应科举考试的发展需要，学校教育因此失去了独立性，完全沦为科举制度下的学校教育。

如此一来，明代中后期人才选拔制度仅剩科举一途，科举考试只看学校儒士出身，科举阅卷只重头场经义而不问策论，儒士考试只研习“四书”文经义，文章注释引用只限于引用朱注，考试的文体仅限于同一化的八股范文。明代科举制度的这些转变使得考试选人的路径越来越狭窄，考试的内容越来越僵化，考试的管理标准越来越严格，考试的形式越来越单一和固化，致使选出来的读书人为博取功名，死守宋代儒臣的注解，不通晓史学与时务，渐与国家社会的发展相脱节，严重削弱了科举的人才选拔功能，为清代康熙时期罢试经义，以论策取士奠定了基础。

正德年间，王阳明心学逐渐兴起，随着王氏门徒在各地的发展壮大，王阳明心学渗入学校教育之中，为沉寂了百余年的学校讲坛注入了新生的力量。随着王阳明心学的发展，学校教育内容发生了较大的变化，各地书院纷纷建立，到嘉靖、万历年间书院发展到了极盛。明代士子思想活跃，寻求个性解放，一直试图打破程朱理学一统天下的局面。明中后期讲学之风日益兴起，阳明心学逐渐向科举渗透，科举考试中出现了大量考生引用理学以外的注释的现象，显示出对传统程朱理学的某种背离。阳明心学的崛起，开启了明代中后期儒学流变的序幕，尤其是嘉隆时期，王学超越朱学成为哲学的主流，打破了明代前期以来理学作为官学对意识形态的绝对统治与禁锢，由此激发了士人端正学风、救世济民与经邦治国的实学思潮[1]。不仅如此，阳明心学的发展进一步瓦解了明中后期程朱理学的意识形态霸主地位，促进了科举考试指导思想和整个思想文化的多元化发展。

第二节　明代科举考试的程式化与规范

一、四级考试制度的定式

科举发展至明代已形成一个层次和等级、条规名目繁多且严格的考试制度体系。唐代科举主要有发解试与省试两级，宋代有发解试、省试和殿试三级（元代为乡试、会试和廷试），而

[1] 童杰．明代中后期的三股实学之风 [N]．光明日报，2019-12-07（11）．

明代则发展为童试、乡试、会试、殿试四级考试制度[1]。

童试为科举考试体系中最初级的考试，考生取得童生身份后才有资格参加正式的科举考试，它分为县试、府试、院试三个阶段。前两级考试分别由知县和知府主持，考试通过后是童生。

院试是针对童生的“入学”资格考试，凡经府试录取的“童生”皆可参加，通过的考生便获得了“生员”的称号，通称“秀才”。院试又分为岁试（也叫考岁）和科试（也叫科考[2]）。秀才功名并非终身制，而是还要参加并通过三年一次由各省组织的学政考试以维持其功名，称为岁考。科考是针对已获得生员身份的学生再一次参加“乡试”的入学资格考试，考核优者可参加下一级的乡试，成为科举生员，成绩劣者要接受处罚甚至取消生员资格，通过科考获得乡试资格的，大约占生员的百分之十。在明代，考生通过科考成为秀才后，意味着脱离了平民进入了士的阶层，开始享有一定的特权。

乡试相当于唐宋的发解试，乡试有专门的考场，设在两京（北京、南京）和各省的省城贡院，因在秋天八月举行，也称

[1] 关于明代的考试层级有三种说法：一是认为明代科举考试分乡试、会试与殿试三级；二是认为分为童生试、乡试、会试、殿试四级；三是郭培贵提出明代科举考试应在三级考试的基础上，再增加二级考试，形成科试、乡试、会试、殿试、庶吉士五级考试体系。理由是科试是乡试的资格考试，而超过 70% 的科有庶吉士考试意味着它是一种“高层次人才的经常性考试”。五级考试的提法比较小众，但这种提法有新意，它最大的意义在于拓宽了科举研究的范围，能帮助我们更深刻地理解核心的乡试、会试的运作。参见：陈时龙．近年来明代科举研究的新进展 [J]．中国史研究动态，2015（2）：42-48.

[2] 长久以来，学术界把科举考试简称为“科考”。实际上，明代虽已有“科考”一词，但并非科举考试的简称，而是特指科举考试体系中的最低一级考试。通过科考，童生可以获取参加乡试的资格。此级考试正式开始于正统九年（1444）。参见：郭培贵．中国科举制度通史·明代卷 [M]．上海：上海人民出版社，2015：38.

为秋闱、秋试和桂榜等。乡试每三年一次，每次考三场，具体录取名额由中央按照各省的人口、物产、财赋等情况进行分配，一般在数十名到一百多名不等。第一场试“四书”文三道，每道200字以上，经义四道，每道300字以上。第二场试论一道，300字以上，诏、诰、表、内科一道，判语五条；第三场试经、史、时务策五道，均须达300字以上，能力稍差者可酌情减二道。士子乡试考中后即为举人，俗称“孝廉”，第一名叫“解元”。乡试中举称乙榜，也叫乙科，举人不仅可以参加全国性的会试，即使会试未能考中，举人仍然成为终身功名，且获得永久参加会试与入监和选官资格。士子科试考中后成为秀才，以及乡试考中成为举人，都能够享有一定的身份优待与特权，从此进入功名群体，这是明以前的地方科举考试中所没有的现象。因而，乡试成为明、清两代士子参加科举考试中竞争最为激烈，也是最关键的一关。

会试相当于过去的礼部试，于乡试后的次年在京师礼部举行，各省的举人皆可应考。考期定在春季二月，因此也称为春闱、春榜和春试等。会试三场的内容与乡试的一样。会试被录取的人称为贡士，第一名叫“会元”。明代初年，会试取士不分南北。后因南北地区科举录取名额差距较大，最终引发了明初的“南北榜事件”，之后，明政府于明洪武三十年开启了南北榜取士的先例。

殿试又称廷试，明初多为“天子亲策于廷”，明中期以后皇帝较少亲自主持，改由专门的读卷大臣和阅卷大臣负责评阅试卷。会试具有决定性，关系考生能否晋级，而殿试不存在黜落，只决定考试等甲名次。殿试仅试策问一场，出榜分为三甲：一甲赐进士及第，仅有三人，依次为状元、榜眼、探花，合成三鼎甲。二甲赐给进士出身若干人，第一名称传胪；三甲赐同进士出身，也有若干人。获得一、二、三甲者皆称进士。殿试取中进士又称甲科、甲榜。有人通过乙榜中举人，又通过甲榜中进士，称为两榜出身，有人一身同时兼有解元、会元、状元的，叫作“三元及第”或“连中三元”。明代被士子艳称为“三元”者仅有洪武二十四年（1391）间的状元黄观和正统十年（1445）状元商辂二人[1]。

千年科举发展见证了官场选人制度的历史变迁。从唐朝的发解试、省试两级考试制度，到宋代殿试环节的正式引入，再到元代，乡试、会试、廷试成为标志性的三级考试，明代又将其细化为童试、乡试、会试、殿试四级考试制度，为官员选拔提供了稳健而有效的框架。科举制度发展至清代，从考试形式到内容，均延续了洪武科举成式的基本格局。

另外，明代还创立了监生历事制度、进士观政制度和庶吉士制度。监生历事制度创建于洪武五年（1372），是规定国子监的监生到监外历练政事或实习锻炼的一种实践制度。历事制度在明朝存续了百年之久，后因监生数量大量增加，官缺减少，再加上历事冗滥为当政者所冷待，至英宗正统三年（1438）监生历事制度被废。进士观政制度创建于洪武十八年（1385）。进士观政制度适用于殿试后除一甲之外的进士群体，即二、三甲的进士在正式授予官职之前，先观政于诸司衙门，学习本朝的律令和处理政务的方法。监生历事、进士观政一般为三个月，待期满后，根据考核成绩分别授予正式官职。庶吉士制度萌芽于洪武年间，最初的观政庶吉士与观政进士无本质区别，永乐二年（1404）开始以考选庶吉士为主，主要在新科二、三甲进士中选拔“文学优长”者入翰林院“习文”、“习书”、“修书”或“进学”，为明代选拔和储备高级人才。

以上三种制度均为明代首创，它们弥补了选拔人才的不足，通过试职的方式丰富了预备官员的行政体验与从政实践经验，

[1] 刘海峰．科举考试的教育视角［M］．武汉：湖北教育出版社，1996：90.

强化了未来官僚的实际工作治事能力，并使得历事、观政成为监生、进士入仕的必经之路。可以说，庶吉士制度和观政进士制度是进士及第取得为官资格之后、正式授官之前的从政实践制度，是对科举选士制度的一种补充，在一定程度上克服了进士官僚群体从政经验不足的传统弊病，但该制度对进士观政能力的考核缺乏明确的标准，导致观政的实际效果比较有限。

除此之外，明代还建立了前代所不曾有的官僚功名体系，并成为明代科举的首创。明代在健全科举层级考试体系和官办教育体系基础上，形成了由状元、榜眼、探花、庶吉士、二甲进士、三甲进士、举人、监生、岁贡和生员等科举和学校功名构成的空前完备的科举功名体系[1]。科试和乡试录取者即使没有获得官职进入官场，其所享有的和普通人不同的特殊身份和特权待遇，也大大提高了科举的吸引力及其包容性，这应该是明代科举制能够达到鼎盛的主要原因之一。

二、八股文取士的定型

朱元璋以驱逐元朝、恢复汉人政权而被后世所称颂，但朱元璋却选择了与宋代“君臣共治天下”的政治体制背道而驰的制度，继承的是元代的绝对专制主义，废除宰相制度就是一个标志性的政治举措[2]。相应地，科举的科目和文体的限制与明代政治文化封建专制主义相呼应。明代将程朱理学定为官方意识形态，进一步强化了经义在科举考试中的统摄地位。以经义统摄的科考，并未继承唐代多科取士、宋代诗赋与经义并考的制度成果，

[1] 郭培贵．明代科举的发展特征与启示[J]．清华大学学报（哲学社会科学版），2006（6）：77-84.

[2] 陈维昭．论经学流变、政治文化对中国科举史的影响[J]．甘肃社会科学，2023（6）：19-27.

而是采用了元代的“有科无目”、首重“四书”文的单一模式。

明代科举考试仅保留进士一科，将考题限定在“四书”文和“五经”文儒家经典当中出题，主要是“四书”，即朱子集注的《论语》《孟子》《大学》《中庸》。考试内容也不允许超过“四书”“五经”的范围。不仅如此，明代的当权者还把“四书”文进一步精致化，于明代中期成化年间，将应试文体格式化为典型的“八股文”。明科举乡试、会试的三场考试，以头场的八股考试为重，考生在头场一般要作七篇八股文，考官往往偏重首篇。八股文称为制义，又称为制艺、时艺、时文以及八比文等。八股文定型之后，官方要求考生全部以八股文的范式来作文章。每篇八股文由破题、承题、起讲、入手、起股、中股、后股、束股等八个固定段落组成。“破题”即开明宗义点出文章主题，“承题”是进一步对文章的主题进行补充，“起讲”即议论的开始语，这三部分合起来统称为“帽子”。字数虽不多，但揭示了全文的主旨，其意义很重要。第四是“入手”，意为用简要的几句话引入本题。后四部分是文章的主体，各由两股互相排比对偶的散体议论文字组成，其中句型和字数都有明文限制。八股文写作要求“代圣贤立言”，即模仿圣人的语气来写文章，所议论的经义内容必须是根据宋代朱熹的《四书章句集注》来阐释，不允许考生自由发挥，所写文字必须有严格的字数限制，如此操作逐渐地形成了机械死板的文章程式。从考试内容、考试文体、书写格式到书写的字数限制等可以看出，明代士子参加科举考试陷入了内容不能自由、文体不能自由、思想不能自由的条条框框当中，再难有创新可言。

为迅速获得功名，士子仅仅诵习八股文的范文并以此为晋升之捷径，教师皆以此功利性地教授生员。长此以往，各级学校所培养出来的人才，只会熟读经义，缺乏真才实学，行政素养和能力又极其有限，人才选拔的质量大打折扣。从考的角度看，“四书文行之四百余年，场屋可出之题，士子早已预拟。每一榜出，钞录旧作，幸而得隽者，盖不少矣”。说明考试内容陈旧过时，考试流于形式，题目多次重复，已经毫无新意可言。从出题的角度看，“今日科场之病，莫甚乎拟题。且以经文言之，初场试所习本经义四道，而本经之中，场屋可出之题不过数十。富家巨族延请名士馆于家塾，将此数十题各撰一篇，计篇酬价，令其子弟及僮奴之俊慧者记诵熟习。入场命题，十符八九，即以所记之文抄誊上卷，较之风檐结构，难易迥殊。”[1] 考生对出题者的套路已经烂熟于心，只要将平时记录的文字抄写一遍，便能侥幸考中，获取功名。富家子弟更是直接聘请名士摹写八股范文，按篇数付给稿酬，然后熟读诵记后在考场上誊抄即可。

在八股范文的催化下，人人为应付考试投机取巧，不读“四书”和本经，只读市场上镌刻的八股范本——程房墨稿。万历年间的程房墨稿有四种八股范文，“一是程墨，即程文和墨卷，前者是乡试时主考官所作的范文，后者为士子所作的较好的答卷；二是房稿，是会试时考中的进士之作；三是行卷，是举人所作；四是社稿，是在学诸生岁、科两考时所作”[2]。士子们认为短期内熟读这些定制成文是获取功名的最佳捷径，大大助长了科场外的范文买卖与舞弊之风，一时间考中的试卷中竟出现了大半雷同的现象。过去士子需要数十年苦读才能取得的成就，现在一年就可以获得，过去士子需要记诵一年的知识，现在一月就可以快速习得，过去读书求学问道的钻研精神，现在变成了短期即可习得的考试技能。如果问其读了哪些书，获取了什

[1] 黄汝成．日知录集释 [M]．河北：花山文艺出版社，1990：741.

[2] 史仲文，胡晓林．中国全史・教育卷 [M]．北京：中国书籍出版社，2011：745.

么知识，却发现他们既不通书史，也不通实务，结果就是培养了一大批徒有虚名、只会应试的浮文之士和“科举奴仆”。更为严重的是，科举在一味地追求形式公平的规范管理当中逐渐远离了选贤任能的初始目标，八股的盛行不仅使科举制度之弊病越发显现，还使明代的学术研究整体走向了衰微，学校教育内容趋于空疏，实学被忽视，所取士子的实际素质与官员行政所需素养相距甚远。

人人热衷于钻研八股范文，经史之书反而被束之高阁，至于品行修养、兵农钱谷等治世之道被荒废悬置，不仅无法达到选拔人才的目的，反而贻害了天下士人。明代科举考试从内容到形式均走向规范化和严密化，虽越来越有利于客观公正精神的体现，但八股取士应试范围的窄化以及文体的高度程式化，对于思想文化和科学事业的发展进步都产生了极大的负面影响。

三、南北分卷制度的形成

科举取士与南北地域的矛盾从唐代科举制度奠基时就已然存在，发展到北宋，南北录取比例问题不断凸显，演变为科举取士的南北地域矛盾。北人司马光发起的“逐路取人”与南人欧阳修发起的“惟材是择”之间展开了异常激烈的争论，最后秉持择优录取的原则胜出，继续保持了南方人在科举取士中的优势地位。元朝时期，科举取士除南北地域矛盾之外，亦与民族矛盾交织在一起，呈现出比前代更为复杂的特点。元代科举几经破坏与恢复，取士人事非常有限。进入明朝，随着政权的稳定和应试人数的激增，科举取士中的南北地域矛盾再次激化，终于在洪武三十年（1397）酿成了科举史上著名的“南北榜”事件，即著名的刘三吾科举案。

洪武三十年，由刘三吾、白信蹈当主考官，先是在丁丑科会试共录取52人，几乎全部是南方人，后在殿试环节擢取福建的陈䢿为状元，来自江西的尹昌隆为榜眼，来自浙江的刘仕谔为探花。二甲和三甲分别录取13人和35人，全部为南方人，北方考生一个都没考上，史称“南榜”。发榜后，录取结果引起北方举人强烈不满，他们遂将矛头指向了会试主考官，指责刘三吾偏袒南方人，压制北人。明太祖朱元璋闻后大怒，命张信等12人重新覆阅试卷，覆阅结果认为会试主考官并未舞弊违法。北方人仍然不服，并指控张信等人和刘三吾暗中勾结呈递北人劣等试卷以欺骗皇上。后朱元璋亲自主持考试并阅卷，在考生中又录取了河南考生任伯安等61人，确定山东人韩克忠为状元，二甲和三甲分别为29人，录取的进士全部为北方人士，因此称为“北榜”。随后朱元璋下令处死白信蹈、张信等考官与覆阅官11人，主考官刘三吾因年纪大被革职充军，史称“南北榜事件”。南北榜事件的处理结果源自朱元璋拉拢北方士子、稳定北方局势，打击和限制江南地主的政治考量，也体现了全国统一形势下南北政治势力相互制衡的现实需要，但从一起普通的考试事件上升为政治敏感事件，不能不说科举取士的重要性及其公平性越来越受到世人的重视，也越发牵动士子们的神经，一旦处理不好，可能还会危及政局稳定和社会的公信力。

此事件带来的重要意义还在于开启了明代南北取士的先例。明代建国后政治经济趋于稳定，南北应试举子人数不断增加，原先北宋时科举取士的南北地域之争延续至明代，演变成了南北录取名额严重不均衡的突出问题，并且已经发展到了不可不解决的地步，亟待当权者对其进行优化改进。自明初南北榜事件爆发之后，明初三代科举取士中南方士人仍以压倒性的优势远远胜过北方士人，这个问题一直持续到洪熙元年（1425），来自江西的内阁首辅大臣杨士奇向新登基的明仁宗提出了南北分卷录取的设想，建议“试卷例缄其姓名，请今后于外书南北二字，如一科取百人，南取六十，北取四十，则南北人才皆入用矣”[1]。杨士奇的建议很快得到仁宗的认可，但因仁宗去世未来得及执行，最终杨士奇的改革设想在明宣宗宣德二年（1427）得到落实。宣宗采纳杨士奇意见，正式在会试中实行南北分卷制度，并规定录取比例为北四南六，标志着科举取士从北宋的“南北地域矛盾”发展为“南北卷”制度的正式形成，这也意味着数百年前司马光的“逐路取人”政策在明代的最终确立。后来“南北卷”演变为“南北中卷”，宣宗朝还对北卷、南卷和中卷的地域进行了明确的划分。宣德元年（1426）殿试，录取山东人马愉为状元，已显示出对北方人的照顾。后南北中卷制度日趋稳定，南卷、北卷和中卷的录取比例依次为55%、35%和10%，并一直延续至清代康熙年间，其间再未作大的变动。明朝“南北卷”制度的创立具有深远的政治意义，其目的在于从人才登进制度上使明朝由“南人政权”蜕变为“统一政权”，即把奠基于南方并以南人为政治主体的明朝政权转化为向南北开放的“统一政权”[2]。至此，自宋以来长达数百年的科举逐路取士与凭才取士之间的纷争，最终以分区域录取占据优势而告一段落。这一传统促进了清代分省录取制度的最终形成，对近代以来高等学校的布局和高考分省录取制度也产生了深远的影响。

可以说，洪武三十年发生的“南北榜”事件和宣德后南北卷制度是明代科举史上的重大事件。明代南北榜事件是北宋科举“逐路取人”和“凭才取士”矛盾的时代延续，也是科举取士南北地域矛盾的一次集中爆发。从南北榜事件到南北卷制度

[1]《皇明大政纪》卷之九.

[2] 刘景云，杨林，孙建军. 图说科举制度 [M]. 长春：吉林人民出版社，2009：136.

的确立，反映了明朝廷为解决这一矛盾所采取的制度应对之策。宣德以后会试实行以地区分卷按比例录取制度，是为保证不同区域的“政治均衡”而对科举“一切以程文为去留”的录取原则所做的必要修正，对于巩固统一和促进边远落后地区的文化发展具有积极意义[1]。

四、科举和学校教育的关系

自科举诞生以来，学校和科举之间的关系，与科举制度的盛衰兴废密切相关。唐代朝廷取士由学校与科举二者并行，如唐代有乡贡和生徒，两类考生各有出路，均可通过发解试获得省试资格，其中官学的生徒已成为科举考生的主要来源之一，说明唐代科举奠基之初，已显示出科举与学校结合的趋向。宋代的三次兴学运动一直致力于解决培养人才与选拔人才之间的矛盾，三次兴学使科举与学校的关系日益密切，但二者之间又充满了斗争，北宋神宗时在太学实施三舍法取士，宋徽宗时期于全国学校推行三舍考选制度，完全以学校考选取代科举制度长达近 20 年之久。到了明代，学校教育受科举制度的影响越来越大。明初推行学校、科举、荐举三途并进的选人制度。学校、科举获得发展，书院相对冷寂，一些有名的书院相继停废。洪武年间，监生入仕成为常例，监生升官的机会也较多，意味着明初官学在人才选拔中发挥了重要的作用。

洪武十五年科举恢复后，“令天下学校期三年试之，著为定制”[2]。这说明朱元璋并非简单地恢复科举，而是十分明确地把科举置于学校教育之上，意味着学校成为科举的基础，科举成

[1] 郭培贵．二十世纪以来明代科举研究述评 [J]．中国文化研究，2007（3）：156-168.

[2]《明太祖高皇帝实录》卷一百四十七．

为学校教育的轴心和导向[1]。明代之前，国子生并未获得入仕资格，尽管北宋熙宁变法后曾一度以太学上舍生入仕完全取代科举考试，但总体来说由学校直接入仕，在整个官员队伍中还是比较少的，而到了明代，选拔太学生或国子生之优异者直接入仕成为定制[2]。洪武时期，监生就已成为朝廷选官的重要来源之一，永乐到景泰时期，岁贡和举人监生更成为朝廷选官的最主要来源，只不过到了明中期，监生选充的只能是中下级官职，而高级和重要官职则非进士莫属。随着科举制度日益受到重视，明初的三途并进选人制度逐渐发展成了科举一途，中央和地方的要职几乎全部为进士独占，出现了“非进士不得入翰林，非翰林不得入内阁”[3]的局面。两汉到唐宋，进士及第后尽管是从小官做起，但人人都有当大官的希望，然而，明以后的科场明显出现了分流，非进士、翰林不能做大官，而下层的秀才和举人，即使做了官，也永远不得晋升。这意味着明中期对科举及第进士的出身质量要求越来越高，授重要官职前入翰林这一前置环节的增加，无疑强化了科举作为士子进入官绅阶层的唯一性，科举更成为决定读书人前程及其家族命运的主要决定因素。

科举盛行后，学校教育开始衰落，由学校入仕的情况发生了很大的变化，监生入仕的机会越来越少，学校出身的生员难以做到大官，正可谓印证了科举盛而学校微的事实。尤其是“科举必由学校”制度的推行，虽说国子监监生及地方府、州、县士子皆可“投牒自进”，但相较于学校出身的生员儒士，非学

[1] 郭培贵．中国科举制度通史·明代卷 [M]. 上海：上海人民出版社，2015：92.

[2] 郭培贵．明代科举的坚实基础——官学教育的发展特点及其经验教训 [J]. 中国文化研究，2009（2）：62-68.

[3]《明史》卷七十七·志第五十一《选举七》.

校出身的具有“同等学力”的“充场儒士”参加乡试的人数越来越少，且“同等学力”的非科举儒士身份受到了一定的歧视，使得传统学校教育与考试科目之二途正式走向融合，科举成为世人做官的唯一正途，人才培养和人才选拔的路子也变得更为狭窄。具体表现为上至国子监，下至府州县学教育，完全以科举为轴心和导向，学校的教学内容完全依赖于科举考试，科举的主要生源在明后期几乎完全来源于学校。在此情况下，科举完全实现了与官办学校教育的紧密结合，科举考试成为真正以学校教育为基础的考试，学校教育成为完全以科举为导向的教育服务体系。尤其是洪武二十六年（1393）制定的府州县学教官考核法，专以科举成绩和通“经”与否作为考核教官称职与否的依据，更在制度层面上把府州县学教育完全纳入以科举为中心的轨道，从而完全实现了科举与空前完备的官办学校教育的紧密结合[1]。至此，学校教育为科举制度所支配，纯粹沦为科举制度的附庸。尽管自科举创始，这一局限性几乎是官学教育的共有特点，并非明代教育所独有，但明代却把学校和科举之间的制度黏性推向了前所未有的程度，从教育目的到教学内容，再到考试出题和评价体系的所有环节，无一不处于朝廷的掌控之中，越来越变为朝廷单纯禁锢士子的工具。

第三节　科举制度对明代社会的影响

一、科举对明代社会新阶层形成的影响

科举的演进从唐宋到明清，在形式和内容上均发生了很大

[1] 郭培贵．明代科举的发展特征与启示[J]．清华大学学报（哲学社会科学版），2006（6）：77-84.

的变化，共同的趋势在于对读书人的思想限制与管控越来越严格。隋唐以多科目取士见长，既看重综合型人才，又重视专业型人才，不拘一格选拔有用之士。北宋王安石推行熙宁变法，罢明经、诸科，独存进士科，又废除了以诗赋作为取经义标准的做法，将取士内容限制在新经学——《三经新义》的狭窄范围内。虽说新学舍弃先儒传注而直接探求性命之理的解经方式助长了经学的变异[1]，但当时的文体仍属于散体形式，而南宋又有诗赋和经义的并行取士，尚不至框定或束缚士子们的思想。元代时科举考试将朱子的四书集注作为官方指定教材，将取士内容和范围进一步窄化为程朱义理之学。此时的科举考试从隋唐到宋元已发展为从多科目取士，到有科无目，再到科目考试萎缩为经义的单一局面。

唐宋科举制度实行“怀牒自进”，但凡读书人皆可参加科举考试，然而明代以“科举必由学校”作为选官入仕的入门之径。明代广开科举之门，虽然实行的也是“怀牒自进”，但明代的士子须先经县试、府试、院试、科试入官学，获取生员的资格之后才能参加乡试。这种做法看似与唐宋科举考试差别不大，实际上却发生了新的变化，即将科举入仕的整个过程向前延伸，从而延长了士子入仕的时间。与唐宋士子相比，“广开科举之门”的确扩大了科举应试的规模，使得明代科举获得了鼎盛发展。但这种一面广开科举之门，一面又递设考试层级增多考试的做法，无疑将读书人长久地捆绑在读书仕进的道路上，拉长了明代士子科举入仕的距离和时间，使得明代的功名之路变得异常曲折且充满了不确定性。不仅如此，明代的考试竞争异常激烈。以乡试为例，明代应天府乡试录取率除明初的几次录取率为 20% 以上之外，

[1] 李祥俊．王安石学术思想研究 [M]. 北京：中国社会科学出版社，2020：42.

一般在 4% 左右，而且这种比率不是以所有生员为基数，而是以通过科考、准予参加乡试的考生为基数的，足可见明代乡试竞争的激烈和残酷[1]。也有学者从洪武三年至崇祯十二年，横跨两京十三省的全国乡试录取数据研究中得出，从明初至明末，全国的乡试平均录取率为 4.71%，明中后期全国以及各地的乡试平均录取率呈现下降之势，万历后更是跌破了 3%，这充分反映出明代士子仕进难度逐渐增大、科举上行流动日渐壅滞的趋势[2]。

与唐宋时期的科举相比，明代的科举制度改革发生了一个明显的变化，由科举途径而获得的功名身份的终身制，促进了明代社会新的社会阶层——士绅集团的形成。明以前的士子通过乡试或发解试得到的举人功名，仅代表其获得了参加会试的资格，如果会试落第，需要从头参加乡试，意味着举人功名在明以前是一次性的，只有重新通过乡试成为举人，才能获得再次参加会试的资格。但明代的科举考试则发生了新的变化，与明代以前科举以铨选官员为出发点和最终归宿不同的是，明代以后的科举考试在持续产出官僚群体的同时，又产生出一个庞大的功名群体。这个功名群体除保留了前代的进士功名外，又增加了举人和庶吉士的功名，同时还确立了学校功名“生员”和“监生”[3]。明代读书士子通过各级考试获得的生员、举人身份已成为终身的功名，这意味着举人不仅可以无限制地连续参加会试，即使没有通过上一级的考试，也不需从头再来，当然

[1] 钱茂伟．国家、科举与社会——以明代为中心的考察 [M]．北京：北京图书馆出版社，2004：98-99.

[2] 郭文安．明代乡试录取率考述 [J]．武汉大学学报（人文科学版），2016（6）：134-141.

[3] 郭培贵．明代科举的坚实基础——官学教育的发展特点及其经验教训 [J]．中国文化研究，2009（2）：62-68.

也不会影响到现有的功名。与此同时，明代的学校功名成为科举功名的重要补充，即士子只要获得“生员”和“监生”的功名，便获得了身份性的优免资格，享有各类政治、经济、法律等特权，如在衣冠车舆上与庶民有着严格的等级规定，有免税和不用服徭役的特权，或可充贡升入国子监成为监生。

尽管功名群体的一部分是与官僚群体相重叠的，就像唐宋元的进士及第可选官入仕获取功名一样，功名和官职是同步且同一的，但明以后的秀才比举人，以及举人比进士，功名群体与官僚群体不相重叠的部分在比例上实际要大得多。毕竟在读书人越来越多的时代里，大多数秀才成不了举人，大多数举人也成不了进士，这说明明代的科举取士较之历代竞争异常激烈，科考之路异常艰难。然而值得一提的是，明清 500 余年间，科举制度给予了这个庞大的群体仕途之外的身价、地位和优待，使得明代以后的科场功名和官职逐渐分离，而作为前代所未曾有过的不入仕途的功名人士，他们的命运与科举制度的兴衰相互依存，不能不说是明代以后科举制度最引人瞩目的变化之一。

作为社会流动机制，科举制直接促成了社会结构以士绅阶层为中心、社会价值以科举功名为中心的两个中心的耦合，使得四种社会力量围绕科举制建立起一个以士绅和功名为核心的新的权力关系和社会结构[1]，不仅改变了当时中国的基层社会政治，而且在很大程度上重塑了皇权与基层社会的统治关系。明代科举所带来的实实在在的社会财富与名誉地位，为士子们在官场以外提供了一种出人头地的机会，使大量读书应试的举子士人拥挤在一条更为狭窄的仕进道路上，派生出了一群有功名而无官职的人物，也造就了明清士绅这样一个数量十分庞大的

[1] 纪莺莺 . 明清科举制的社会整合功能　以社会流动为视角 [J]. 社会，2006（6）：190-208，212.

群体。他们身居官场之外又分布于四面八方，享受着朝廷给予的优免待遇，形成了一种以士绅为主干而植根于乡里的新的阶层力量，成为联结国家和地方社会之间的新的缓冲地带。士绅的崛起对中国传统社会结构产生了重要的影响：一方面，士绅阶层作为中央和地方的中介，利用自身的社会地位和政治影响力代表了社会基层的权利诉求；另一方面，对于朝廷而言，士绅是地方事务的实际掌权者，朝廷通过笼络士绅调动社会基层资源、进行权力支配，从而与士绅阶层形成了稳固的利益共同体，共同发挥着维持和稳定王朝社会政治秩序的作用。

二、明代八股取士对于后世社会的影响

明代推行的八股文考试将题目限定在“四书”范围之内，而“四书”不过几万字，明清科举却沿用了几百年，其中的章、节、句已经反复考尽，以至于考无所考，导致考官只能挖空心思，陷入出难题、出偏题、出怪题甚至出“神题”的恶性循环，如将完整的一句话掐头去尾地出作题目，或将几句互不相连、内容无关的句子拼凑在一起列为题目，谓之“搭截题”。与递设考试层级相比，八股取士的推行再一次增加了个体士人的入仕难度，进一步助长了不切实际的取士风气，制度选人的优越性早已经被分解得支离破碎，且已失去了当初选贤任能的初衷。如提到明清科举，人们最熟悉的莫过于八股文；但较之历史上的诗赋、策论等科举文体，人们最不熟悉的也是八股文。这说明当时的八股文已经没有什么实际推广价值，仅仅作为考试文体而使用。明清许多士大夫在编撰文集时，也很少采用八股形式书写，八股文被文人墨客排除出日常文书创作与写作的圈子，剩下的唯一用途只是为了应付科举考试。明代出于专制统治的需要，要求应试者将千差万别的内容限制在八股文这一固定的

格式之中，读书人把一生的精力都消耗在八股文上，到头来只能变成酸腐迂拙、不学无术的蠢才。然而这样的文字，却在明清广大知识分子仕进的必经路上纵横驰骋超过500年之久，多数士子除了死啃八股选本，埋头盲目钻研八股套路和机械训练，不问世间万千藏书，更不知世界格局之变化。

既然如此，八股取士有如此明显之弊病，明末以后世人对八股文的抨击之声不绝于耳，明清统治者对八股文也非完全推崇，那为什么八股文又会贯通明清长达500余年呢？究其原因，这和明清两朝强化高度集中的皇权统治有必然关系，也与明代考试制度的标准化改革密切相关。从政治功能上来看，明代八股考试注重经义取士，限采定一家之言，规定明确的考试范围，划定统一的考试教材，指定标准化的考试文体，使出题、答题、评卷都有统一、规划好的标准可依据和判定，这种做法能够从根本上“正人心”“振纲纪”，对于钳制民众思想、强化封建统治、维护明代的政权统一有积极意义，因而八股文作为明代中期以来的官方考试文体，其背后蕴含着统治者巩固体制和维护道统的需要。从八股考试的形式上来看，八股文也有三种功能[1]：一是通过对文章的格式和内容做出严格行文规定以防止考生作弊；二是通过形式固定且内容限定的八股文格式，增加评卷的标准化和规范化，减少阅卷误差以提高阅卷效率；三是通过对句工整、合于声律的八股文测试出考生的写作能力和治学素养。这些都使得八股文的长期使用有了一定的社会基础。它作为一种标准化的考试文体，适应了科举制度标准化的改革趋势，能够较快地测试考生的文化水平，减少误判。毕竟明代科举首场一天之内要写好七篇八股文，写法讲究布局谋篇和章法格调，每四股

[1] 罗时进．论八股文长期沿用的文化机制 [J]. 江苏社会科学，2004（2）：171-176.

文辞正反结合，虚实呼应，深浅对称，起承转合自然流畅，且各部分在字数上都有严格的限制。考生若要考中，需要有相当水平的文学功底和文化素养。因此，八股文仅从标准化考试文体的角度，是可以对考生的文化知识进行相应的检测和评判的。但八股取士的精确度和程式化发展，造成了考试体制严格刻板，内容空疏，形式僵化，仅仅发挥了考试训练重复性检测的作用，八股考试与社会实际相脱节，以至于世人皆只顾揣摩制义范文，再无实用之学，更难以选拔出实用型人才。

应该说，八股取士是为防止考试作弊而走向极端的直接产物，是考试制度趋于标准化和客观化发展的内在要求，也是体现科举形式公平的有力工具，它在一定程度上实现了明代评文、衡人、选才的多重功效。因此，八股文的产生有其历史条件和社会必然性。然而，在中国封建社会制度日益腐朽，专制统治僵化、社会风尚逐渐颓废的历史环境中，明代考试制度的改革日益陷入防奸精细化与僵化死板并存的不利局面。为标榜考试制度的绝对公平，吸引更多的士子走上读书做官的仕进之路，明代统治者对科举实施的规范管理越来越严密，越来越严苛，尤其是在除弊防奸的道路上越走越远，越走越窄，明知八股取士定然会束缚思想、僵化死板，依然长期取而用之，只能说早期科举选人的制度优越性在明代趋于消解和颓败，不仅无助于选出实用之才，反而成为贻害天下人才的祸首。

清初顾炎武曾痛心疾首地说："八股之害，等于焚书。而败坏人才，有甚于咸阳之郊所坑者，但四百六十余人也。"[1] 康有为在《请废八股试帖楷法试士改用策论折》中举例批驳说："譬如《中庸》'及期广大，草木生之'，则上去'及其广'三字，

[1] 顾炎武．日知录•卷之十六•拟题．

下去‘木生之’三字，但以‘大草’二字为题。如此之例，不可尽书，无情无理，以难学者。”这都是八股考试长期推行的必然结果。这些奇葩的“神题”早已超出了科举取士的主旨，偏离了选拔人才的轨道，无异于挡在考生仕进路上的“妖魔鬼怪”，即使出题的“神仙”也未必能识别其“真身”。

鲁迅曾在《伪自由书·透底》中提到“八股原是蠢笨的产物。一来是考官嫌麻烦——他们的头脑大半是阴沉木做的，——甚么代圣贤立言，甚么起承转合，文章气韵，都没有一定的标准，难以捉摸，因此，一股一股地定出来，算是合于功令的格式，用这格式来‘衡文’，一眼就看得出多少轻重。二来，连应试的人也觉得又省力，又不费事了”[1]。明清的科举考试已经走上了舍本逐末甚至本末倒置的选官之路，不仅无助于选拔人才的目的，还戕害了士子的思想和智力发展，在扼杀天下之才的道路上越走越远。

除此之外，八股取士还对明代的文学创作产生了负面影响。从八股文的写作方法上来看，明、清两代时文写作的程式越来越琐细，要求越来越苛切，八股文已经发展成为中国文学史各文类中文法最为烦琐的一种，也是历代文体中最难的一种。明代八股文模式化的文体形式，训练出士人程式化的思维方式，造成了明代前期文学内容的道学化与形式的刻板、呆滞[2]。如对于程文的揣摩与模拟而产生的定式、规格等潜在观念，进一步固化了士子们的文学思维与创作习惯，长期的揣摩、练习八股文不免使文学创作沾染上浓厚的八股习气，严重影响了明代文

[1] 伪自由书·透底 [M]// 鲁迅．鲁迅全集：第 5 卷．北京：人民文学出版社，2005：109.

[2] 龚笃清．试述明代前期八股文对文学的影响 [J]．中国文学研究，2005（1）：56-61.

学的创新精神和活力，影响了诗歌对于情志性灵的自由表达。这使得本来用以抒发真情实感的文学逐渐异化为钳制思想、压抑个性的政治工具，大量文学作品形式刻板僵硬、内容陈腐平庸，毫无活力可言。与此同时，八股取士对于文人创作与文人心态产生了极大的影响[1]。八股文对于文人心灵的冲击要比科举文体的冲击还要强烈得多。科举士子们一直致力于突围理学的独霸地位，然而他们要想步入仕途又不得不依赖于以程朱理学为主导的统一规范化的八股文定式，活跃的思维与僵化的体制，形成了强烈的反差感，对文人的生活与创作心态产生了极大的思想约束与精神压力。明代士人皆专注于功名事业，整个文坛看起来暗淡无光，未能出现一位足以名垂千古的一流大家。正因为如此，黄宗羲尖锐地批判道："三百年人士之精神，专注于场屋之业，割其余以为古文，其不能尽如前代之盛者，无足怪也。"[2]

八股文给科技发展也带来了强烈的冲击。中国古代文明，包括科学技术在唐宋时期都居于世界前列，但到了明后期，天文、数学、历法等方面逐渐落后于西方，这与明代科举长期把科学技术排斥在科目考试和学校教育体系之外有着直接关系。如在洪武三年开科取士之初，算学仍被列入考试科目和学校教育内容，但在洪武十七年颁布的《科举程式》中，算学已经被完全排斥在科目考试和学校教育之外，使得明代的科学技术完全退出了官方主流的教育体系[3]。与此同时，明代在继续强化经义在科举考试统摄地位的基础上，就连考试文体也要限定到"八股

[1] 吴承学．简论八股文对文学创作与文人心态的影响 [J]. 文艺理论研究，2000（6）：79-85.

[2] 黄宗羲．黄宗羲全集 [M]. 杭州：浙江古籍出版社，2005：19.

[3] 郭培贵．明代科举的发展特征与启示 [J]. 清华大学学报（哲学社会科学版），2006（6）：77-84.

文”这一垄断性的格式化文本之内。这种大刀阔斧的改革使得“科目取士”的选人功效一步步萎缩和退化，越来越变成禁锢思想与情感的枷锁。这造成了一代又一代的知识分子把聪明才智和宝贵人生全部消耗在对富国强兵毫无益处的重复习作八股时文之上，在西方正经历巨变的时代，他们仍停留在强化皇权的单一道路与落后的专制统治理念之中，大大延缓了近代科学技术的发展进程，为明、清国力整体走向衰弱埋下了隐患。

第六章

清代科举制度的变革与终结

科举制度历经千年，发展到清代，这个由少数民族掌控的统一政权既有对前代科举制的继承与发展，又有自身的创举与革新，如科举制度的复试、磨勘、官卷、分省取士等诸多制度的运行与推广，这些制度在清代都已成为定制。这一时期科举取士的内容和管理制度日趋严苛化和规范化，既反映了清代统治阶级对士子应举的严格控制，也体现了科举制度的僵化与积弊之重，清代科举取士的人才选拔功能完全让位于其笼络士人的社会控制功能，服务于高度统一的中央集权统治。晚清时期内忧外患，遭遇百年未有之大变局，在社会的巨变中，科举制度执迷于一味追求取士的公平性，与人才选拔的有效性渐行渐远，错失了一次次革新的时机，在行走千年之后，连带着清王朝这个病入膏肓的庞大躯体，一并拖进覆灭的深渊。至此，在中国历史上绵延 1 300 多年的科举制度正式终结，但科举废除之后的余震依然强劲，不但加剧了社会权力格局的动荡，更引发了乡村社会的全面危机。

第一节　清中前期科举取士的调整

一、科举制度的继承与革新

顺治元年（1644），清王朝迁都北京，正式建立全国性政权以后，沿袭明代教育制度，建立了从国子监和府州县学等官学到书院、社学和义学等私学全面覆盖的国民教育体系，将清代科举制度和学校教育发展到了相当完备的程度。清代巩固了朱子学派在思想界的统治地位，继续规定朱子之书为教化之本，即将朱熹所注四书规定为科举考试必考的内容，以及府州县学、国子监的必学内容。在此前提下，官学教育与科举制度结为一体，学校成为官僚制度的重要组成部分。在这种体系下，人才培养的标准不断强化，以服务科举考试为导向。这一导向下的教育服务体系，以敦促教化为基础，以培养人才为目标。顺治元年（1644），清王朝在入驻北京即位诏中明确规定要仿照明朝旧制，举行科举考试。顺治二年（1645）乙酉秋在直隶、山东、山西、河南、陕西和江南共六省举行乡试，乙酉乡试首批共录举人约千名。顺治三年（1646）丙戌春，在北京举行首届会试，共录取进士 400 名，成为清代的开国进士。丙戌科的 400 名进士和次年丁亥科的 300 名进士一起，构成了清代初年汉人文官队伍的主干[1]。清代的科举考试在仿明制的基础上，开启了革新之路。

《清史稿》记载："有清以科举为抡才大典，虽初制多沿明旧，而慎重科名，严防弊窦，立法之周，得人之盛，远轶前代。"[2]整体上来说，清代的科举考试层级保留了明代的制度，狭义上分为两级，即乡试和会试；广义上分为童试、乡试、会试和殿

[1] 李树．中国科举史话［M］．济南：齐鲁书社，2004：260-262.

[2]《清史稿》志《选举三》.

试四级。其中，有几处变化较为明显。一是精细化四级考试层级。清代放宽了参加乡试的条件限制，在童试一环不需要再次参加科试，可以直接参加乡试。生员在清代成为一种终身资格，是士子在科举生涯中获得的最低一级身份。乡试录取正榜发榜后，还设置了副榜，增加了附贡生。副榜录取对象是成绩优秀但因受名额限制而未被录取的候补举人。最初每省取副榜 6 ～ 20 人，康熙十一年（1672）规定每取正榜举人 5 人，则增加副榜举人 1 人，成为定制。正榜举人可直接参加次年三月的会试，而副榜举人可进国子监肄业，享受贡生待遇。不仅如此，为进一步防止舞弊，推进公平取士，乡试举人试卷都要限期送往礼部接受磨勘审查，顺治十五年（1658），“帝以顺天、江南考官俱以贿败，亲覆试两闱举人，是为乡试覆试之始”，首开乡试复试之例，康熙五十一年（1712），又在进士中实行会试复试之制，直到道光二十三年（1843），明确规定“各省举人，一体至京覆试，非经覆试，不许会试”，乡试复试遂成定制。除此之外，雍正元年（1723）起，清统治者将明代以来殿试后庶常之法（新科进士参加的翰林院庶吉士考试）发展为朝考，即馆选，三年一考，优者可被选为翰林编修、检讨，“有清一代宰辅多由此选，其余列卿尹膺疆寄者，不可胜数”[1]。至此，清代科举在童试、乡试、会试、殿试四级考试的格局中，实际上包含了县试、府试、岁试、科试、乡试、乡试复试、会试复试、殿试、朝考、散馆考试等上十次正规的考试[2]。据统计，从顺治三年到光绪三十年，清朝科举会试总计 112 科，共录取进士 26 849 人，平均每科 239 人，以 268 年计，每年平均 100 人[3]。而明代共举行了 89 榜科举考

[1]《清史稿》志《选举三》.

[2] 刘海峰 . 科举考试的教育视角 [M]. 武汉：湖北教育出版社，1996：107.

[3] 毛晓阳，金甦 . 清代文进士总数考订 [J]. 清史研究，2005（4）：63-77.

试，共录取进士 24 595 人，每榜进士人数平均在 270 人上下，以 276 人计，每年平均 90 人[1]。因为明朝国祚较长，单看年均进士录取率可能说明不了问题，但在明、清两代的科举乡会试中试额数没有相应提高的情况下，从每榜进士及第人数上可以明显看出清代的每榜录取人数比明代少 30 人左右，说明清代科场竞争的残酷性和激烈程度要远大于明代。

二是实施了更为残酷严厉的防奸之法，开了“科场作弊者被处死”的先例，把科举制度追求至公的理念推向了前所未有的高度和深度。较之前代，为防止考试作弊，清代以多种严厉措施打击了层出不穷的科场舞弊大案。例如：发生在顺治十四年（1657）顺天府乡试“丁酉科场案”和江南乡试科场案，堪称清代最大规模的科场案；发生在康熙三十八年（1699）顺天乡试案以及康熙五十年（1711）的江南乡试“辛卯科场案”，后者为顺治丁酉以来最大的科场案；发生在咸丰八年（1858）的顺天府“戊午科场案”，此次科场舞弊案与顺治十四年的“丁酉科场案”、康熙五十年的“辛卯科场案”并列为清朝三大科场舞弊案。这些科场大案均以主考官被处死、家产充公以及家属充军流放为结局，像咸丰“戊午科场案”更是开了有清一朝一品大员因科场舞弊被处斩的先例。可见，清代对考试公平的极致要求以及尽其所能的细密化操作，造成科举把更多的精力放在考试形式上的严密防控、惩处措施上的严厉规范以及考试纪律上的严防死守，而甚少关注科举如何能选拔出有真才实学者、考试是否真正有效等关系科举制度实施效能的深度议题。这就是为什么明清之际科举制度保障公平的措施近乎完美，却没有带来考生素质的真正提高，也并没有选拔出多少实用型人才的

[1] 龚延明，邱进春．明代登科进士总数考 [J]. 浙江大学学报（人文社会科学版），2006（3）：69-78.

●雀顶

冠顶饰品，是清代生员（秀才）的功名标识。

●秀才薄底鞋

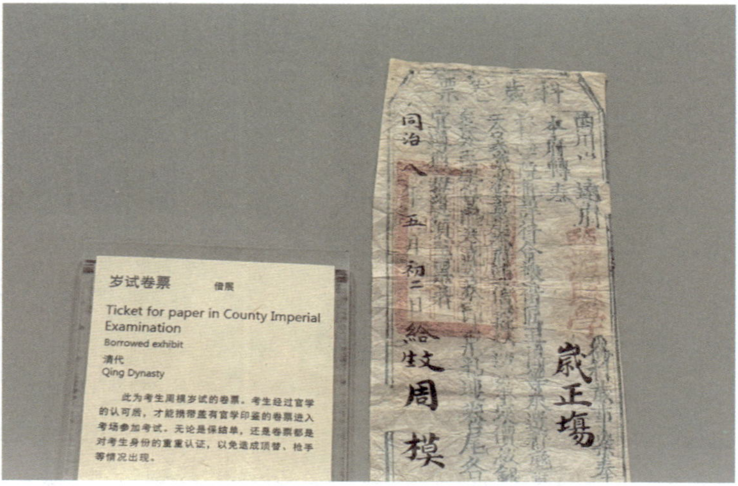

●岁试卷票

此为考生周模岁试的卷票。考生经过官学的认可后，才能携带盖有官学印鉴的卷票进入考场参加考试。

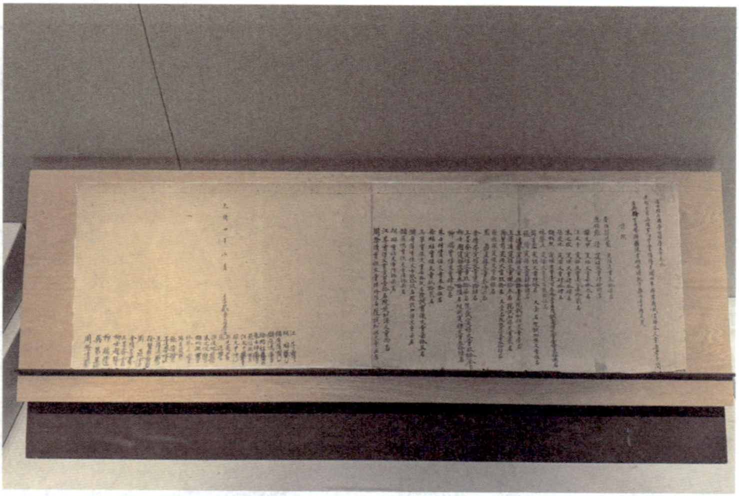

●童生考试保结廪生名单

清代童生考试需要廪生为其作保，以保证无顶替、冒籍、混考等弊端发生。

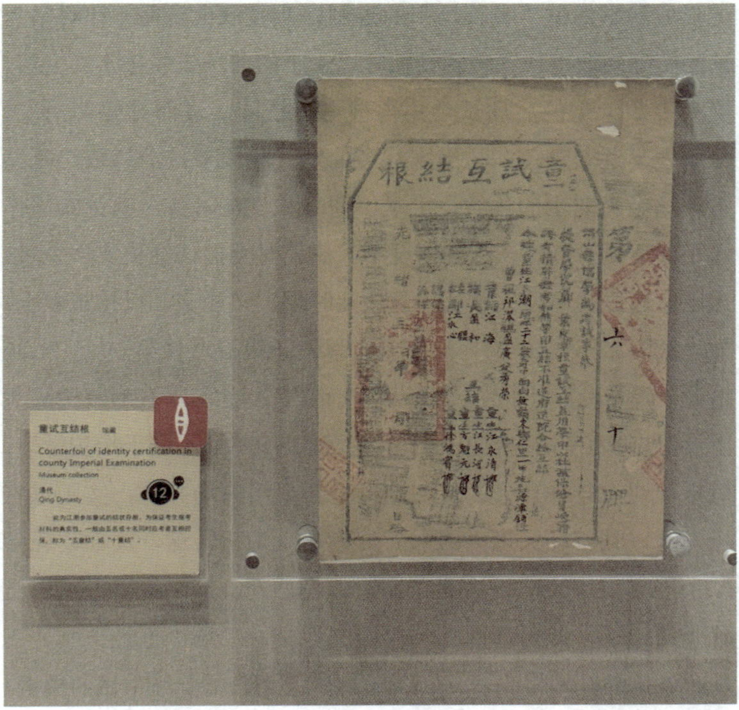

●童试互结根

为保证考生报考材料的真实性，一般由五名或十名同时应考者相互担保，称为“五童结”或“十童结”。

真正原因。科举制度在明、清两代走向程式化、单一化的同时与明清封建专制统治的高度集权化相伴相生，正是以皇权为中枢的专制属性在政治上的登峰造极，导致清代进入一个充斥着文字狱和科场案的科举社会的黑暗时期。

三是调整了考试内容，恢复了制科，广开恩科。明代科举沿袭宋制，尤以经义为重，明代的科举考试举行三场，分前场和后场，前场指第一场的试经义，后场指二、三场的试论、表、判、策。洪武十七年（1384），朝廷将经义从三道增加到七道，遂形成科举考试“重首场”的定例，八股取士日盛。在科举考试的实际录取中，考官阅卷往往以士子的前场成绩决定其去留，绝大多数考生的后场试卷不再被考官校阅，进而导致明清二、三场之学逐渐衰落，与国家社会的发展相脱节。清初依然延续重首场经义取士的传统，士子不通晓史学与时务，其论策写作水平亦不断下降。在这种情况下，康乾时期提倡经史实学之风，为国家选拔实用型人才。先是康熙时期罢试经义，以论策取士。如“康熙二年（1663），废制义，以三场策五道移第一场，二场增论一篇，表、判如故。行止两科而罢”[1]。但不久后就遭到大臣反对，认为考试内容仅限于策论，过于简单且不利于经史学习，后于康熙七年（1668）复初制，重新启用三场并试，实则以首场为重，且首场又以“四书”文为重。为扭转这一局面，乾隆二十一年（1756）废除第二场论、表、判、策，将“五经”文置于第二场，此后形成首场“四书”文、二场“五经”文、三场时务策的基本格局，一改清初以来“五经”文专经中试的弊端，并推动了乾嘉考据学的兴起[2]。然而，考官和士子皆重首场，轻三场，相沿积习难移。清末面临内忧外患，光绪二十七年（1901），乡、会试首场改试中国政治史事论五篇，二场各国政治艺学策五道，三场“四书”义二篇、“五经”义一篇，彻底将论策调整到首场，并行至废科举止。

二、分省录取制度的形成

关于考试公平与区域公平的问题由来已久，从北宋以司马光为代表的“逐路取人”与以欧阳修为代表的“惟才是择”的

[1]《清史稿》志《选举三》.

[2] 杨青华．乾隆朝制科、科举与乾嘉经史考据学的兴起 [J]. 安徽大学学报（哲学社会科学版），2022，46（2）：38-48.

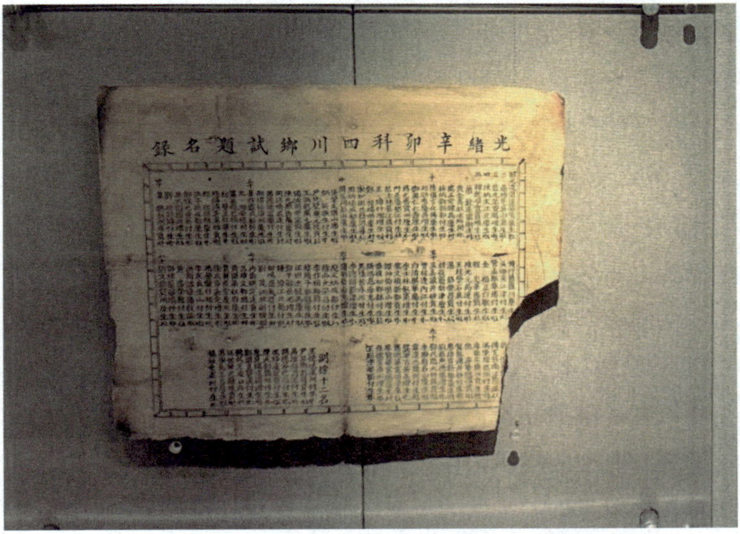

●光绪辛卯科四川乡试题名录

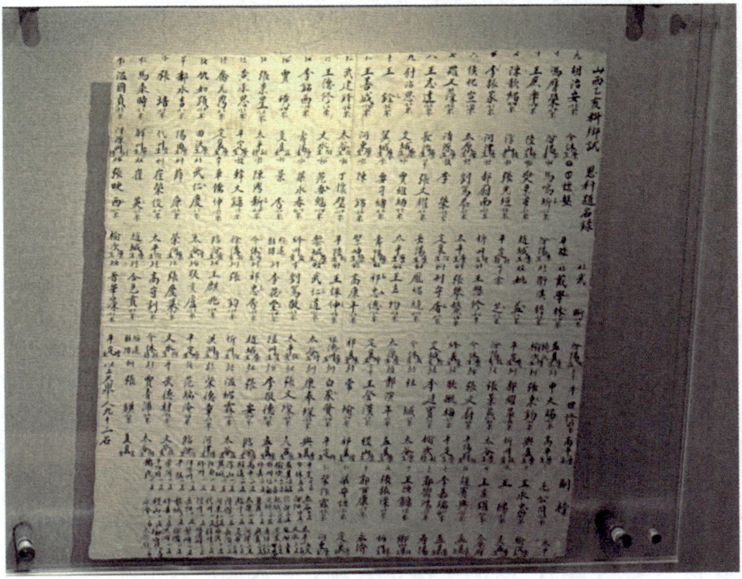

●山西乙亥恩科乡试题名录

纷争开始，开启了一场前所未有的关于科举取才的南北地域之争。到了明初，科举制度逐渐定型，与此同时，南方举人在科场的压倒性优势依然明显，终于引发了科举史上著名的“南北榜”事件，激化了科举取士的南北地域矛盾。后南北卷制度正式实施，并进一步发展为按照南、北、中分卷取士，直至清代相当细密的分省定额取中规制出台。

从明代南北榜事件催生而来的南北中分卷制度基本符合了三大区域的人口比例设置，其制度设计对于平衡各地进士名额分布以及地区差异起到了积极的调节作用。然而，三个大区域内的各省之间的科场比拼处于完全自由竞争的状态，录取名额仍存在省际录取不平衡的现象，即使同为南方地区，福建、广东的竞争力也根本无法与江浙一带相比。只不过彼时明代科举录取名额的省际差异，相对于南北区域的显性差异还没那么明显，或者说在当时仍居于次要矛盾。随着科举录取规模的扩大，会试录取名额的省际不公问题在康熙年间渐次上升为主要矛盾，引发了朝廷的关注。首先是清初顺治九年（1652），在会试中正式实行分卷录取制度。发展至康熙三十年（1691），云南、贵州、广西三省出现了“脱科”现象，即三省未录取一名。为防止部分省份的脱科现象再次发生，康熙朝在南北中卷的基础上再分左、右分别予以录取，后又为了避免中卷地区，如四川、广西、云南、贵州等西南四省发生脱科现象，便对四省进行单独编号，额定中额，后因这几个省试卷数量较少，单独编号效果不好。考虑到要照顾经济落后地区士子科考的现实情况，康熙帝命令如果再遇到脱科之省，就将试卷交正副主考再次检阅，取其中一、二名，以保障各省均有士子入选，以平衡会试录取的省际差异。

与此同时，康熙帝发现即使承袭明制，继续实行南北中分卷制度，但三个大的区域内部各省之间处于自由竞争状态，省际录取名额无论分得怎样细致，按区取人还是会造成各省取中人数上的不均，尤其是一些边远省份出现了被科举取中“遗漏”的情况，说明南北中分卷取士依然存在不均的问题。因此，康熙五十一年（1712），朝廷宣布推行“按照各省应试人数多寡，钦定会试中额”，规定“会试不必预定额数，亦不必编南北字号，并分官字号名色，惟按省编号，印于卷面，以便分别取中……俱令知贡举合算进场举人实数，临期具题，恭请皇上酌量省份大小、人数多寡、定额取中从之”[1]。自康熙五十二年（1713）癸巳万寿恩科始，南北卷制度正式退出历史舞台，标志着明代以来实行的会试南北分卷录取被清代的分省定额取中制度所代替，科举考试进士录取的区域公平问题最终得以解决[2]。后此制度成为定制，一直沿用至晚清科举废除。如明、清两代进士取中数额位列最后四位的云南、广西、贵州和辽东，其清代取中数额均较明代有很大幅度的增加；明代进士取中最多的浙江省与最少的辽东省，取中数额相差 57.5 倍；到了清代，最多的江苏省与最少的辽东省之间的差距已缩小为 15.9 倍[3]。可以明显看到，清代统治者不遗余力地平衡省际考试录取差异，尤其是对科举考试的过程公平给予了高度关注，通过对精英阶层的笼络和对弱势群体的关照，不断强化科举考试在维护社会公平上的合法性权威，将科举塑造成为人们心中最广泛接受的教育资源分配手段，以此来维护政治体制的稳定。

从北宋南北取士地域之争，到明代南北分卷制度，再到清

[1]《圣祖仁皇帝实录》卷二百五十，康熙五十一年四月丁卯条．

[2] 吴根洲．科举导论 [M]．杭州：浙江古籍出版社，2016：182-183.

[3] 郑若玲．考试公平与区域公平：高考录取中的两难选择 [J]．高等教育研究，2001（6）：53-57.

代分省定额取中制度的细密化操作，体现了科举考试公平与区域公平这一对矛盾，从重视考试公平向重视区域公平发展的渐变过程。按不同地区确定中额包含了清统治阶级对文化落后地区的扶植和政策倾斜，带有浓厚的地缘政治的考虑。这表明了科举不仅仅是一种讲公平公正的考试制度，它更是一种为政治服务的选官制度，不仅蕴含着平衡地域差异、照顾弱势群体的政治价值理念，更隐藏着维护阶级统治和巩固封建政权的深化筹谋。

除了会试的分省录取制度以外，清代将科举取士的区域录取公平细化到了乡试一层，继续推行并完善了宋以来的乡试解额制度，为乡试另编字号，推行定向配额制度。解额制度是宋代科举的一个创举，宋代的解额制度从无到有，从比例解额到定额取解，力求化解教育资源稀缺与士人数量剧增间的矛盾，最大限度地满足了科举取士质量与数量的“公平”诉求[1]。然而，由于地区教育资源发展的不平衡，始终未能解决好各个地区间定额取解分配不均的问题。在教育资源丰富的地区，有可能因取解不足错失优秀人才，加大考试不公，进而引发“科举移民”等冒籍现象；在教育资源欠发达的地区，有可能因取解过少而拉大区域不公，从而稀释解额的应有价值，违背了科举考试选拔人才的初衷。为了解决这一矛盾，定额取解制度在明代不断调整和修正，基本上拟定为省内自由竞争。延至明末，在两京乡试专门划出中额，即“皿”字号的录取名额，清顺治十四年(1657)，顺天乡试“皿”字号开始分为南北卷，乾隆元年（1736），又将“皿”字号按照省份不同再分为南、北、中卷。为兼顾各地区应试者的利益，清政府各省乡试的中额越分越细，尤其是在乡试中额中针对特殊人群和各地方的文化落后地区推行了定

[1] 王世岳，王运来．公平取士的制度逻辑——以宋代乡试解额制度为例 [J]. 江苏高教，2018（5）：54-59.

向配额制度，并对其进行单独编号，以保证各地区、各种身份的应试者都有中试的机会。清代乡试为特殊地区划出专门名额。如顺治年间，定宁夏生员编为“丁”字号，甘肃生员编为“聿”字号，各取 2 名；康熙时又将甘肃的凉州、西宁的五学生员编为“聿左”字号，甘州、肃州的五学生员编为“聿右”字号，各取中 1 人；雍正时将陕西沿边之畅林、神木、府谷、吴堡、靖边、安塞、保安的七学生员另编“木”字号，每科取中 1 名；嘉庆时将镇西府、迪化州所属士子另编“幸中”字号，于陕西乡试取中名额之外，增领 1 名取中[1]。可见，为推进区域取士公平，清政府在乡试环节采取了非常细致的编字号制度，这些在地域公平上的努力探索体现了科举致力于至公理念的维护，使得清代科举取士的区域公平问题得以缓解。

三、官民分卷考试制度

科举制度尽管自诞生起，就标榜“一切以程文为去留”的自由竞争秩序，但相对于平民来说，高官重臣在科举资源分配中享有的特权关系，使其在科场的竞技中占有绝对的优势地位，尤其是明代以后，科举成为入仕为官的唯一正途，高官子弟和平民考生之间的竞争就变得异常激烈和焦灼。唐代前期的权贵子弟可以通过门荫享有赐名授官的特权，中晚唐以后，科举考试逐渐成为主导的选官形式，人才选拔以进士科为贵，官宦子弟想取得高位就不得不参加科举考试，科举功名对于官宦子弟和平民寒士的入仕进阶变得一样重要，加剧了二者对科举选官资源的竞争。然而，唐时科举考试盛行公荐、通榜之制，达官贵人在科举竞争中占据明显的优势，其与寒士之间的不公平竞

[1] 吴根洲．科举导论 [M]．杭州：浙江古籍出版社，2016：183-184.

争已然显现。北宋时期专门为有官人参加科考设置了“锁厅试”制度，南宋时为满足大批宗室子弟登科的需求，朝廷开始推行宗室科举制度，选拔宗室中的有真才实学者。以上这些新的尝试都是科举制度导向下对官宦出身、宗室贵族阶层走向平民化改革的重要探索，也是朝廷开科取士，追求考试公平和扩大统治基础的现实需要。

发展至清初，达官子弟与天下士子一体应试，中试者占比较多，其中不乏科场作弊者，严重破坏了科举考试的公平性。为保证偏远地区、文化落后地区的应试者有中试机会，进一步维护科场秩序和平民考生的合法权益，清代科举考试中凡官员子弟应试，另编官字号，即专门设立官卷，以区别于一般士子之民卷。官卷之设，始于康熙三十九年（1700）庚辰科会试中，发现“所中大臣子弟居多，孤寒士子未能入彀”[1]，即命令“凡系大臣子弟，另编字号，令其于此中较阅，自必选择其文之优劣。大臣子弟，既得选中，又不致妨孤寒之路”[2]。这可以看出康熙帝另编字号的直接目的即将大臣子弟聚集在官卷内竞争和择优录取，最大限度地维护寒士之合法权益以保障科举考试的公平性，这也是清代建立官民分卷体制的根本意义所在。

官民分卷制度推行主要用于乡试，其关键在于官民分别考试、分别录取。它明确了官卷必须依定额录取，不再侵占民卷的录取名额。由于官卷的录取比例始终高于民卷，因此官员子弟编入官卷的实际需求很旺盛，那么如何设计其录取方式也就显得非常重要。清廷基于维护考试公平的需要，对官卷的适用范围实施了严格的控制，如把官卷编入资格限制在应编官卷之

[1]《圣祖仁皇帝实录》卷二百，康熙三十九年七月乙卯条.

[2]《圣祖仁皇帝实录》卷一百九十九，康熙三十九年六月丁亥条.

官员及官员亲属范围两个方面[1]。最初官卷的范围，原定为大臣子孙及其同胞兄弟、同胞兄弟之子弟，并不包括父、叔伯等长辈；乾隆十七年（1752）又明确禁止官员的祖父与伯叔不得编入官卷，后又规定恩养异姓之子及已出继之子均不准列入官生，可以看出应编官员范围整体呈现缩小趋势。在官卷具体录取操作中，官方经过多次的优化和调整，最终确立了定额录取与按比例录取相结合的原则，即在满足比例限制的同时，官卷中数也有定额为限，不得逾额多取，如官卷不敷，缺额则以民卷补足。这样的定制，保留了对官卷录取名额的限制，但又会根据官生的实际数量进行适当的调整，当官卷数量不足时，可以以民卷进行补中，从而在官卷录取名额中保留了一些弹性。

官卷之制确定后，各个时期对官卷制度多有调整，总体来看，官卷录取率比民卷要高出很多。如乾隆二十三年（1758）所规定的官卷录取比例，按大、中、小省不同情况，分为三个档次——20 ∶ 1，15 ∶ 1 和 10 ∶ 1，而民卷则大约为 100 ∶ 1[2]。之后，随着官卷录取数额减少，裁撤官卷的提议再次出现，但未被朝廷采纳，一直沿用到清末科举终结时。实际上，官民分卷制度的推行具有双重效果。一方面，设立专门的官卷使官员子弟在官卷内竞争和择优录取，看似是对官员子弟群体仕选之路的规范和限制，但此举保证了这个群体考生稳定的录取率，鼓励更多优秀的官宦子弟在科举中脱颖而出，可以看作朝廷对官员及其子弟在科举应试中的一种恩宠和优待。另一方面，通过划分官卷和民卷之间的录取比例，明确官卷以定额录取，有利于减少官宦子弟与平民寒士之间的资源竞争，调控传统录取条件过

[1] 刘佰合．清代官员子弟科举的制度设计 [J]. 历史档案，2014（3）：69-73.

[2] 马镛．清代科举的官卷制度 [J]. 历史档案，2012（3）：79-85.

优的官卷之弊端，抑制特权阶层在科举领域的恶性扩张，为平民阶层提供相对公平的科场竞争环境，在一定程度上保证了社会稳定与科举体系的平稳运行。

四、恩科制度的定制

康熙中叶以后，随着科举应试人口的持续增长，科举中试比例较之明代有明显递减，科举笼络士子、控制社会的功能受到严峻挑战。清廷在建立之时就非常注重科举取士对广大汉族士人的笼络与控制。顺治三年（1646），朝廷加试两次乡试，称为加科，以弥补朝廷内部官员的漏缺，同时也可以达到笼络汉人的目的。康熙五十二年（1713），继续加开科举乡试、会试，开创了清代历史上的首次恩科。此后，因皇帝“万寿”而开恩科的次数日益增多，乾隆、嘉庆、道光、咸丰、光绪诸朝皆推行，有清一代共开科 112 次，其中正科 84 次，加科 2 次［不包括康熙十六年（1677）添行之四省乡试］，恩科 26 次，有将近四分之一的科举乡会试均冠以“恩科”之名，恩科之多，实为清代科举之一大特点[1]。正科是定制年份举行的乡会试，不需要特殊请旨，依例举行即可。就性质而言，恩科也属于加科。如果说加科有一定的应急性需求，属于特例之举动，那么清朝廷为什么要在正科之外，如此频繁地加开乡试、会试，设置恩科之名呢？难道说清代从正科所取官员供不应求了吗？需要以加科的方式进行补充？事实并非如此。

经过康雍乾三朝的潜心治理，社会安定，经济获得了飞速发展，教育的普及程度提高，应考的人数不断增加，再加上清代人口数的大幅增长，在科举乡试和会试中额没有相应提高的

[1] 李世愉，胡平．中国科举制度通史·清代卷 [M]. 上海：上海人民出版社，2015：72-73.

情况下，清代的科考竞争比之前代显然要激烈得多。就学额制度而言，各个行政省的学额分配是区域政治资源空间配置的重要载体。学额堪称第一等重要的社会资源，学额的分配涉及国家资源和政治权力在各个基层之间的分配，因此其增减都会受到严格的管控。清沿袭明制，遵循“科举必由学校”，结合各个地方文教发展水平和人口比例，学额按照各行政单位的重要性和级别的不同予以分配，入学均有定额，即学额资源有限。就每个考生的录取机会而言，各行政单位之间有很大的不平等性。于是在清代，学额这种稀缺资源就成为各地方的抢手资源。秀才是清代基层士绅的主力，成为秀才（生员）是获得进身和入仕的第一道门槛，意味着就此摆脱了“民”的身份而获得了一系列区别于平民百姓的特权资源，因而在整个清代的人才竞争体系中，院试的竞争压力可想而知。同时，由于清代文教事业获得了大发展，科举应考生员几乎完全来源于各级学校，清廷不断以功名利禄诱惑天下士子，科举一如既往地被视为“抡才大典”，其重要性在广大士子心中得以强化，催生了众多科举应考人口。总之，正是应考人口的增加以及清代文教事业的发展繁荣共同促成了清代科场竞争在程度和广度上的加剧。

顺治三年（1646）科举，录用了状元傅以渐等 400 名进士，顺治四年（1647）科举，录取了状元吕宫等 300 名进士。连续两年录用进士，这在明代是没有先例的。顺治六年（1649）开科，录用了刘子壮等 395 名进士，此后三年一举成为定制。顺治朝录取进士 3 065 人，康熙朝录取进士 4 088 人[1]。实际上早在康熙三年（1644），就有官员上奏“候选知县、进士、举人及旗下举人并贡监荫生 1533 人。缺少人多、候选壅积”，因此建议“乡

[1] 王金龙，许杨帆．清代进士人数及相关问题 [J]. 儒家典籍与思想研究，2012（1）：382-393.

●光绪丁酉恩科浙江乡试方正捷报

●公车

会试应暂停一科”[1]。可见当时已经出现了大量科举中试者无官可任的情况。如果还在此基础上一味追加科举中试人数，无疑会造成官僚体系的异常臃肿与大量冗官的存在，于清政府不仅无所助益，反而更加有害。然而，科举制不止具备选拔人才这一项功能。“科举本来具有两层含义，一是朝廷求取有用人才共同治理，这是朝廷本身的需要，二是朝廷以此将平民选拔为官吏加以优待，使其踏上士子进身的阶梯，这是朝廷给予的恩惠。国家多事之际，第一层含义浓厚，而太平之时则更强调第二层含义。”[2]

在一个高度集权的社会里，恩科被塑造成朝廷对大量落第士子的“暖心鼓励”与“爱心抚慰”，驱动和吸引他们源源不断地向科举目标靠拢，维护清王朝的大一统与社会稳定。特别是历经康雍乾盛世的奠基，政治清明，社会经济趋于兴盛，连续的科举取士已经造成了官吏数量的超额，这时候朝廷不但不裁减新进士人数，还要加开恩科，获取定额以外的进士增量，使科举的社会调控功能上升到第一位。这种无视大量科举中试者无官可做，仍然实行一系列“推恩”的举措，其直接目的已经不是选拔人才，而是强化科举的吸引力以安抚人心，反映了科举的选拔功能已完全让位于其控制功能，选拔的目的在于有效的社会控制[3]。清代恩科推行的真正价值意义在于解决文化教育片面繁荣所引起的应考人口愈多、中试比例愈低之间的社会矛盾。然而，就其根本而言，开恩科并非对症下药之举，清代教育危机的主要症结在于教育目的太过单一，即纯粹为培养科举

[1]《圣祖仁皇帝实录》卷十二，康熙三年闰六月乙酉条．

[2] 宫崎市定．科举史 [M]．马云超，译．郑州：大象出版社，2020：36.

[3] 宗韵．恩科制、科举功能嬗变与清代教育危机 [J]．华东师范大学学报（教育科学版），2014，32（4）：105-111.

应考人群而存在。而清廷没有从改变教育目的这一环节着手，反而是在扩大科举中额方面下功夫，实际上恩科充当的不过是缓和朝廷与士子冲突的“政治缓冲器”，它只能将“人文日盛”引发的社会矛盾延缓到士子科举中试之后，因为扩大中额只会迫使传统科举牺牲其另一个功能——选贤任能，而这种牺牲则会引发更严重、更深远的社会危机。

第二节　晚清八股取士的困境及其变革

一、晚清科举遭遇的困境

科举作为一部国家“抡才大典”，自隋代进士科创立以来，在1 300年的科举史上先后经历了六次科举存废之争[1]。前两次发生在唐代，一次是唐代宗时期关于科举考试与举荐之争，另一次是唐文宗和武宗时期关于进士科的诗赋和经术之争。第三次是北宋中叶交织着经术与诗赋之争、南北地域之争、学校与科举之争的一场关于科举利弊存废的持久的争论。科举考试一度被三舍法取代，于北宋末年得以恢复。第四次是元朝时期长达约80年的停废。第五次是明初关于科举与举荐的多次调整，最后制定了科举的程式，科举迅速进入鼎盛时期。第六次是长期的八股文之制义取士空疏无用，从而在乾隆年间引发的关于科举的停废之争，最终因未能找出替代科举的选士优法而作罢。科举史上的这六次争论虽导致科举有过几次的中断，但各个朝代皆将其作为选官制度的主要途径。科举制即使多次遭受非议甚至暂时被罢废，少则几年，多则数十年，也会重新“满血复活”，屹立不倒。这是因为科举取士比其他选官方法更能契合儒

[1] 吴根洲．科举导论［M］．杭州：浙江古籍出版社，2016：280.

家伦理服务于专制皇权的统治保障需求，科举取士似乎成了封建王朝政治清明、文教事业发展的有力保障，更成为象征着王朝国运昌盛的风向标。可以说，自科举创制到近代以前，关于科举考试的讨论和批评从来就没有停止过，但总的方向仍然是对其进行部分的优化改进而不是废弃不用。

近代以来西学传入中国，关于科举无用论的争议再次甚嚣尘上，代表着旧式儒家经典文化的科举制不仅难以培养出近代化科技实用之才，更妨碍了新式学堂的发展，废除之呼声此起彼伏。清代承接了 1 000 多年的科举制度，也承接了明代 200 多年以八股文取士的定式。与以往六次废科举的论争不同，晚清废科举之非议远多于前代。因此，此次科目之废将从根本上动摇以科举为目标的旧的官学体系，意味着封建王朝的盛世已无力回天，也预示着中国近代化进程的势不可当。虽说戊戌变法后新式学堂正式在全国各地设立，科举制度开始关注西方科学体系的引入，课程教学内容逐渐实现了中西结合。但中国传统教育重儒家经典、轻视实践技能，学用脱节这一内生缺陷始终未得到根本的改变，反而因考试内容的僵化严重制约了中国社会的近代化发展。事实上，科举取士与实学相脱节的传统积弊由来已久，只是封建社会的各个时期废除科举制的条件尚不成熟，也或许是当权者还没有找到优于科举制的选官替代品。那么，清末为何要废止科举呢？这要从清末科举所遭遇的困境说起。

首先，八股制义取士面临全面危机。八股于明清实行 500 余年，至清中期引发了各种争议。有人说推行八股文是当权者出于考试更加标准化、客观化，以及减少评卷工作量的考量；有人说八股取士是通过限定考试内容和考试形式、设定考试难度追求考试科学性与公平性的体现；有人认为八股规制的死板和保守，禁锢了士人的思想和创新，是造成科举制度腐败和堕落的根源。总之，科举考试的定制化和标准化是唐宋以来科举制度走向规范化的表现，也是宋元科举社会建立后发展的必然结果。这种发展趋势源于当政者加强集权统治和思想控制的政治需要，也来自古人不断追求考试至公理念的客观需要。在考试公平的导向下，世人一味地追求考试内容的单一化，考试形式的程式化，阅卷的批改效率，以及防弊措施的细化，通过这种看得见的外在形式不断标榜科举趋于更加客观、公正的优良品性，不断吸引世人加入应试教育的大军当中，为统治阶级培养大量顺民。然而，这种所谓形式化的考试公正却将科举拖进了沉寂和僵死的泥潭当中，再也没有源头活水的补给与更新，最终成为困住人才的“紧箍咒”，无法发挥其应有的作用。进入 19 世纪后，技术进步、社会发展的步伐与当时的清王朝命运轨迹产生了显著的偏离，近代社会形态遭遇百年未有之大变局，尤其是鸦片战争后，面临内忧外患，清王朝的国运开始直线下滑，科举制度也步入穷途末路，再也不能为封建王朝的盛世辉煌保驾护航。事实上，清中后期，“道光至光绪四朝，清朝官员先后奏呈过 10 个以上的科举改革方案，试图以变常科开特科、纳洋学于科目、设经济特科、废八股改策论等形式，增广科目，讲求实学，吸取西学之长，广开取士纳贤之途，重新激发科举制的活力，可是始终不得要领”[1]。无论是明中后期盛行的阳明心学，还是清初推行的程朱理学，在西洋以科技和经济见长的实学冲击下，皆变成了与实际脱节的虚理，作为选官首途的八股取士制度发展至清末已无可挽回地显示出力不从心的趋势，尤其是考试内容越来越不切合实际，考试程序更是僵化死板，再

[1] 桑兵．科举、学校到学堂与中西学之争［J］．学术研究，2012（3）：81-96.

难以选拔出足够的实用人才以应对时局的变化。等到西方的坚船利炮强行轰开国门，面对急速近代化的社会转型大势，清王朝自身的问题全然暴露而无所适从。

其次，在近代新学兴起的浪潮声中，传统科举与之形成了一对相互消长的矛盾体，共同见证了中国晚清社会的近代化变迁，而科举制度改革是这一过程中的标志性事件。鸦片战争后，各界开明之士积极寻求中国“救亡图存”的良策。就政府而言，其早在洋务运动时期就建立了一批官办高等专科学校，如在北京创办的京师同文馆和福州的船政学堂，并催生了最早的官办大学，如北洋大学堂和京师大学堂[1]。福州船政学堂将普通高等教育、高等及中等职业技术教育与非全日制成人教育集于一身，堪称中国近代第一所官办高等专科学校。京师大学堂因门类齐全、综合性强而被认为是中国近代第一所国立综合性大学。与此同时，19 世纪末的最后 10 年里，晚清地方社会也形成了一股兴办新式学校的潮流，如康有为先后在广州和桂林创建的万木草堂和广仁学堂、严复等人在北京建立的通艺学堂以及王先谦、陈宝箴等人在长沙建立的时务学堂等。维新运动时期，梁启超指出：“欲兴学校，养人才，以强中国，惟变科举为第一义，大变则大效，小变则小效。”[2] 然而，由于科举遗风的存在，各地学校教育始终发展缓慢。即使维新人士登上历史舞台，把“变法”与“兴学”联系在一起，倡导广开民智、讲授西学，收效仍然不大。清末新政实施期间，政府本意是用 10 年时间从科举取士过渡到学堂取士，但科举取士的强大惯习使得推广学堂之路步履维艰。一方面，通过科举入仕做官的传统观念始终对士人具有无法抗拒的吸引力和强大的导向作用，使得新式学堂始

[1] 吴骁．谁是中国近代第一所大学？[N]．光明日报，2015-11-03（13）．

[2] 梁启超．变法通议 [M]．北京：华夏出版社，2002：60．

终面临与科举争夺生源的困境；另一方面，地方政府和士绅始终对科举抱有希望，皆对兴办新式学堂缺乏热情和实质性投入，导致新式学堂因办学经费不足遭遇窘境。光绪三十年（1904），直隶省视学对顺天府新式学堂——涿州学堂的查视报告中记载："前日观里仁仓小学，其中学生仅八人。学务处颁发之书，虽已发给而不能用，所读者，不过仍《三字经》、《千字文》、《四书》之类。"[1] 梁启超为此批评道，新式教育"不以学问为目的而以为手段"，反而"以利禄饵诱天下"，导致"学校一变名之科举，而新学亦一变质之八股，学子之求学者，其什中八九，动机已不纯洁，用为'敲门砖'，过时则抛之而已"[2]。更为关键的是，科举制无法选拔新式人才的现状严重阻碍了新学的发展，只有革除科举这个最大的绊脚石才能从根本上带来转机。新教育形态的潮流迫使晚清政府不得不实行新政，20 世纪初近代学堂大规模的兴起则是又加速了科举制度走向衰亡的进程。

不仅如此，清末科举算学科、经济特科的设置作为在危亡时局下科举制的一种突破性变革，最终惨淡收场，再次印证了既有的科举框架与新式人才需求之间的格格不入。应该说，在科举制度千年的运行中，科举取士最初的活力机制与选人优势早已消磨殆尽，近代的新式学堂和相应的西学传入只不过加速了科举灭亡的这一进程，科举制度本身的局限性以及封建当权者的低效操作才是其走向穷途末路的根源。清末科举废除以前的新政时期，尚存在新式学堂和旧式科举预备学校并存的局面。1903 年限制科举，传统的科举预备学校遭受前所未有的冲击，直到 1905 年彻底废除科举制，清末学校的双轨制正式结束，代

---

[1] 朱有瓛．中国近代学制史料　第二辑　上册 [M]．上海：华东师范大学出版社，1987：273.

[2] 梁启超．清代学术概论 [M]．北京：中华书局，2011：145-148.

之以分散于各个地方的新式学堂。正所谓“新政的推行，为近代学堂的兴起创造了机会，清王朝利用政权的力量促成了中国教育制度的巨大变革，充当了历史‘不自觉的工具’。”[1]

二、晚清科举的革新与废除

进入清代，其教育发展可分为两大时期，前期集唐宋以来学校体制之大成，育才教化，贵通不贵专，所重在于养成做人之道和御人之人；后期开现代教育体制之先河，学堂分科教学，虽有普通学和国民教育取向，总体上贵专不贵通，所重在于培育治事之人和办事之才，使人人各得其所，此一分界，对于中国社会历史文化转折的影响至深且远[2]。

综观科举史，尽管统治阶级推行了一系列的考试革新策略，但这些变化都是在科举传统范围内所进行的修修补补，“从未跳出受皇权绝对控制和支配的观念和行动框架，考试管理机制高度官僚化，这一特征内在制约着考试技术手段的发展及持续进步”[3]，例如：在考试范围上，经历了从“五经”到“四书”文的限定；在考试内容上，见证了从诗赋经义之争到明清对经义的崇尚；在考试形式上，形成了从诗赋、策论到八股文取士定式的固化；在应考对象上，不断拓宽应考人员的考试资格和范围；在考场监管方面，越来越倾向于严苛和精细化的管理等。

18 世纪中期，面对西方工业革命的巨变与世界经济科技的迅猛发展，乾隆朝迎来了科举制转型并获得新生的关键性时机。

[1] 王笛．清末新政与近代学堂的兴起 [J]. 近代史研究，1987（3）：245-270.

[2] 桑兵．科举、学校到学堂与中西学之争 [J]. 学术研究，2012（3）：81-96.

[3] 张会杰．兴起与废止：科举考试的制度特征及其批判性反思 [J]. 华东师范大学学报（教育科学版），2015，33（4）：107-112.

当时的兵部侍郎舒赫德奏称科举之制，识弊日深，凭文而取已非良法，因此提出了废除科举制度的四条理由，建议采取选拔具有真才实学人才之道。但当日张廷玉在奉旨“议复”舒赫德的奏疏中指出，科举制的确存在不少弊端，但“圣人不能使立法之无弊，在因时而补救之”，进而提出“时艺取士，自明至今，殆四百年，人知其弊而守之不变者，非不欲变，诚以变之而未有良法美意以善其后，且就此而责其实，则亦未尝不实于用”[1]。舒赫德的“陈奏”，重心在于“科举之制”的“弊端百出”，张廷玉则言之更深地说明：作为取士之法，科举选人的准确程度是有限的。这是制度的设定和限定导致的。他的看法言明了科举的合理性和不合理性，说明当权者早已深知科举长久之弊病，但由于难以找到科举取士的替代物而被迫固守陈规，错失了科举制度全面革新的最后一次机会。究其原因，科举制度以其笼罩之广和楔入之深早已成为一种牵涉万端的社会存在，科举取士对于中国历史更大的意义，在于它实际上已不仅仅是一种取士之法了，而是已经蜕变为一种用儒学义理维持教化的政治制度。故此，“由教化所生成的这一面维系了世道人心，却并不在科举制度的本义之内，但这一面自始即与科举制度因果相承而且深度依连，以更广的视野作观照，其周延所及和牵动所及，实际上已经远远大过了科举制度的本义”[2]。可以看出，集权时代的官僚政治传统时常笼罩着一层反智的社会氛围，培养出的皆是热衷科举而生存技能弱化的科举奴仆，因为明清以八股制义取士，实则为“借利禄之途以助成一世教化，立意在于纳天下人心于‘义理之域’”，这是明清两朝专制主义中央集权巅峰

[1]《皇朝经世文编》卷五十七《礼政四》，议时文取士疏乾隆三年礼部议覆条.

[2] 杨国强．千年历史的一朝终结：科举造就士人和士议倾覆科举 [J]. 华东师范大学学报（哲学社会科学版），2021，53（3）：67-95，179-180.

统治使然。

在科举时代，唐宋在全国均设有中央和地方官学，到了明清时期，学校成为科举的附庸，沦为科举的预备机构。晚清政府对科举极强的政治导向性使得科举选官的深层目的再也不是选拔治国安邦的实用人才，而是如何倾其全力维护封建等级社会的长治久安。于是，一场晚清政府围绕废科举的改制运动就此拉开了序幕。然而，晚清科举革新并非一帆风顺，而是经历了一个艰难曲折的探索过程，其间充满了各派之间的矛盾斗争和利益冲突，左右着改制的方向及其深入程度。尽管晚清政府从最初被迫无奈的渐变式改革转向后期主动求取的激进式应对，都无法逆转科举制走向终结的历史大势。那么，科举制度是怎么一步步从刚开始的革新之路走到最终被连根拔除这样激进的后果呢？为什么清末实施的一系列新政改革未能使延续了千年的科举制得以保全呢？

实际上，清末当权者面临西方强势的军事文化入侵，期待着通过科举改制能走上富国强兵之路。最初的科举新政改革尽管是被动掀起的，但多数人似乎并未因此决绝地提出要彻底废除这一实施了千年的取士大典，而是在审慎中开始了对考试内容的部分改革或调整。这种渐进式改革的第一步是从设置新的实学性科目开始。先是洋务运动初期，京师同文馆开馆，其以专门培养翻译人才为目标，标志着中国近代新教育的肇始，紧接着又添设了天文算学馆。随着京师同文馆学生人数的增多，其又陆续增加了算学、化学、万国公法、医学、生理、天文、格致等课程，课程渐趋多样化，由单纯培养翻译人才的外语学校变成多学科的综合学校。与此同时，各地也陆续开办了一些实业学堂和专门学堂。甲午之前，尽管西学传入中国已近半个世纪，中国人开设的各类新式学堂实行分科分级教学，以学习西文、西艺见长，但西学只是作为科举的补充。后来受到日本维新变法成功和甲午战败的刺激，各地方的普通学堂发展最快，且多注重实学，提倡中西学并举，政艺学通习，建立新学制的呼声更是不断。洋务派创办的各类新式学堂，是部分地方官员学习西学的一种技术性活动和局部性动作；甲午战争失败，清政府被迫与日本签订了丧权辱国的《马关条约》，引起朝野内外的震荡，社会各界广泛呼吁全面改革以维新自强。当时的主流观点把中国战败的原因归结于教育的落后，改革传统教育之流弊就成为维新变法的中心，而改革科举制度的焦点又集中在废八股，于是，废八股、改策论就成为渐进式改革的第二步，废八股文自然成为科举走向终结前夜的先声。如 1898 年 7 月 4 日，张之洞、陈宝箴在《妥议科举新章折》中提出以变通的方式来改革科举制度，主张更改乡会试三场之次序："第一场试以中国史事、国朝政治论五道，此为中学经济"；"二场试以时务策五道，专问五洲各国之政"；"三场试'四书'义两篇，'五经'义一篇，取其学通而不杂，理纯而不腐者"，正所谓"三场各有取义，以前两场中西经济补益之，而以终场'四书'义、'五经'义范围之"[1]。这一改革建议为礼部所采纳。光绪二十四年（1898）颁布的《遵议乡会试详细章程疏》，即根据张之洞等人的建议拟制出的科举改革章程。作为洋务派重要代表人物的张之洞善于识变求变，从早期洋务运动的改良一派成长为一名锐意进取的教育改革先锋。然而他在力陈八股取士弊端之时，对学子传统的经学根基仍给予了高度关注，秉持其"中学为体，西政为用"的办学宗旨，致力于"中体西用"式人才的培养，依然强调维持中学的正统地位。虽说洋务运动广泛学习西方科技和制度，

[1] 吴剑杰．中国近代思想家文库·张之洞卷［M］．北京：中国人民大学出版社，2014.

推动了中国现代化的进程，但洋务派未能触动封建政治体制之根本，局限于从西方引进一些先进的技术和设备，妄图对旧制进行零碎的敲打和修补，自然注定了这场救亡运动的失败。

后来在顽固派和洋务派的合力打压下，由康有为、梁启超等人领导的维新运动宣告失败，旧制全然恢复，经济特科即行停罢，废八股的变法主张亦流产，唯一成果仅存京师大学堂，变法由此陷入全面停滞状态。19、20世纪之交，帝国主义瓜分中国之势愈演愈烈，在义和团运动和八国联军侵华战争的强大冲击下，晚清政府终于在《辛丑条约》签订后痛定思痛，复行新政，兴办新式学堂、引入新式课程，重启改革之途。先是1901年，谕令所有考试停止八股取士，凡“四书”“五经”义均不准用八股文程式，考试命题均以中国政治、史事及各国政治、艺学为主，策论均应切实敷陈，不得空衍剽窃；再是相继颁布《钦定学堂章程》（1902）和《奏定学堂章程》（1904），制定了包括各级各类学堂在内的壬寅学制和癸卯学制，新式学堂取代了学校、书院、学塾，学堂教育进入有系统的时期；后于1905年，光绪皇帝下令“立停科举以广学校”，正式废除了在中国历史上延续了1 300多年的科举制度，代之以全新学制，自此，新式中小学堂如雨后春笋般在近代中国大地全面普及。然而，全盘接受西式教育体制及其知识系统的新学堂，又造成了中国的教育体系的前后断裂，因废科举实行得过急而衍生出诸多弊端，激化了社会矛盾，更加快了清王朝灭亡的进程。总的来说，清末新政的改制看似通过创设统一的、全国性的学堂规制，对科举制度的内容和形式作彻底性的改革，但实际上仍是悬学校之名而导以仕进之路，保障清廷贵族阶层的特权地位。因此，这场所谓的新政实际上是对科举制度“体制内的渐进式调和”，采取的是一种妥协和渐进的改良路径，仍保留了很浓厚的封建伦理道德因素，因而不可能在根本上突破传统封建体制的藩篱，也就不可能真正地通过科举换得王朝最后的新生。

不仅如此，晚清时期的各项改革始终是在内忧外患的急迫形势下进行的，科举制的渐变改革始终落后于形势发展的需要，急迫的时势成为科举制由渐变改革转变为断然废除的直接重要推动力[1]。中国近代社会的急剧动荡和疾风骤雨般的西学侵入，动摇了旧的教育体系赖以生存的政治社会基础，科举旧有的取士模式与新的社会形势已经严重脱节，难以承担起培养新时代实用型人才的重任，在此情况下，改科举到废科举已是大势所趋。从本质上看，科举制作为农业文明时代创设的一种选人制度，本以农业社会为基础，已经难以适应滚滚而来的近代工商业文明的潮流，也已无法承载时代之变和民族复兴的重大历史任务，科举的终结已不可逆转。

第三节 清末科举停废及其社会影响

一、科举废除对近代社会权势阶层的影响

晚清当权者在筹谋改革和废除科举制时，仅看到了科举的存在对西学发展的禁锢，注重对其教育功能的局限性进行修补和革新，未注意到“科举制度在中国历史上承负着整合传统社会生活并维系社会内部的文化生态平衡的功能”[2]，对于现代化转型所引发的社会震荡明显估计不足。事实上，科举制被废止

---

[1] 刘绍春．晚清科举制的改革与废除 [J]. 社会科学辑刊，2001（5）：111-115.

[2] 萧功秦．从科举制度的废除看近代以来的文化断裂 [J]. 战略与管理，1996（4）：11-17.

的时代，不仅是西方文明与东方文明发生剧烈冲突的时代，实际上也是传统的农业文明逐渐被现代工业文明所取代的时代[1]。废除科举所带来的社会性后果以及由此产生的影响，对近代中国来说是长远而深刻的。

晚清裁废科举后，切断了儒学与政治权力的联系，动摇了儒学传播的制度根基，中断了中国长期延续的“仕学合一”传统，削弱了清政府统治的社会根基[2]。最深远的影响是“导致以士农工商四大社会群体为基本要素的传统中国社会结构的解体，而在此社会变迁中受冲击最大的，则是四民之首的‘士’这一社群。废科举兴学堂的直接社会意义就是从根本上改变了人的上升性社会变动取向，切断了‘士’的社会来源，使士的存在成为一个历史范畴，而新教育制度培养出的已是在社会上‘自由浮动’的现代知识分子”[3]。为此，一个迥异于传统读书人的新知识阶层迅速兴起，他们身处朝廷政治之外，逐渐脱离了过去读书仕进的社会升迁轨道，代之以某种技能特长和专业知识，纷纷流向与社会分工相联结的各种社会新职业领域，如向商人、企业家、教师、编辑等社会职业流动。这群拥有西学新知的知识分子放弃了八股经义的传统旧学，接受着与传统读书人完全不同的“洋夷之学”，自然不再是儒家经典的继承者，更不用背负起守道和卫道的政治使命，他们靠“出卖”专业知识和个人成就，不仅能维系学术之独立，身份之自由，还以此谋得了仕途之外较为稳定的工作和职业，获得了相对固定的收入，完成了传统士绅

[1] 刘海峰．千年科举的世纪反思 [N]. 光明日报，2015-09-01（14）.

[2] 左玉河．科举废除与新知识阶层的兴起 [J]. 江海学刊，2019（1）：182-189.

[3] 罗志田．近代中国社会权势的转移：知识分子的边缘化与边缘知识分子的兴起 [J]. 开放时代，1999（4）：5-26.

阶层向新职业流动的社会性过渡，深刻地改变了清末民初的社会结构和政治生态。

在清代科举正极盛时，鸦片战争爆发了，国内政治局势急剧动荡，科举出身的士子开始向两个方向分化，一部分顺应历史潮流，走上了革新图强、变法救国之路，另一部分继续坚持固守封建政治体制，仅有王朝自救意识而无变革意识。科举废除后不久，梁启超游历欧美，目睹西方从中国科举制发展而来的西方文官制度之实施成效后，其“科举观”发生了重大转变，发出了惊世之论：“夫科举非恶制也，所恶乎畴昔之科举者，徒以其所试之科不足致用耳。昔美国用选举官吏之制，不胜其弊，及一八九三年，始改用此种实验，美人颂为政治上一新纪元。而德国、日本行之大效，抑更章章也。世界万国中，行此法最早者莫如我，此法实我先民千年前一大发明也。自此法行，我国贵族寒门之阶级永消灭，自此法行，我国民不待劝而竞于学，此法之造于我国也大矣，人方拾吾之唾余以自夸耀，我乃惩末流之弊，因噎以废食，其不智抑甚矣，吾故悍然曰：复科举便！”梁启超由最初笃信科举的传统儒生变为提倡废科举的维新健将，游历欧美后又作恢复科举的惊世言论，其“科举观”前后经历了两次重大转变。但梁氏前后自相矛盾的说辞并非其诡谲多变，实乃其作为清末民初的一代知识分子站在中西史更为宽广的视域之中对科举停废问题所进行的理性而审慎的反思。

与此同时，科举的废除导致选士及其相关领域形成了一个巨大的制度断层，即选士制度的缺失又使得晚清政府对国家的控制进一步减弱。无数出路被阻塞的生员，一部分在国内新式学堂中被动接受着西学的熏染，一部分在留学生中掀起了我国留学史上第一次高潮，而剩下的大部分生员只好在自己的家乡另谋出路，其中，秀才当兵成为晚清的一个重要现象，这进一步催生了清朝覆灭以后20多年的军阀混战[1]。无论是在新式学堂还是国外留学，他们都陆续接触了西方的“平权”“民主”“自由”“进化”等新思想和新主张，这些新的理念在改变他们的历史观、世界观的同时，又生发出其对革命、变法、立宪、科学等思想的推崇。然而，僵化腐败的封建政治体制和陈旧儒学，已无法有效地吸纳和整合这个深受革新思想影响的新式知识阶层，因为不同的政治立场及利益决定了新的知识阶层难以被真正接纳，因此，即使少部分新式人才为清廷所用，也多处于政治权力的边缘，根本谈不上参与核心政治决策。反倒是清末科举的废除和新式学堂的兴起造就了一批清王朝的掘墓人，而亲手推动这一变革的清政府却无力制衡旧体制瓦解后大量出现的疏离分子和新型人才，反而助长了他们的离心倾向和反叛情绪，结果只能导致严重的社会失序和社会整合危机，清王朝最终陷入了极端孤立的状态，王朝灭亡成为必然。

二、科举废除对乡村文化教育的影响

科举制创建于农耕社会，传统士人皆以耕读为生活理想，基本遵循着“在乡间读书—出仕到城市做官—休官退居之后回归乡里”的流动规律，科举制的兴衰自然与中国乡村的发展状况保持着极为密切的关系，其废除势必会从多个领域对乡村的社会生态造成影响。明清500余年间的科举制度在源源不断地向朝廷供给大批官僚的同时，又源源不断地向基层社会（尤其是乡村社会）输送着更大批量的士绅群体。而作为封建社会等级制度下的士绅，一般指通过科举获得功名出身，取得生员以上身份的特殊的“民”，不是现任官也不同于一般的平民，而享

[1] 陈祥龙．梁启超“科举观”的嬗变及启示[J]．教育与考试，2012（1）：42-45.

有着徭役优免权或其他法外特权的阶层群体[1]。

士绅阶层作为一个"近官而又非官"的特殊群体，是大大小小村落中地方权力的实际代表，他们往往控制着乡村社会的底层，承担着地方的治安与教化之责。基于此，乡村社会早已构筑起以士绅为主干而植根于乡里的基层社会结构。为士者乃四民之首，他们的根脉系于乡里而与地方相连，身处官与民的中间，成为一方之望，正所谓"官于朝，绅于乡"，"叶落归根"似乎成了农耕文明滋养士子的精神信仰。年少之时，这些学子怀着四方之志，离开家乡，出仕为官以为国家效力；暮年之时荣归乡里，一方面承担起传承文化、教化民众的社会责任，另一方面参与着地方教育振兴与乡村公共事务的管理，引领着一方社会的发展。如此一来，形成了一个生生不息的人才大循环，使中国乡村在造就人才生长方面变成了比城市更为旺盛的沃土。

封建传统社会中，"由于国家政权对农村的整合控制能力有限，政权机构只到县一级，政府权威必须通过保甲制度与乡绅阶层的有效结合才能抵达乡村。作为官方代表和村民代言人，士绅既能起到沟通上下的中介作用，又能维护基层社会的秩序"[2]。士绅阶层这一"通上下"的社会整合功能，使其能够上及官方之政教，下系士人之耕读，成为连接乡村政治的核心。然而，废除科举对"四民"中占有绝大部分社会资源的士阶层的冲击却是最大的。20 世纪初的乡村中国，中国传统社会结构

[1] 王先明．近代中国绅士阶层的分化 [J]. 社会科学战线，1987（3）：165-174.

[2] 李涛．士绅阶层衰落化过程中的乡村政治——以 20 世纪二三十年代的浙江省为例 [J]. 南京师大学报（社会科学版），2010（1）：16-21.

中最早发生近代裂变的是官民之间的中介群体“士绅”[1]。科举废除中断了千年以来传统士绅阶层的常规继替，堵塞了由绅而官的便捷桥梁，使得原来以士绅为社会黏合剂的基层管理模式开始动摇，其作为连接国家与地方的中介纽带，其政治利益联系不断减弱，致使整个乡村政治伴随着清王朝的倒塌而濒临破产和崩溃的边缘。究其根本，清王朝废除科举制度最大的后果就是将“士绅”这个精英阶层剥离于其统治之外，这是导致清王朝最终灭亡的一个重要原因[2]。

与此同时，读书人不返乡造成的城乡之别又加速了城乡之间的疏离以及乡村文化的衰落。一方面，科举废除中断了千年以来传统士绅阶层的常规继替，新学教育的发展加速了乡村士绅的外流，由于新式学堂多设在城市，大量财富和资本抽往城市，遍布乡村的传统书塾被排挤到社会边缘，乡村教育资源缺失，逐渐失去了特有的价值，以科举为依托的传统乡村耕读文化解体，乡村文化地位显著下降，沦为落后、愚昧的代名词，城乡教育差距不断拉大。另一方面，科举之废使原来以士绅为社会黏合剂的基层管理模式逐渐瓦解，原本士绅与乡村之间不可分割的根脉联系受到了严重侵蚀，传统乡绅在乡民群体面前树立起来的知识权威和德性模范顷刻间土崩瓦解，乡村的权势资源被士绅群体中分化出来的劣绅所窃取，他们依仗权势和财力长久地盘根在乡村之中，造成了近代乡村社会长久的动荡和不安。

---

[1] 李涛．士绅阶层衰落化过程中的乡村政治——以 20 世纪二三十年代的浙江省为例 [J]. 南京师大学报（社会科学版），2010（1）：16-21.

[2] 杨洪远．浅论士、科举制度、清朝灭亡三者互动关系 [J]. 贵州工业大学学报（社会科学版），2008（1）：154-156.

第七章

科举对中国古代和世界的影响

科举自创制起，对中国社会历史与传统文化产生了深远的影响，以科举作为主线反观当时的社会百态，发现科举发展涉及政治、教育、文化、社会和文学等方方面面，并由此出现了与其密切相关的科举政治、科举教育、科举文化、科举社会和科举文学诸多领域。正如四川大学历史系罗志田教授所言，“科举制是一项集文化、教育、政治、社会等多方面功能的基本体制，它上及官方之政教，下系士人之耕读，使整个社会处于一种循环的流动之中，在中国社会结构中起着重要的联系和中介作用”[1]。

第一节　对中国古代社会政治的影响

在科举制对古代社会生活的众多影响中，数科举政治对古代封建社会的冲击力和影响力最大。隋唐以后，科举无论是作为各个朝代士子做官的重要途径，还是作为政治生活的重要组成部分，在政治领域的影响都极为广泛。关于科举创制，曾引发了学界关于“门阀权贵是怎么被一步步‘踢出’权力中心”

[1] 罗志田．清季科举制改革的社会影响 [J]. 中国社会科学，1998（4）：185-196.

的讨论，这充分反映了封建国家皇权与贵族阶级关于共有天下还是同治天下的持续斗争。

一、科举制对皇权集权化统治的影响

科举首先是一种文官考试制度，但又不完全属于考试制度，科举出现的直接目的是在限制和打压贵族阶级的同时，为统治阶级选拔绝对效忠于皇权的职业官员。从秦汉发展至魏晋时期，中国社会实际上是由以皇帝为代表的军阀和由门阀士族组成的贵族阶级联合统治的。与魏晋时期门阀士族的绝对优势地位相比，隋唐以后，门阀士族的政治和社会地位逐渐降低，并由地主阶级贵族降低为“四民之首”（“士”“农”“工”“商”），这是中国封建社会中的一个显著变化[1]。“古代的政治制度主要有贵族政治、武人（军人）政治、宗教政治和官僚政治或文官政治几种模式。文官政治是对贵族政治、武人政治和宗教政治的积极否定。”[2] 科举制创制是对汉魏南北朝以来贵族政治的积极否定，是继察举制之后对文官政治的一种强化，它打开了传统中国帝制政权向平民开放的重要通道，推动了社会政治主体的重构和选举责任主体向中央的全面转移。它改变了过去社会政治结构中门阀与皇室间联合统治的关系，实现了国家治理方式从间接依托门阀向直接治民的转变[3]。

东汉后期长期的战乱使得两汉的察举和征辟制难以继续推行，魏晋设置九品中正制加以补救，虽然这些选人制度的推出

---

[1] 冯友兰．中国哲学史新编（下）[M]．北京：人民出版社，2004：5.

[2] 李兵，刘海峰．科举：不只是考试 [M]．上海：上海教育出版社，2018：20.

[3] 李磊．官僚类型变迁：科举制与传统中国的治理模式 [J]．文化纵横，2021（6）：118-127.

在当时的社会有其产生的必要性和积极作用，但都无法脱离制度僵化的宿命。细看这些选人制度都存在一个致命的缺点，即选任官员的标准和价值导向充斥着人为性的操弄，难以保障举荐人才的质量。因官员选任缺乏客观标准和过程性监管，所以最后选任的结果只能依赖于选任权的实际掌控者。这个选任掌控权在西汉时期属于分封的功臣和皇家子弟构成的贵族阶级，在东汉时期变为世家大族选人举荐的得力工具，在魏晋南北朝又沦为门阀士族抑制皇权扩张的有力武器。选任标准变动的背后，体现了各个政治力量的组合变化。当象征皇权的选任权被世家大族一步步蚕食之时，地方性世家大族必然要与皇权进行政治资源的分配和重组，皇权对整个社会的统治就会变得孱弱无力。如此，举荐的官僚队伍也很难效忠于皇权，转而依附于具有离心倾向的贵族力量，这将会为新的战乱与分裂割据埋下隐患。

自东汉末年至隋实现大一统，中国长期处于封建割据、地方混战、动荡之中，门阀士族作为这一时期社会政治的统治基石，一直处于不可撼动的主导地位。隋唐开科取士之后，科举出身的官僚士大夫作为一股重要的参政力量纷纷登上历史舞台，引发了当时社会上层政治主体的结构性重构。其中最明显的一个变化就是，过去九品中正制的选举责任主体主要是由与乡里社会关系密切的中正官担任，在科举制时代则转为从学馆和州县通过考试选拔，极大地突破了原来乡里社会的纽带关系和门阀特权。科举制与此前的选官制度的不同在于通过开科考试和士子自由报考，主要依据考试成绩决定去留，在一定程度上淡化了血缘和裙带关系的影响，保证了选才的客观公正，而且科举制的实施使得官位的世袭几无可能。唐代举子入仕为官不仅享有俸禄，还可以按官品高下获得数量不等的永业田，其子孙后代即使没有考取功名、在朝为官，依然能有良田和家业保得衣食无忧。宋代为官则只享有俸禄而无永业田，如果清正廉明，即使为官多年，也很难获得“尺土”，更无法恩泽其子孙。因此，对宋代官员来说，要使其子孙保持家业，延续门第，唯有走科举入仕之路。“否则，在其身后，鲜有不出现家道衰落、子孙鬻卖田产、第宅的情况。这就是宋代科举制度下的另一种社会流动，即由官僚阶层向普通平民乃至贫民的流动。”[1] 可以看出，上代人科举及第的身份已经无法为下代人的入仕提供政治资本和制度性保障，在有效遏制家族势力凝聚成贵族阶层、防止其对皇权产生威胁的同时，科举制“选贤任能”和“以才封官”的理念输出又极大地提升了封建政权的合法性和道义感召力。科举制的实行使门阀士族彻底消失，以至于中国社会只有“士”而没有“士族”了[2]。可以说，科举出现的直接原因与察举制选人之弊端有关，但从根源上与隋唐时期的封建集权统治的政治需要密切相关。科举以考试取士，无需举荐，开文官政治之先河，是皇权与门阀士族阶层争夺选官垄断权斗争的结果，标志着以皇帝为代表的军阀长期打击门阀特权贵族阶级的胜利。

二、科举制对封建国家治理方式的影响

对于全面反思秦灭亡教训的新立政权西汉来说，如何能巩固政权、维护长治久安，最大限度地与民休息，防止激化矛盾，是汉初实施休养生息政策最需要考虑的现实问题。经过 70 年的养精蓄锐，到了汉武帝年间，国力逐渐恢复发展，一味地推行

[1] 何忠礼．贫富无定势：宋代科举制度下的社会流动 [J]．学术月刊，2012，44（1）：136-143.

[2] 李亚彬．问史——科举制何以终结门阀士族 [J]．博览群书，2020（6）：37-41.

清静无为的治国理念早已不能应对当时凸显的各种社会政治问题，也无法满足国家发展与统治需要，因此通过对礼义孝悌文化的重申来凝聚人心、维护集权统治，呼唤一个新的国家治理理念的出现。儒家以孝治天下的政治观念以及强化君父之权的宗法思想与汉初统治阶级对“孝悌”观念的提倡以及孝文化的重视不谋而合，直接被汉统治者接受并行诸于政策，最终把儒术推为汉帝国的正统文教思想。在这一制度的导向下，“以经义影响政治，以儒家经典中所推崇的价值作为衡量现实政治得失的标准；以儒家的政治观念引导君主的政治行为，以儒家的政治倾向影响现实政治运行的走向”[1]成为趋势，并形成了一套符合我国封建宗法社会的治理之策。儒家与政权的紧密结合使得儒家价值观对政治权力进行了重新塑造，推动最初作为道德伦理秩序的“孝悌”转化为“举孝廉”这一人才选拔制度，儒家的道德标准成为取士标准，举荐、提拔、考核人才均以孝行为依据。对于孝道的制度践行为汉代带来了良好的社会与政治效果，有利于进一步扩大政权基础与增加政治活力，提升社会认同和凝聚力。

发展至魏晋时期，与君权式微相映衬的是士族的兴旺。由于门阀政治的强盛及其对选任权的垄断，魏晋南北朝更是进入了一个由世家大族把持的门阀社会。整个魏晋南北朝时期都被看作门阀士族联合统治的时代，皇室只是门阀士族中的第一家族[2]。国家的政权管理体制实际上已经演变为门阀与皇室之间的联合统治关系，新兴士阶层进入政权中心的道路严重受阻，这

[1] 曹婉丰．从“孝悌”到“举孝廉”——略论汉代政治与伦理的同构［J］．现代哲学，2020（6）：142-147.

[2] 唐长孺．魏晋南北朝隋唐史三论——中国封建社会的形成和前期的变化［M］．武汉：武汉大学出版社，1992：50-52.

一局面一直持续到隋唐才得以改变。从发展轨迹看，从汉武帝独尊儒术开始出现的“皇权－士大夫”政治体制，到隋唐之际已展现出士与官僚合流的迹象，但要说士与官僚政治的真正合流，即真正意义上的士大夫政治形态的最终确立，则是在宋代完成的[1]。而完成这个重大转变的重要推力就是科举制度。

相较于汉代察举制，科举制是对人情伦理困境的有效化解以及对专制统治的巧妙保障，科举考试四两拨千斤，成为专制统治诸多矛盾和冲突最好的解决方案之一[2]。借由科举制度培育出的一批批新兴官僚逐渐削弱了豪族门阀的制度性特权，成为新的政治力量。不仅如此，科举制以文取士的办法将儒家“有教无类”的思想予以实践，所有应试举子不论出身和财产状况，一律可以应考，入仕为官，一定程度上体现了政治的民主化，加强了举子们对中央政权的政治向心力和凝聚力，提高了政权的稳固性。

基于此，可以说正是宋代科举制度的发展和完善，把古代中国的文人政治推向了一个新的高度，使得汉代以“皇权－士大夫”的政治体制最终得以确立。隋唐科举制的创立打破了前朝豪门世族地主对仕途和政权的世袭垄断，为包括寒门庶族在内的各个阶层入仕打开了方便之门，科举出身的官僚士大夫就此登上历史舞台，开始了自身的官僚化转型，并在政治舞台上逐渐展现出士人阶层的政治主体意识。然而，隋唐的门荫入仕仍占支配地位，“一切以程文为去留”的取士标准尚未实现，此时与“士大夫共治天下”的文官政治还有一定的距离。发展至

[1] 郭学信．士与官僚的合流：宋代士大夫文官政治的确立 [J]．安徽师范大学学报（人文社会科学版），2005（5）：572-577.

[2] 张会杰．兴起与废止：科举考试的制度特征及其批判性反思 [J]．华东师范大学学报（教育科学版），2015，33（4）：107-112.

北宋，在偃武兴文政策的指导下，宋王朝结束了武人干政的局面，发展并完善了唐代的科举制，进一步提升了科举选官的主导地位，使得科举制度下的政治管理模式与政治主体得以重构，皇权与官僚士大夫之间的共治关系通过科举制的实施得以确立。大量士人阶层知识分子陆续进入官僚机构，成为当时政治生活舞台的主角，标志着文官治国的体制在宋代得以稳固，也意味着贵族政治和武人政治正式退出封建国家的历史舞台。可以说，科举制的实施不仅提升了古代国家政权的公信度，成为朝廷凝聚社会各阶层的得力工具，极大地加强了皇权统治，巩固了中央集权的制度，更是中国政治制度走向文明的重要标识。

第二节　对中国古代文官制度的影响

科举制度的创建直接推动了贵族官僚政治向科举文官政治的转变[1]，在优化官僚队伍结构、维护封建专制统治的同时，奠定了后世王朝以科举为选拔标准的文官制度和文化传统，在中国历史上具有重大意义。相较于汉朝的察举制、魏晋南北朝时期的九品中正制，科举制在选人对象、选举标准、选人方式以及公平性上均发生了质的变化。

一、科举制对传统选官制度儒家化导向的影响

科举考试制度对整个社会的选人价值导向产生了深远的影响。前科举时期，入仕选官被贵族阶层所垄断，平民寒士几乎没有参政议政的权利。科举创制以来，国家上下实行以文取士，此时考试不再论门第之高下，不看财富之多寡，一切以程文取士。

[1] 金滢坤．科举制度创建对选官制度变革的影响 [N]. 光明日报，2022-08-03（11）.

只要个人有才学、有专长，通晓治国理政之法，皆可以投牒自举，自由报考。从隋唐科举初创时期“工商不得入仕”到明代商人之子首次被允许参加科举考试，说明科举考试在选士范围上越来越具有包容性和开放性。

第一，科举制开创了选人对象不论家世出身的新局面，抑制了家门阀阅等特权等级和制度资源的世代延续。如科举设科考试打破了门第、财产、名望和权力等政治资本的限制，超越了行业职位、地域文化、人口布局和地缘位置的差距，在一定程度上保证了选才的客观公正，提升了民众对国家政权的认同度和公信度。具体表现在三个方面。一是不论门第出身，为广大寒士搭建晋升通道，打破阶层之间的壁垒，促进了社会流动。如唐代元载、牛僧孺虽出身寒门，但通过考取进士，官至宰相，改变了人生命运；宋代寒士通过科举升至高层者更为常见；明代进士出身于“上三代纯平民家庭”者占比43.34%，出身于上三代未担任过“实职官”家庭的进士占比达58.65%[1]。二是不看行业职位。唐初对士人应举职业尚有严格限制，到中晚唐时期，商贾、干吏、将校子弟应举的限制逐渐被打破，到了宋代，这一限制更是有名无实，几乎各杂色贱业之人均可以通过变通形式达到应举登第的目的[2]。北宋太宗淳化三年（992），朝廷规定“国家开贡举之门，广搜罗之路，采其乡（典）之誉，登于俊造之科……如工商杂类人内有奇才异行、卓然不群者，亦许解送”[3]。从职业限制到放开显示了科举考试的公正性和开放性。三是不看地域归属，不断扩大科举报考者的范围。按照各个府

[1] 郭培贵．科举制与古代国家治理及其启示[N]．光明日报，2023-04-24(14)．

[2] 金滢坤．“惟齐非齐”：论中国科举考试变革中的“至公”与“选人”得失[J]．甘肃社会科学，2023（6）：28-36.

[3]《宋会要辑稿》选举一四．

州的文化水平差距、人口数量多寡等因素规定各省区录取人员的比例，均衡不同地域间平民的参政机会，将选拔人才的范围扩大到全国甚至边远落后地区，照顾边陲地区举子的应试资格，最大限度地笼络天下英才，促进了社会阶层流动。虽说这种流动未能最终改变封建社会的阶级性质，但对于防止世家贵族阶级的权力固化、改善社会政治环境以及缓解社会矛盾冲突都是有积极意义的，对于凝聚社会共识、维护封建集权统治的统一性也是有所助益的。

第二，科举制进一步将考试和选官深度捆绑，不断强化“君本位”的儒家官僚集团属性。唐朝于武德年间取消汉魏时期科举必须由官府举荐的做法，并于武德五年（622）明确士人皆可以“投牒自进”，即下层寒士无举荐也可自举或自应考试。然而，唐代明经、进士及第之后，尚不能直接入仕做官，仅代表获得了做官的资格。必须经过吏部（后改为礼部）组织的“释褐试”，及格之后方能授予官职，而且科举制度在唐代虽已定型，但选官之途尚未完全由考试成绩决定，实际科举取士的人数比例在唐代占比较低。唐代入仕起决定性作用的依然是“行卷”“公荐”这些途径。这说明唐代科举仍然保留了汉魏以来举荐制的遗风。宋朝科举彻底取消出身和门第限制，取消公荐等主观性强的取士因素，规定科举考试为入仕的正途，以成绩高低决定去留，而且进士及第后即可授予官职。明清时期随着科举及第人数大增，吏部留给新科进士入职的中央岗位大大供不应求，除了一甲三名被直接授任翰林官员以外，朝廷在“进士听选”之外专门开设“进士朝考”这一通道，在殿试之上又附加更高层次的庶吉士考试，将选拔的层级和难度层层加码。钱穆先生总结明代科举考试较之前朝有两个大的变动[1]，一个是进士与翰林的深度捆绑，二是八股取士的推行。明代规定“非进士不得入翰林，非翰林不得入内阁”[2]。意思是即使通过会试成为进士，也不能马上做官，而是必须进翰林院成为庶吉士，且必须经过最高阶难度的考试这一道程序，才能进入内阁担任大的官职。这种做法与明以前的科举选士大有不同（唐代官员任用实行举选分途，宋代则是通过殿试进士及第即可授予官职）。从唐官员任用的举选分途，到宋的举选合一，再到明对举选合一的升级，说明朝廷有意在殿试即释褐授官的基础上对授官权力与官阶等级进行强化。其目的是使新科进士们能尽快成为文学、政事兼长的政府高级官僚。明永乐年间，庶吉士们成为皇帝用得最顺手的咨政人士，不断加强了皇权对文官集团的有效控制。进士与翰林的深度捆绑加深了科考难度与任官等级的对应关联，在科举功名之上赋予了更多的权力资源与政治保障。考士与选士制度的紧密结合看似在举子仕进的路上设置了一道筛选的屏障，凸显了考试的形式公平，实际上更加强化了世人读书通往阁臣高位的功名意识。那些考不上进士翰林的，纵使学问修养以及从政能力素养过硬也很难再做得大官，更加剧了“一考定终身”的残酷性。在皇权时代，士人终究难逃科举入仕的宿命，庶吉士们即使登顶也难以摆脱名利的驱使，终其一生始终在通往权力的独木桥上孜孜以求，溺亡者亦比比皆是。

二、科举制对选官制度标准化确立的影响

实行科举考试是封建社会政治上的重大进步，前科举时期

---

[1] 钱穆．中国历代政治得失 [M]. 北京：生活·读书·新知三联书店，2001：125-128.

[2]《明史》卷七十七·志第五十一《选举七》.

采用了察举制和九品中正制等选人制度，不同的是，两汉的察举选人主要靠乡举里选，魏晋南北朝的九品中正法主要靠中央委派的中正官以家世、状、品三项对世人进行评定，并据此决定其是否能入仕以及入仕的品级。其共同特点在于都依仗举荐或者推选，且看重所察之人的品行与清评。即使汉文帝于公元前 178 年首次采用考试方式选拔人才，汉武帝在贤良方正科推行考试之法，在考试之前都强调要先通过推荐这一关。可以说，两汉时期的人才选拔制度均是以察举为主，考试为辅。汉代察举和魏晋九品中正法都是基于“以德取人”的价值取向而建立的，举荐始终是两者的核心，但在发展中其弊端不断显现，突出表现在以下两个方面。

第一，举荐标准不明确。东汉时期，察举人才的具体标准一直讨论不定。从汉光武帝起，多以功举，此后一以贯之。如光武帝诏令以“四科取士”（涉及德行、经术、法律、政事等方面），汉章帝强调察举人才应重视功劳（处事能力）标准，东汉韦彪曾提议选贤应以孝行为首。东汉左雄于 132 年对孝廉察举制度进行改革，限制察举年龄，引入分科考试机制，明确“诸生试家法，文吏课笺奏”，即选取循家法通章句的儒生和会公文的文吏，以儒生和文吏取士，儒生重德，文吏能政。左雄的改革已经意识到平衡儒生、文吏之德行与行政能力的重要性，试图从察举标准上加以改进，从过去的“以德取人”转向“以文取人”。但这又遭到太史令张衡的反对，张衡在其对策中言道：“自初举孝廉，迄今二百岁矣，皆先孝行，行有余力，始革文法。辛卯诏以能宣章句奏案为限，虽有至孝，犹不应科，此弃本而就末。”[1]张衡此言认为举孝廉仍要以孝行为先，有余力者才可以开始学

[1]《后汉纪》，后汉孝顺皇帝纪上卷第十八.

习法令条文。说明当时关于德行与才能谁为主次的问题仍未达成共识，显然世人对于察举之标准仍莫衷一是，后来在孝廉科就出现了以德行、经术可举，以其他杂艺特长可举，还可依据家庭、身世及个性举荐的怪诞现象。《后汉书》中的《向栩传》记载："向栩……恒读《老子》，状如学道。又似狂生，好被发，著绛绡头……或骑驴入市，乞丐于人。或悉邀诸乞儿俱归止宿，为设酒食。时人莫能测之。"[1] 这样的人也能"举孝廉、贤良方正、有道，公府辟"。总之，仅凭主管官员的喜好即可获得荐举资格。顺帝时期的阳嘉新制虽然短暂，但其精神却在魏晋得以延续，开启了后世沿用考试取孝廉之法，预示着选举制度"试之以文"的发展趋势，已接近科举制的雏形，只不过它的考试是在荐举基础上进行的考试，而不是科举制下的自由投考[2]。可以说，察举虽名义上标榜德才兼顾，希望通过德能统一的取士标准，选取具有完整人格的"贤士大夫"人才，实则重德轻才，在具体选拔上未能处理好举荐标准的多样性与规范性问题，导致察举制粗放、随意，察举选才很容易随实际握权者的临时需要、主观意志或者个人好恶而变动，很难得到真正的贯彻执行。魏晋时期实施九品中正法选人，尽管对察举制做了部分改进，由中正官对所辖区内士人加以品评并推选，但推行不久即把门第身份作为时评之主要依据，导致该制度很快被世家名门所把持，出身于庶族寒门的士人尽被排除，反而缔造了魏晋时期的门第社会，最终由原来的"以德取人"发展成了"以族举德"，选任权逐渐被世家所控制，对中央皇权构成了极大的威胁。

第二，察举实践操作出现偏误，选士与任官不分。察举自西汉实行起，建立了奖惩赏罚的察举责任制，注重察举法规的

[1]《后汉书》卷一百一十《独行列传第七十一》.

[2] 文定旭 . 阳嘉新制述评 [J]. 贵州文史丛刊，2001（3）：1-5.

制定，对察举的科目、条件、标准、期限、人数、年龄等做了诸多要求，使察举的实施能够有法可依，尽量避免察举不实或有才不举的现象，为汉代前期取得较好的选士成效提供了重要保证。但察举制在操作上的诸多不规范暴露出制度本身的严重缺陷。一方面，察举制在名义上号称广开才路，多途取人，唯看品学才绩，最后发展为重德轻才，甚至德才不顾的情况。西汉时期尚能对察举官员和察举对象实施严格的奖惩制度，东汉中期后规制松弛，察举操作的人为色彩浓厚，导致滥保之事常有发生。一旦选上就授以官职，缺乏必要的甄别机制，常常出现“士之被举未有不入官者”的现象，以至于所举之人名实难副，反而阻碍了察举的公正实施。特别是到了东汉后期，出现了“以名取人”与“以族取人”的结合，取士面向士族名士成了王朝选官的主导倾向，使得承汉而来的察举选官制度的实际地位和作用有所下降[1]。“以名取人”看重的是知识群体的政治影响和人物时评，“以族取人”则可凭借家族地位权势优先占有各级官职。“以名取人”与“以族取人”的结合所形成的世家大族的迅速发展，使其在选官中获得了优越的政治势力，直接影响了王朝的政治与行政，严重破坏了察举征辟的实施。另一方面，选士与选官不分，察举对象吏民不分。选士本应旨在补充官员队伍，选拔对象应是没有官职之人，举荐之后即获得做官的资格。选官指的是留待拟予官职的士人进入下一步铨试程序，等待任用和升调的制度，即《文献通考》所记载的“以科目为举士之途，铨选为举官之途，二者各自为防闲检校之法”[2]。然而，两汉察举举人把二者归为一途，且在察举科目上没有作吏民区分，导致明经、明法等科目既可选民为士，又可以在吏中选官，

[1] 阎步克．察举制度变迁史稿 [M]．沈阳：辽宁大学出版社，1991：80-89.

[2]《文献通考》卷三十六《选举考九》．

得官和吏升混为一谈，更加助长了察举操作的随意性。即使魏晋南北朝时期试图通过九品中正法对其弊病予以矫正，但由于其优待士族的强烈导向，中正制度最终演变为保障士族门阀入仕的专属制度。察举制度本意是向更广泛的社会阶层开放政权，但始终未摆脱亲缘族姓关系支配特权因素。例如，汉代公府州郡辟除制、“任子”制度，保留了高级官员子弟可以被保举任官的特权，这一特权后发展为私人集团势力，导致权门请托之恶习丛生，反而构成了察举制度正常运转的破坏力量。

针对历代官吏选任制度的弊端，纯粹以文取士的科举制终于完成了从察举制向自身体系的蜕变，以一种崭新的面貌开启了官僚帝国选官制度的新篇章。一方面，加强选任标准的客观性和标准性。科举在考试选人的基础上大大提高了选任标准的规范化程度。选任标准的客观化越强，越能最大限度地加强对选人的过程性监督和有效控制。荐选与科举考试最大的不同在于，前者是“人对人”，后者则是“人对文”[1]。前者重视“以德取人”，因为前文言及的举荐标准、举荐方法和过程的不规范、不透明，很容易被复杂的社会利益和人情关系所左右，易导致选人质量的参差不齐，更严重的是容易形成门第请托、权钱交易、虚名造假之风，对社会风气危害较大。后者在人才选拔过程中引入“以文取人”，减少了人为因素的干扰和人情关系的拖累，使唯才是举、有才能举成为可能。另一方面，科举制的推行基本终止了官职的世袭制度。东晋时期世家大族因门荫和家世的庇护牢牢把持着选官大权，形成了世代为官、累世公卿的局面。科举制的实行推动了过去的门第社会向官僚社会的转变，阻断了特权关系的世代相传，代之以学问和才干作为应试标准，

[1] 郑若玲．科举、高考与社会之关系研究［M］．武汉：华中师范大学出版社，2007：23.

成为士子应举唯一合法的晋升通道，这种情况在宋代尤为明显。不同于门第社会，在官僚社会，知识和才干很难世袭下去，这就造成了官僚系统较大的流动性。总体来说，门阀依靠门第社会世袭做官的旧式权威已经失去了制度生存的合法性基础，即使唐宋时代保留了一些门荫入仕的特权制度，也仅仅是皇权拉拢士族，稳固其专制统治的一种补偿手段。门荫制度屈居于科举制度之下，特权恩威逐渐被考试竞选所取代，一个流动的阶层社会就此形成。

因此，出于大一统集权统治的需要，当权者必须建立起一个绝对效忠于皇权的职业官僚运行系统。科举制越过世袭贵胄，直接从民间“凭才取人”，建立了标准化和规范化的考试选拔制度，如考试科目设置的规范化、考试内容的规范化、考试程序的规范化、考试组织管理的规范化、考试时间的规范化等，为社会中下层民众进入上层参政议政打开了通道，既增强了政权的向心力、扩大了社会基础，又在一定程度上防止了门第请托、徇私舞弊，削弱了贵族阶层的优越性和世袭性，从而有助于维护政权稳定以及中央官僚体系的良性运转。

三、科举制对行政官员素质与能力的影响

科举制优化了科举官僚队伍的政教素养并提高了行政效率。虽说科举制实施前的选人制度有地方举荐与中央考试两种，但仍以世家大族或门阀代表的贵族阶层举荐为主，以至于士族子弟坐至公卿、累代为官成为常见现象，这实际上反映了地方分权与中央集权在人才任用上的矛盾，必然带来行政官员选拔上的混乱、行政效率的低下，最终不利于中央集权统治。科举制度实施以后，中央的人事任免权回归，确保君主能够控制整个行政体系，行政体系内部政令的上传下达得以统一。科举制通

过考试加大对人才的甄别力度，提高了科举官僚的整体素质，能减少或防止官场腐败和任人唯亲的原则，在一定程度上提升了行政效率。

首先，科举制的推行扩大了国家的统治基础，对官员队伍的政治角色与政教素养提出了更高的要求。在门阀统治时期，政治权力被豪门大族纷纷垄断，出身寒族的精英分子难以进入权力阶层，社会流动长时间固化，使得贵族官员队伍凝固和封闭，加剧了其腐化与衰败。而科举制则是一个开放性较强的人才选拔制度，它不讲出身和血缘，把不同阶层的精英分子源源不断地吸纳到统治阶层内，加速了官僚队伍的血液循环，形成了一个相对畅通的层级分流官僚运转机制，保证了国家政权运行的活力和效率。从选人标准上看，察举选人时期首重选官之德行，科举盛行的唐宋，看重选人的综合素质。唐宋选人要求是，既要通晓时政，具备经世济民治理之才学，又要兼有文学才能，这对官僚的综合素养和领导能力均提出了更高要求。这充分反映了科举社会官僚政治角色、职业素养的新变化，旨在打造出深谙儒家文化的“官僚后备军”，以维系整个中央行政体系的稳固。

其次，科举摒弃了察举选人倚重于血缘、出身、门第等先赋性条件的做法，代之以才干和能力等后天性因素作为铨选人才的基本标准，这种官员选拔机制打破了血缘关系世袭以及世家大族对官职的垄断，重组了官员的来源背景与精英结构，更为重要的是提高了官员的整体行政素质。事实上，单靠德行高低举荐人才的致命缺陷在于很难抑制德行背后所仰仗的特殊人情关系，这种关系依托私人之间的交情深浅，特别讲究礼尚往来当中的人情回报和相互关照，容易滋生任人唯亲、行贿舞弊之风，以至于在后期出现了种种滥举现象。长此以往，不仅会对官员的行政素养及行政机构的运行效率产生消极影响，而且会在民间形成一股强大的政治离心势力，不利于封建皇权的集权统治。科举实行以后，士子们读书做官不必仰仗于豪门贵族的强大背景，也不需要依附于特权阶层的政治资本，只要刻苦学习，通过公开考试和公平竞争，就能赢得步入仕途的机会，如此一来，官僚群体不再向贵族靠拢，反而对皇权高度依赖。从这个意义上来说，科举制的首要意义在于，它形成了一种生产精英并维持精英的再生产的重要机制[1]。科举制的实施不仅改变了职业官僚系统与皇权的关系，还对当时中国传统社会的政治与社会结构及其变迁形成了广泛而深刻的影响。

最后，选拔以科举出身为核心的文官集团队伍不仅是官方推行儒家教化、提高官僚行政效率的现实需要，还为政府增强民族凝聚力、扩大政权基础与增强政治活力提供了重要的制度保障。无论是唐宋还是明清，朝廷一贯地保持为少数民族地区分配科举名额的做法，并从政策上对边远地区的少数民族考生给予照顾，保证了不同地区、不同民族人才选拔的公平性，使得中华文化能够最广泛地浸润普通人群，加强了各基层民众对中央政府的价值认同和情感认同，极大地促进了政权稳定和民族统一。宋太宗太平兴国二年（977）大幅度增加进士录取名额，不仅意味着社会精英组成的官僚政治体制彻底取代了门阀世袭制，而且还激发了民众读书的热情，大大提高了整体国民素质，尤其是边远地区士子获得了更多仕进的机会。例如，福建福州在唐代平均每年考中进士仅 0.13 人，到宋太宗增加名额后上升到 0.38 人，为唐代的 3 倍；真宗时提高至唐代的 10 倍；至徽宗时更为唐代的 70 倍；南宋时，平均每年考中进士数为 10.2 人，

[1] 孙立平．科举制：一种精英再生产的机制［J］. 战略与管理，1996（5）：38-45.

约为唐代的80倍，使福建从此从文化相对落后的地区一跃成为文化发达的地区[1]。可以说，科举制度的兴起，是中央集权力量最终战胜地方分权势力的集中表现，它在推动知识阶层走向官僚化的同时，使得国家的行政权力高度集中在君主手中，在一定程度上有利于统一行政权力和提高行政效率[2]。但科举制后期一味推崇儒学忠君思想，把功名利禄与不切实际的经学知识简单捆绑，导致官僚系统人才知识结构窄化以及士风的堕落，终究为其走向覆灭埋下了祸根。

第三节　对中国古代教育制度的影响

科举是一种选官制度，同时也是一种教育制度。“从《新唐书》立《选举志》以后，历代正史《选举志》皆包括了科举和学校两方面的内容，研究古代教育、学校，不能不言及科举，同样，论说科举也不能绕开古代学校教育。”[3] 科举重在通过考试选拔出优秀士子做官以维系政权系统的稳定，其首先是一种选官取士制度，但这种取士制度又离不开教育系统的支持和拥护。进士科举自隋唐奠基，延续至宋朝，随着考试地位的日益提升，科举考试作为主要的文教政策，已经成为宋代以后主要的文官选拔制度。这就意味着统治者可以利用科举制度来调控和支配整个教育体系的走向，无论是官学、私学还是介于其中

---

[1] 李裕民．寻找唐宋科举制度变革的转折点 [J]．北京大学学报（哲学社会科学版），2013，50（2）：95-103.

[2] 任溶．中国科举制度兴起的行政逻辑 [J]．中共福建省委党校学报，2004（9）：17-19.

[3] 刘海峰．多学科视野中的科举制 [J]．厦门大学学报（哲学社会科学版），2002（6）：19-26.

的书院，它们的兴衰发展以及命运沉浮无一不受到当时科举制度的影响。

一、科举制对官学教育的影响

科举制对西汉以来以太学、州县学为核心的中央和地方官学制度产生了深刻的影响，表现在科举对官学教育目的的政治化和官学教育内容的儒家化导向两个方面。

（一）科举制下官学教育目的的政治化导向

西汉罢黜百家、独尊儒术后将儒学确立为正统思想，主张实现王道仁政，重视以道德教化民众，稳定社会秩序。封建官学制度在西汉时期形成了基本格局，主要有中央官学与地方官学两类，在此基础上又分为初等教育、中等教育和高等教育三级，整个教育系统以儒学为价值导向，以官学为主体，私学为补充。其中，西汉官学教育最典型的事件是太学的兴办，汉代太学创立了我国古代传统的教学形式和管理方式，它以研读经学为主要任务，形成了育才与选才相结合的官学制度，标志着西汉官立大学的诞生。当时的太学尚无统一的教材，在书写、出版相对困难的情况下，开创了由经师讲学的教学形式，推动了儒家文化的迅速传播。另外，汉代太学已经尝试通过射策和对策等考试方式从太学生中选拔优秀人才。射策类似于抽签考试，侧重于考查学生对经义的解释和阐发；而对策多用于对朝廷治国理政等重大问题的针对性解答。太学的建立带动了地方官学的发展，既担负着推行地方社会教化的任务，同时也是经学教育的主要传播地。汉代官学制度的确立，有效缓解了人才短缺的问题，它不仅为各级官僚机构培养了相当数量的备用人才，而且为确立儒家大一统国家观念以及巩固中央集权制提供了制度保障，对后世官学的儒学化发展产生了深远影响。

科举首先是一种选官取士制度，但在实际运行中又不单单是选拔官员的制度，它还是一种教育制度。作为一种选官制度，科举制超越了过去察举制“以德取人”的局限性，代之以相对客观化的“以文取人”,改变了传统以出身决定命运的社会痼疾，通过层层考试选拔出优秀的文人学子充实到官僚队伍中去，在等级特权社会为世人建构并维持了一个相对公平的晋升渠道，承载着世人向社会上层流动的梦想。作为一种教育制度，科举制的政治功能远远大于其教育功能，因为科举“考”的内容完全决定了其“教”的内容，深度影响着整个教育系统的办学方向和人才培养标准。应试者的“官本位”观念和管理机制的官僚化是科举考试一个颇为鲜明的制度特征，这一制度特征不断塑造着国人潜意识中的深层结构[1]。科举制的“横空出世”将国家选士制度与学校育人制度高度捆绑，这使得“学而优则仕”的教育主导方针在官学得到了全面贯彻，并成为举子们读书求取功名的唯一目的。官学作为封建社会高层次人才的养士储备机构，其教育教学安排理应全部为官家取士作准备，取士就成了养士的主要目的，如此，取士和养士两者之间相互融合，不可分割。

西汉时期，学校教育体制和察举制度大体上同时建立，太学和府州县设立的地方学校负责培养贤才，而察举制度专门用于选拔贤才，二者本各为一途，察举无须必由学校，在校身份亦不能成为察举之优先资历。也就是说，察举时期世人的入仕渠道是多样的，学校教育和选官制度之间尚未建立制度上的必然联系。而科举制度实施后的另一个结果，就是科目和学校的

[1] 张会杰．兴起与废止：科举考试的制度特征及其批判性反思［J］. 华东师范大学学报（教育科学版），2015，33（4）：107-112.

合一[1]。这就使得选士制度与学校教育的关系从两不相涉到变得紧密起来，随着考试在选士制度中的比例逐渐占据上风，科举之考试科目与学校教育内容之间的高度融合似乎是势所必然。唐代已有乡贡、生徒同应省试之制，明代以后科举则成为世人做官的唯一正途，中央国子监及地方府、州、县学生徒皆可“投牒自进”，而不再存在学校以外的乡贡单独应试的情况。学校教育与考试科目二途走向融合，这样就在养士和取士之间搭起了一个完整的学校养士、科举考试和吏部铨选的人才生产供应链与储备链，源源不断地为中央政府提供举子学员，以保证官僚队伍的持续稳定。总之，科举制度就像一个远端遥控，指挥着整个国家教育系统的发展走势。尽管私学和书院被排挤在国家教育系统之外，居于补充地位，但在朝廷无力兴学或者官学教学功能不足的时候，书院和私学就会担负起培养科举人才的重任，将培养为官从政、进入仕途的人才视为自身的主要职责，高度强化了世人“官本位”的思想，助长了士人的功利主义读书观。在近代，“工商业者即便在实业上风光无限，内心深处却依然难舍功名，因而纷纷‘工而好儒’‘贾而好儒’，并且异常重视晚辈‘寒窗苦读’，以期科场‘一举成名天下知’”[2]，表现出科举服务政治的强导向性。

（二）科举制下学校教育内容的儒学化导向

隋唐科举考试将儒家经典奉为考试的主要学习内容。这导致学校教育内容、课程安排和一切活动全部围绕儒学之经义建构，士子们只要参加科举考试，就必须接受儒家思想的全面洗礼，学习的过程实际上就变成了一个不断接受儒化教育的过程。

[1] 阎步克．察举制度变迁史稿 [M]. 沈阳：辽宁大学出版社，1991：324-325.

[2] 谢宝富．科举制的是是非非 [J]. 人民论坛，2019（26）：142-144.

在这个过程中，儒家经典教义和思想不断渗透到每个举子的头脑中去，对他们形成了潜移默化的影响，并将世人的思想意识和行为统一于儒学。

科举制在隋唐时期，通过文举和武举、常举和制举、考试和公荐等多个科目、多种形式、不同途径从优选拔，“不拘一格降人才”。科举考试中设有明法、明算、童子、武举、道举等科目，这些科目的设置不仅扩大了人们的知识范围，而且对于扭转封建教育中重文轻武、重经学轻科学、重成人轻儿童的现象起到了积极的作用。两宋是中国古代文化教育最为繁荣昌盛的时代之一，在最高统治者“兴文教，抑武事”这一基本国策的指导下，不仅中央官学、地方州县学和各类书院大盛，而且乡塾村校也遍及城乡各地[1]。明清时期，八股文的引入一度将考试这种形式推向了繁荣，但更多的是将科举引向了僵化和封闭。

国家对科举制度的推崇虽然带来了人才选拔的兴盛，但同时科举在官僚系统和教育系统的独尊地位对古代的文教制度产生了极其不利的影响。科举考试的内容侧重点在文学，在于文史知识，以儒学为主，尤其以经义诗赋为考查的主要内容，而忽视了和社会经济发展密切相关的实用科学，导致从事科技研发的人员不受重视，也很少有人从事这一领域，因此中国在自然科学这一方面逐渐落后于西方，在一定程度上制约了社会生产力的发展。

第一，科举制把选士制度与育士制度紧密地结合起来，加强了学校教育目的的政治伦理功能，成为实施儒家“学而优则仕”理念的必经途径。在科举时代，学校的一切教学活动都以科举考试为导向，即科举考什么内容，学校就教什么，士子们

[1] 何忠礼．贫富无定势：宋代科举制度下的社会流动 [J]. 学术月刊，2012，44（1）：136-143.

就学什么，学校变成科举考试的预设机构和应试部门，完全沦为科举考试的附庸，导致学校发展渐渐丧失自身的独立性和独特价值。第二，科举取士越来越重视标准化和结构化的技术操作，对考试选拔人才的实体价值关注不足，考生的创新思维被严格禁锢，导致世风萎靡以及学风败坏。科举考试的内容从儒家的广泛经义典籍逐渐局限于“四书”集注，考试形式从多种并存、以考试为主到独独以考选人，考试方式也趋于单一化和标准化。在这种世风的影响下，学校的教学重心开始偏离，越来越注重华丽辞藻的堆积，与社会发展密切相关的义理之学不再被重视，空疏之学泛滥，世风的每况愈下必然对士子们的学习氛围和学习动机产生不利影响，不利于选拔和培养有实际能力的人才。第三，科举和政治的高度联姻导致世人对功名利禄推崇备至，对兴办实业和科学技术漠不关心。在科举的导向下，考生们早已把读书、参加科举和入仕做官这三件事作为头等大事来对待，以读书仕进、求取功名为唯一追求，求真务实的问学之道早已无人关心。对贫寒学子来说，科举成为其改变命运、跻身官场的唯一阶梯，他们奋发图强，一心只读圣贤书，在给家庭带来了巨大经济负担的同时，逐渐脱离了生产劳动和经世之道，所读之书只关注空泛的经义教条和落后于时代发展的虚化辞藻，与社会实业和国家治理之道逐渐脱离了联系。

二、科举制对古代书院发展的影响

书院最初作为一种官办机构，始于唐朝开元年间，主要用来修书和藏书，尔后，由私人创建的书舍、书屋在民间逐渐传播开来。唐末五代，书院逐渐演变为授徒讲学之地，并于北宋发展为一种不同于官学的具有学校教育功能的组织形式。南宋时期，在著名理学家朱熹的推动下，书院作为一种正式的学校教育形式及其制度得以确立。北宋时期，书院多以私人办学为主，到元代被纳入官学，明代时进入成熟推广期，书院数量大增。随着清代高压文教政策的推行，书院的教育形式逐渐官学化。

（一）书院的私学化性质

自书院作为一种教育形式诞生以来，书院与科举似乎一直保持着若即若离的关系。科举兴，官学兴，书院的发展易被抑制，但书院和科举可以保持相对独立性；科举兴，官学衰，书院的发展就越快，书院受科举的控制就越强，最终书院官学化的可能性也就越大。在中国古代历史上，不管书院是真心实意地接纳科举，服务于科举选官，还是书院天生就以反科举为己任，抑或书院本身对科举并无特别的偏向，奈何书院的生徒们只能以科举作为唯一的晋升通道，待出人头地之时可以为书院赢来些许名气，因此，从某种意义上说，书院都服务于科举。这在一定程度上可以完善科举制的不足，有利于书院自身的发展与兴盛，但这种政治导向又会进一步抑制书院的私学属性和学术自由，不利于书院的长期发展。无论如何，书院在其发展历史当中，有时扮演官学的替代品，有时充当官学的对立面，始终未能真正摆脱科举的影响和控制，也始终未能逃离被官学化的宿命，难以保持其真正的独立性，这就是书院的发展兴衰不定的真正原因。

追踪书院的发展历史，不同于唐时期的藏书之所，书院在两宋得以兴盛发展。北宋王朝建立之初实施以文治国，因多年征战，官学几近荒废，朝廷为弥补人才的不足，大力提倡科举，增加录取名额，士人们纷纷在民间开课讲学，这就为官学以外的其他教育形式的迅速发展创造了有利条件。北宋书院作为这一历史时期的特定组织形式很快得到了官家的青睐，将其发展成为官学的主要替代机构，从而担负起为科举培养后备人才的重要任务。在北宋庆历到崇宁年间，政府发起了三次兴办官学运动，旨在掌握教育主导权，这对民间书院造成了一定冲击，导致书院被排斥在科举教育体系之外，只有部分被改为官学的预备机构。南宋新儒学发展，尽管国子监、太学、州县的学校相继恢复建立，但官学衰落，已无法满足科举取士的需求，促使大批士人转向书院求学，这不仅推动了私学的繁荣，还为书院的发展带来了契机。书院成为新儒学的传播基地，在培养人才服务于科举的政治导向方面基本达成了共识。相应地，在两宋私学化的导向下，书院也会根据科举的应试要求，在课程内容、师资配比和藏书规模上做出相应的调整。具体表现在以下三个方面。

第一，书院的课程设置、教材使用虽与官方教学内容存在较多一致之处，但北宋书院多以民办为主，易于亲近群众；讲究涵养心性、务真求实之风；又以自学为主，有利于因材施教。南宋时期程朱理学成为封建正统思想和官方哲学，其反对追逐科举功名的功利之心，倡导静心研习，为宋代文坛、政坛和教育注入了一股清正之气。理学学派的参与不仅促使官方考试科目开始向理学靠拢，也影响了当时书院的学风，赋予了书院更浓厚的学术气息，进一步拓展了书院开展学术研究、培育人才和推行教化的多重功能。

第二，两宋书院多由德才兼备的名师大儒或地方官吏私人创立。南宋以前，朝廷对于书院山长（也称为“掌教”“主讲”）的考核尚无严格规范，宋初多以私人创建为主，书院的山长一般由大儒名宿担任。宋初建立了岳麓、应天府等书院。书院由名师任教，讲学形式灵活多样，可避免照本宣科，有利于激发学生探索新知，培养其独立思考之精神。元朝到明清之际，随着书院的官学化，书院山长的官员身份得到强化，逐渐转为由官府聘用。可以看出，书院在被官学化改造以前，一直是学术活动和教育活动的中心，既承担教育教学的任务，又是学术思想传播的重要场所。如南宋书院的兴盛与理学的发展密切相关，书院成为理学的研究和传播之地，成就了一大批的理学家。明末清初时期，出现了不同于理学派的汉学书院，他们致力于经史研究和古训考证，这些书院又成为汉学经典的传播中心。尽管科举或多或少对书院的发展有一定影响，但书院在自由讲学、学术研究方面尽力保持着不被官学同化的私学性质，已实属难得。

第三，书院在教学过程中实施了不同于官学的开放式讲学，采取会讲的形式开展多样的学术活动，并允许不同学派的学者前来切磋交流，鼓励学生问难论辩，启发学生的学习思维。书院教学实行门户开放的宽松政策，大大促进了书院的学术自由，增强了社会影响力。讲学者的讲学活动一般和他们毕生的研究成果是结合在一起的，他们的教学内容往往是个人学术成果的全方位展示，这样能有效保持书院较高的教学水平和浓厚的学风氛围，有利于保障书院的办学质量。因此，讲会制度成为书院一项重要的学术活动，并成为书院区别于学校的重要标志[1]。前有南宋时期朱熹邀请不同于自身学派的陆九渊前来白鹿洞书院讲学，首开书院讲会制度之先河的美传，后有明代分属不同学派的王守仁与湛若水放下门户之见，四处云游讲学。这一制度不仅有利于丰富教学内容、活跃学术氛围，提升书院的社会地位，更为重要的是构建了不同于官学应试教育的学风环境和师生关系。朱熹曾对官学中师生关系的冷漠进行了严厉批评，“所谓太学者，但为声利之场，而掌其教事者，不过取其善为科

[1] 陈元晖，王炳照．书院制度简论 [J]. 北京师范大学学报，1980（5）：65-77.

举之文，而尝得隽于场屋者耳……师生相视，漠然如行路之人。间相与言，亦未尝开之以德行道艺之实”[1]。清朝，随着书院官学化程度的不断加深，书院服务于科举的政治功能越来越强，书院的讲学传统及独特的授课方式也被官学同化，书院的独立性逐渐丧失。

（二）书院的官学化发展

书院作为古代官学外的一种高等教育形式，尽管在民间获得了独立发展的机会，但在科举选士制度的影响下，始终不能置身事外，或多或少地受到科举的控制，并未在民间化的道路上持续深入，反而逐渐向官学化靠拢并最终演变为科举的教育机构。

北宋时期，书院为私人创办，民间化倾向比较明显。无论是书院的管理、书院负责人的任命还是书院教学内容，都显现出和官学不同的特点，尽管都受制于科举考试，北宋书院和官学仍保持着一定的距离。进入南宋，理学和书院结为一体，程朱理学上升为官方主导思想，在科举的指挥棒下，书院的教学内容与官学教学逐渐保持一致，且都服务于科举取士的发展需要。南宋官学的衰落和科举制度的腐败加深了学校教育危机，再加上理学的发展与大儒讲学之风盛行，极大地促进了书院的发展。这使得南宋成为书院制度的极盛时期，书院数目之多、规模之大、组织之严密和制度之完善都是前所未有的，几乎取代了官学，成为主要的教育机构。进入元代，书院沦为官学教育形式，元代为加强对书院的政治控制，政府担负起兴办书院、任命山长和学官的主要职能。如山长由以前的私人礼聘转为官

[1]《朱晦庵先生文公文集》卷六十九《学校贡举私议》.

府任命，纳入王朝的职官选任系统，并给予相应的行政级别，山长定期领取朝廷俸禄，这些举措意味着书院从宋代的官学化倾向演变为元代的全面官学化，从体制外走向了体制内。因此，这一时期的书院成为官方教育系统中的一部分，受到官府的控制。明代废除了书院的官办性质，书院又恢复了多样化的发展。书院山长有聘请的，有地方公推的，有自我任命的。明代初期，在“科举必由学校”的文教政策的主导下，书院作为非官学教育机构被排斥在科举教育之外，书院的发展一度受到限制。明中期政治腐败，官学进入低潮，书院得以复兴并获得较大发展，再次承担起为科举服务的角色。据统计，明代书院总数达到 2 000 所左右，远超唐宋元三个朝代的总和，分布在今天的 25 个省、区、市，其中新建 1 699 所[1]。明代书院既有官办，也有私立；既有设在先进发达地区的，也有设在边远落后地区的；既有以授课与考试为主的考课式书院，也有以自由讲学与研究为主的讲会式书院，前者一般为官学，体现官办的特点；后者多为私学，受到朝廷控制。大量书院的涌现标志着明代书院进入了成熟推广期。

清代统治者为笼络汉人，一方面鼓励兴办书院，另一方面又有意加强对书院的控制，官办和民办书院几乎全部教授科举之学，许多书院已经成为官方控制的教育机构。清代实行文化专制高压政策，八股文取士进入巅峰阶段。如清初明令禁止私人创立书院，对于书院自由讲学之风进行严格控制，在言论自由方面只允许出版与科举有关的书籍。这一时期，书院取代官学成为培养科举人才的主要机构，因此纯粹为科举取士服务的八股文教学占据了清代书院教学的绝大多数，形成了以八股文

---

[1] 胡乐乐．书院：从官署到学堂 [N]．文摘报，2018-07-17（8）．

为核心的清代书院科举教学体系。顺治九年（1652），政府不再允许私人创建书院，雍正年间，政府在各省府设置大量书院，推进了书院的官学化，书院基本成为以考课为中心的科举预备学校，其数量急剧增加，一度达到 5 000 多所，成为全国最为普及的教育机构。如清代的金台书院风靡一时，在历届会试中该院生徒均有数十人中进士，有时会试中进士多达百人，同治十三年（1874）还出现了第 101 名状元——陆润庠[1]，为书院博得一时盛名。清中期嘉庆年间，为改变当时书院彻底科举化的风气，阮元创建了专门研习汉学经典的诂经精舍和学海堂，这些学院以讲求汉学为己任，在教学活动上反对书院片面教授科举之学，将科举之学完全排除在教学内容之外，似乎使这种类型的书院与科举之间的距离进一步拉大。然而这些汉学书院不仅没有禁止生徒应举，反而有助于生徒应举，并发展成为当时科举及第率最高的人才培养机构，及第率为 20% 以上[2]，以至于道光以后，汉学书院和科举教学之间出现相融或合流之势，这使得汉学书院和考课式书院之间的界限变得模糊，共同服务于科举考试这个大的文教制度。

综上，在书院与科举的关系中，二者的相互影响并不是等量的，一般书院发展都是被动地接受科举的影响。有研究比对了北宋以来书院数量和进士数量之间的关系，发现二者的相关系数在不断增加，即书院与科举关系越来越密切，书院为科举服务的功能越来越明显，科举取士制度对书院发展产生的影响也就越来越大。纵观北宋以来书院的发展史，各个时期书院的

[1] 李爱国．金台书院：北京唯一保存至今的古代书院 [N]．学习时报，2022-10-21（6）．

[2] 朱汉民，李弘祺．中国书院（第 7 辑）[M]．长沙：湖南大学出版社，2006：104-131.

教学内容基本以儒家教义为经典，所选教材也和科举考试内容比较接近，即使明末清初出现了不以培养科举人才、复兴汉学经典的乾嘉学派，也不可避免地沦为科举选才的工具。再加上书院所宣传的办学理念和治学之道始终和官方的主流思想难有大的出入，当然这和书院难以超越封建社会的阶级性有关，也是推动书院最终走向官学化的一个重要因素。

第四节　对东西方世界的辐射与影响

一、科举与东亚儒家文化圈的形成

科举制度作为中华民族的文化制度遗产，其强大的影响力不仅在中国，而且遍及世界各地。科举作为世界文明的一个辐射源[1]，不仅塑造了中国古代知识分子的立身治国形象，助力打造了中国大一统和合文化形态，更为重要的是它还对东亚儒学文化圈的构建起到了关键作用，为现代西方文官制度的发展提供了有益的参考。科举制度辐射之广、影响之深，效果之显著，少有其他人事制度可与之比拟。刘海峰教授认为："科举考试西传欧美，实为中国对世界文明一大贡献，从对世界文明进程的影响来说，在一定意义上，科举可称为'中国的第五大发明'。"[2]

其实西方人早有这样的意识，也是西方人首先将中国科举制与四大发明进行类比的。美国当代著名汉学家顾立雅认为中国对世界文化的贡献远不止造纸和火药的发明，中国科举制在建立现代世界文官制度上是"中国对世界的最大贡献"[3]。1970

[1] 龚延明．科举：世界文明的一个放射源 [N]. 文摘报，2021-08-17（6）.

[2] 刘海峰．科举学导论 [M]. 武汉：华中师范大学出版社，2005：21.

[3] 彭靖. 他们令芝加哥大学成汉学重镇——邓嗣禹、董作宾、钱存训在芝大 [N]. 中华读书报，2014-03-05（5）.

年，顾立雅出版《中国政术之起源》，在书中他不仅充分肯定了中国作为最早实行考试制度的国家，而且其考试制度对 12 世纪中东的医学考试、欧洲的学位考试以及 17 世纪以后德国、英国的考试制度均产生了深远的影响。基于此，刘教授进一步反思道："科举考试把古代中国塑造成了重视教育的社会。评价科举制度，不能集中观察清末废科举这样一个点，而要将科举制放在世界文明史的历史坐标上，以宏观的视野来考察。"[1] 尽管科举旧制已被历史抛弃，但考试竞争本身所体现出来的才学本位与公平竞争的精神，以及制度设计所具有的"至公若权衡"的优势和对弱势群体的扶掖之功，均显示出其优于其他人才选拔制度的旺盛生命力和巨大优越性。

中国科举发展的 1 300 多年历史中，大量外国人来华交流学习，他们对接受中华儒家文化甘之如饴，其中有人还兴致勃勃地参加了中国科举考试，接受铨选并入朝为官，亲身参与并学习中国先进的官僚运行系统。如早在唐代，日本人阿倍仲麻吕在唐玄宗开元年间高中进士，成为历史上第一个考中进士的日本遣唐留学生；新罗（今朝鲜半岛南部）人金云卿在唐穆宗长庆元年（821）高中进士，是首名以新罗人身份在唐进士及第的宾贡进士，据说曾任淄州长史；后有新罗人崔致远于唐僖宗乾符元年（874）成为宾贡进士，任溧水县尉。他们返回后把在中国的所见所闻加以传播与推广。中国科举对东亚地区，特别是对当时的日本、朝鲜、越南、琉球等东亚汉文化圈的诸地区影响最为突出，其辐射热度前后甚至持续千年，这种对科举的热忱直至 19 世纪末随着中国科举的消亡才有所减退。

日本最先仿行中国科举考试制度，但实行科举时间又最短。

[1] 刘海峰．千年科举的世纪反思 [N]. 光明日报，2015-09-01（14）．

日本于7—8世纪之际，引进唐朝的律令制度，仿行与中国大体相当的科举制度，设置了秀才、明经、进士、明法等四科和医、针等二科。后因贵族干政和学官世袭，自10世纪以后，日本科举不再依据举子的才学定高下，而改为重视其资历名望，科举选人基本为贵族子弟所垄断，渐渐流于形式。朝鲜是除中国之外实行科举制时间最长的国家，从公元958年起至1894年止，实行了937年。高丽光宗九年（958），身为后周幕府文吏的双冀，被高丽王朝第四任君主王昭留任翰林学士，帮助其创立了科举制度，形成了以乡试、会试、殿试为次序的“科举三层法”，建立了国子监和地方学校。从此，高丽科举在社会中占据了核心地位，其开科频繁，甚至与明清时期的中国相比也毫不逊色。高丽仿唐制建立科举，不仅促成高丽人才兴盛和儒学传播，培养了新兴的士大夫阶层，还催生了中央集权体制，成为后来朝鲜王朝权力的重要起源，同时还帮助高丽完成了由骨品制向官僚制的转换，成就了朝鲜半岛历史上一次具有巨大意义的变化[1]。安南（今越南）是最迟实行科举制，也是最后废除科举的国家，其推行科举制长达845年（1075—1919），仅次于朝鲜，废罢科举时间比中国还要晚14年。越南的科举模仿明朝的科举成式，因早在明朝初年，作为中国属国的朝鲜、安南奉朱元璋诏令始行科举，准许读书士子在本国乡试后，可到明朝京城参加会试和殿试。科举在越南具有极高的权威性和实用性，越南科举不仅采用了明代八股文，还发展出类似于中国贡院的专门试场，远比韩国、日本学习科举要深入、全面得多。后在中国废科举之后，越南科举在社会巨变和西学的冲击下逐渐走向末路，于1919年退出了历史舞台。

[1] 黄修志．双冀创立高丽科举与朝鲜“小中华”思想的根基 [J]．史学月刊，2019（11）：21-35，43.

科举制在东亚的传播，为构建东亚儒学文化圈发挥了巨大的作用。可以说，“12—19 世纪，中、韩、越三国连同琉球构成了一个独特的东亚科举文化圈。正是由于科举传统的延续，东亚才能够演变形成在世界上颇为特色鲜明的考试文化圈。”[1] 现代考试文化圈的形成，为防范东亚国家和地区文教活动的全盘西化，保持和增进其地区文化特色发挥了重要作用。

二、科举与西方文官制度的确立

科举历经近代社会时局之变，在晚清时期寿终正寝，走向了终结，然而西洋诸国在清末科举被废之际，却能“因时而变，随事而制”，在对其展开深入研究之后，科举制与西方文化政治“一拍即合”。当人们在细数科举制之种种罪恶，因社会转型将其弃之如敝履之时，西方人却经由在华传教士的介绍而惊叹于科举制的奥妙和优越，他们摒弃了西方传统贵族世袭制、君主恩赐制之痼疾，并以化腐朽为神奇的应变能力及时吸取了科举制的合理内核，即考试的公平竞争原则和择优录用方法，克服中国科举考试学非所用、用非所学之弊，建立起当时最先进的西方文官考试制度，并以一种全新的面貌改变西方世界。难怪梁启超在废停科举 5 年后，耳闻目睹日本、欧美借鉴科举而实行文官考试之效用时甚为感慨：“昔美国用选举官吏之制，不胜其弊，及一八九三年，始改用此种试验，美人颂为政治上一新纪元。而德国、日本行之大效，抑更章章也。世界万国中行此法最早者莫如我，此法实我先民千年前之一大发明也。”这充分说明中国科举制对欧美人选官制度的影响。然而在社会遭遇巨变之时，“人方拾吾之唾余以自夸耀，我乃惩末流之弊，因噎以

[1] 刘海峰．东亚科举文化圈的形成与演变 [J]．厦门大学学报（哲学社会科学版），2016（4）：1-9.

废食，其不智抑甚矣”。

19 世纪末，梁启超以“变法之本在育才，人才之兴在开学校，学校之立在变科举”立说，开 20 世纪初停科举之端绪，并以科举不可不停、学校不能不兴为直接理由倡导废科举，后待废科举之后由民初回望晚清，又因 20 余年里“昔日在学校中未尝有所磨练”，使其不再相信学校能够普及新知和广造人才，前后的转变以明显的事实推翻了其先期设定的“废科举、兴学校”因果逻辑。晚清时人均信奉“人才之兴在开学校”，并以科举“愚其民”之流弊集体抨击之，梁氏在重新驻足科举所“造”之“大”时，他已然认识到其根源在于“夫科举非恶制也，所恶乎畴昔之科举者，徒以其所试之科不足致用耳”。梁启超先人而倡停科举，又先人而反思停科举，显示了其作为晚清科举出身的士大夫代表对废科举理性认识的提升。这说明梁氏在深刻反思科举之废时，已经将千年科举制融入中西世界的社会、政治、文化等更为广泛性的影响力上对其做出重新评估。他的思考为我们重新认识中国科举以及中国传统文化的价值带来了新的启示。

实际上，中国文化对西方世界的影响早在 13 世纪意大利人马可·波罗访元大都之时，就逐渐拉开了序幕。进入 16 世纪以来，来华的欧洲传教士逐渐增多，他们纷纷将中国的科举制度介绍回西方。如葡萄牙传教士克鲁兹于 1569 年出版《中国志》，提及明代科举考试制度，为西方打开了了解东方新世界的大门；1585 年，葡萄牙修士胡安·冈萨雷斯·德·门多萨出版了《中华大帝国史》，书中设专章介绍了明代科举考试的内容和方法，成为 16 世纪欧洲关于中国的百科全书，激起了欧美人士对中国科举制的关注；1615 年，《利玛窦中国札记》出版，描述了晚明来华的意大利传教士利玛窦在华传教 28 年的所见所闻，书中更为细致地考察了明代的文官考试制度，该书被译成多种文字，对于东西方文化交流产生了长久而深刻的影响；1793 年，英国首次派遣大使到中国觐见乾隆皇帝，大使马戛尔尼伯爵和随从参赞斯当东都分别出版了使华札记，斯当东于 1797 年出版了《英使谒见乾隆纪实》一书，介绍了中国的科举制度与政府，其影响很大；1794 年荷兰派出使节布朗出访中国，在《北京之行：1794 年和 1795 年荷兰东印度公司驻中华帝国朝廷使节纪实》一书中，描述了清王朝的科举制；1868 年，时任京师同文馆教习的美国传教士马丁博士（中文名丁韪良）在波士顿作了《中国的竞争考试》的论文，建议美国政府应像英、法、德等国一样建立文官考试制度，并向中国科举制学习。正是由于这些人的宣传鼓动，英、美等西方主要国家，先后建立起近现代文官考试制度。总体来说，从 1570 年到 1870 年的 300 年间，用英文出版的有关明清政治制度的书籍有 70 多种，其中的重要内容就是科举制度[1]。这些史料的记载是中西方文化交流的历史见证，不仅使西方欧洲国家对中国及其科举制有了更为深入的了解，也给西方考试制度的创建带来了间接和直接的影响。这充分反映出科举制度蕴含着的现代性[2]。

由于文官制度自身发展的内驱力，以及中国科举考试的示范，科举制作为一种社会权力精英的遴选机制成为欧美各国文官考试制度的蓝本，促使西方国家在 19 世纪前后纷纷建立起符合各自国情政体的近现代文官制度。其中，18 世纪中晚期科举制开始受到英国等国家的关注，1855 年英国文官考试制度正式建立，并在 1870 年使其制度化和正规化；法国是在 1791 年开始实行文官制度，大革命后渐趋松弛，又于 1840 年后又重新考

[1] 盛奇秀 . 中国古代考试制度 [M]. 济南：山东教育出版社，1988：127.

[2] 房宁 . 科举制与现代文官制度——科举制的现代政治学诠释 [J]. 战略与管理，1996（6）：66-69.

虑建立文官制度，至 1875 年法国文官系统基本形成；1883 年，美国国会颁布“文官制度法”，建立了公务员考选制度[1]。可以说，截至 19 世纪中叶，中国的科举考试制度已为欧洲知识界普遍知晓，科举西传说可以确立。西方人舍弃了科举考试空疏无用的内容，代之以数学、法律、政治、国际关系等与各种文官职位密切相关的专业型学科。欧美国家在吸收科举制平等竞争、择优录取的合理内核后，形成了现代高级文官考试制度。通过公开考试竞争、择优录取等体现“唯才是举”“机会均等”原则选拔官员的文官制度一经创立，其政府行政人员素质以及行政效率便焕然一新。从此，西方政治精英中出现了一批不同于传统政客的，经考试进入权力体系的职业技术官僚，欧美各国的行政面貌得到了显著改观，由此开辟了西方政治的新纪元。

孙中山先生论述了我国科举制度对世界文明的突出贡献，他指出：“现在各国的考试制度，差不多都是学英国的。穷流溯源，英国的考试制度，原来还是从我们中国学过去的。所以，中国的考试制度，就是世界中最古最好的制度。”[2] 孙中山在深受我国科举考试制度启发的同时，又广泛借鉴西方的文官考试制度，提出建立以考试权独立为核心的文官考试制度的思想，即“五权分立说”，将考试权提高到与立法权、司法权、监察权、行政权同等重要的地位，实现了科举考试与文官考试的对接，从而奠定了我国近现代文官考试制度的框架，填补了近代社会科举废除之后人才选拔的真空地带。那么，为什么西方人将延续千年的科举制引进后能够使其焕发活力，反而是中国人自己最先创设的这一具有理性平等精神的独特制度最先被废除呢？究其

[1] 刘海峰．科举制对西方考试制度影响新探 [J]．中国社会科学，2001（5）：188-202，208.

[2] 孙中山．孙中山先生演说集 [M]．上海：民智书局，1926：35.

根本，西方文官考试制度是工业革命和商品经济的产物，是现代政党制度催化下的婴儿，它诞生于西方现代教育之后，并以之为基础，这也是科举制度只能是现代文官考试制度的渊源而自身不能转化为现代制度的原因[1]。不仅如此，现在西方国家公务员考选中的公开竞考、多级考试、逐步淘汰等原则和方式均体现着科举制的合理性和科学性。

[1] 李涛，李群．“最后的东学西渐”——十九世纪中国科举对西方文官考试制度的影响及反思 [J]. 海南师范学院学报（社会科学版），2003（3）：94-98.

第八章

科举的时代转向与现实启示

科举作为帝制时代的制度支柱和文化主脉，自创制以来利弊共存，在争议当中对隋唐至明清 1 300 多年的官僚政治、文化教育、社会发展以及民族统一发挥了重要的作用。即使科举于清末走向终结，科举对于中国现代考试制度与西方文官制度依然产生了深远的影响。探寻其当代价值，需要我们对中国科举的兴衰史及运作过程进行全面检视。如今，符号科举借由制度科举得以延续，并获得了现代性创新，其利弊却未因科举废除而消失，反而因持续广泛的社会应用而共存至今，其中所蕴含的进步因素和消极部分仍待今人扬其长，避其短。

第一节　制度科举到符号科举的时代转向

一、“制度科举”的价值重申

对千年科举制功过是非的评价，不能只看清末废科举这一个事件，“而要将科举制放在世界文明史的历史坐标上，以宏观的视野来考察。用比较的观点、兼顾废科举前后东西方文明冲突的时空背景，我们对科举制的总体评价就会与过去的看法明显不同”[1]。因为，科举诞生所承载的文化内涵绝不单单是一个考试制度所能穷尽的，还包含了极大的统合功能，它把政治、经济、文化、教育诸领域以及与之相关的国家行政官僚体系集聚在一起，形成了一个以科举为轴心的多元社会。科举自始置进士科起，广泛从“士”阶层中选拔优秀人才以纳入行政管理系统，在士人不必经过举荐皆可自由报考的前提下，科举为广大寒士开辟了登仕之途，增强了社会阶层内部的流动性，适应了封建社会的政治需要。

科举自代替察举制、九品中正制以来，首先作为一种考试制度，应该遵循考试的精神和原则，在考试资格、命题设计、考试纪律、批改阅卷、录取的全过程中体现公开公正、平等竞争的特征，以保证科举考试在社会上绝对的权威性和广泛的影响力，否则科举考试就会像其他制度一样，再次卷入权势和人情的旋涡里，终将会被世人所遗弃。恰恰是因为科举制在自我发展的完善过程中，不断地将公平这一核心机制注入自身的制度机理，才赋予了科举取士源源不断的生机和活力，最为重要的是给予了科举考试在社会资源配置过程中的制度权威与合法性身份，使其得以延续千年之久。

科举创立的初始目标是更好地选拔优秀人才，因此科举制度应首先追求科学性。但科举在实践运行中一直把对公平的追求当成自己的重大使命，使公平性成为科举制度最为醒目的标签。对公平性的极端追求限制了其科学性的正常发挥，从而偏离了科举创制的初衷。这是因为科举制度不仅仅是考试制度，就其替代察举制的制度目标与功能定位来看，它更是一种文官选拔制度，选官才是第一位的，公平作为一种手段和方式，处

[1] 刘海峰．千年科举的世纪反思 [N]．光明日报，2015-09-01（14）．

于第二位。科举制度表现出了优于前科举时期选人制度的某些特性，树立起报考自由、形式规范、标准一致、人人平等的制度形象，最大化地杜绝了家世、出身、社会名望等先赋资源的庇护，减少了科场之外权贵与人情因素的干扰，确实在一定程度上保证了考试选拔人才的客观性和公平性。从根本上来说，科举制度创立之始关于一切形式上的公平和公正等话语体系的建构都是基于为封建政权选拔出优秀的官僚队伍这一根本性目的。一切外在的对于公平和公正的形式标榜理应服务于官员选拔这个终极目的。因此，公平是原则而不是根本目的，一旦对过程的追求形成了对终极目的的僭越，二者就会本末倒置，即一味地追求所谓的形式公平、过程性公平而与最终的目的产生背离。有学者认为，对公平的苛刻要求和一切可能细密化的措施，越来越成为选拔行政官员的“紧箍咒”而不是保障，因为人们几乎把所有精力都放在了考试中如何“防奸除弊”即追求公平上，而几乎没有人考虑这样的考试是否真正有效[1]。在实际运作中，我们看到科举考试科目由隋唐以来所涉内容广泛，到两宋时期归并考试科目（经义和进士），再到元代指定考试科目（朱熹所注“四书”“五经”），最后到明清时限定考试文体（八股文），考试技术越来越精细，考试内容越来越窄化，考试形式越来越死板。这些都是制度设计者在客观性和技术化的操控下对考试过程公平过度追求的结果。似乎可以得出这样一个结论，就其外部属性而言，科举考试的政治功能要大于其考试功能；就其内部属性而言，考试功能的发挥有赖于公平性与有效性的综合考量，只有内部属性当中的有效性和公平性有效结合，才能达到科举考试网罗最优秀人才的目的。

[1] 徐梓，王炳照．科举制度的公平追求及其对自身的戕害 [J]．教育学报，2005（4）：3-9.

那么，科举考试作为一个文官政治制度，要服务于官僚选拔这个目的，是否意味着在选才时只需要考虑坚持最优原则，即坚持开放报考资格，寒士等皆可参加，坚持“一切以程文为去留”，坚持分数面前人人平等呢？余英时在香港中文大学创办的杂志《二十一世纪》“废科举百年”专栏中，于 2005 年发表了一篇名为《试说科举在中国史上的功能与意义》的文章，提出东汉和帝时对举孝廉名额加以人口和地区的限制，规定大郡百万以上人口每年举五人，边郡地区十万以上人口每年举孝廉一人，概因东汉时期，各郡县长官向中央推举的“孝廉”名额愈来愈多，迫使朝廷不得不考虑地区平衡问题。有学者据此推断，应将科举的“地区分配”制度最早追溯到东汉的孝廉制度[1]。余先生虽未明确下此定论，但他认为这一条“地区的名额限制”，其价值意义并不仅仅是网罗最优秀的“士”以充实到中央朝廷，其更深一层的用意则是尽其可能地将全国各地区的“士”相对均衡且持续不断地招揽进帝国统一的权力系统之中，使“孝廉”能够成为上通朝廷、下达底层的连接通道，减少中央与各地方之间的隔阂。如东汉朝廷规定小郡“率二十万口岁举孝廉一人”，又将边郡“口十万以上，岁举孝廉一人”作为补充性规定，以

[1] 张明扬．天命与剑：帝制时代的合法性焦虑 [M]．上海：东方出版中心，2017：143-145. 需要说明的是，据考证，《通典》卷十三《选举》中记载早在西汉武帝时，就提出举孝廉与郡国人口比例的分配问题，规定“郡国口二十万以上岁察一人，四十万以上二人，六十万三人，八十万四人，百万五人，百二十万六人；不满二十万，二岁一人；不满十万，三岁一人”。东汉时，和帝认为旧制“大郡口五六十万举孝廉二人，小郡口二十万并有蛮夷者亦举二人”（《后汉书》卷六十七《桓荣丁鸿列传》中亦有记载）属分配不公，命公卿们讨论商议，最后将小郡二十万举二人减至一人，又单独规定“边郡十万岁举孝廉一人”。东汉和帝的这一规定明显是在武帝举孝廉“地区的名额限制”的基础上进一步给予边郡的特殊优待，据此，此说还可上推至西汉武帝时期。

彰显朝廷对边郡的关怀与特别优待。显然这些做法体现了孝廉文化背后的“大一统”思想，即通过增强察举选人制度所涵摄的全国性的文化统合功能，不断强化边远地区老百姓对封建帝制的政治向心力。

当科举制度承担起超越考试层面的政治文化统合功能之时，对“公平”的追求便不能局限于取士的程序公平，还要致力于维护政治共同体的稳定。北宋的区域分卷录取制度(“逐路取人”制度)，明代乡试解额制度、南北分卷制度，清朝会试分省录取制度以及官民分卷录取制度等，都是科举制度在追求程序公平与区域公平二者之间的一种平衡，其背后的共同目的都是要维护封建帝国“大一统”的政治需要。由此看来，科举的深层政治意义远超其技术层面，也就是考试的细密化操作与防弊改进。正因如此，科举越是在防范作弊的措施上趋于完善，在选拔人才的实际功效上就越差，最终科举制度因过度执着于公平，反而损害了自己的职责和使命。

二、制度科举的终结探源

科举制经过上千年的历史演进，已经发展成为一个制作精良、结构精细的制度机器，被世人看作和国祚兴盛与政权统一紧密相连的航船战舰。有人认为科举制的实行奠定了人才辈出、文明灿烂的大唐气象，有人认为科举制推行以后中国古代再没有出现像南北朝那样大的分裂，也有人认为是晚清科举的匆忙废除致使清王朝轰然倒塌。无论是王朝兴盛还是王朝倾覆，归根结底是由那些在制度生成中起主要作用的决定性因素与必然性因素所决定的。那么，究竟是科举制度的问题，还是科举制度所依托的载体出了问题？为何科举制度在奠基时期能成为唐代最为合理且科学的人才选拔制度，并且在对科举改革议论最为激愤的宋代也依旧发挥着选贤任能的重要作用，到了明清时期科举却逃不开既拖累人才又为人才所累的终极宿命？

从历史周期上看，科举选士制度历经多次存废之争，但遵循的一条基本规律是：在王朝新立与发展的初中期，科举制往往能发挥其最大功效，为统治阶级选拔最有才干的士人以奠定王朝的兴盛局面；然而，随着时间的推移，每每发展至王朝的中后期，各种弊端便纷纷呈现，问题层出不穷，科举制度反而成为维护政权稳定的障碍，此时存废之争必此起彼伏。清末的科举制难逃历史发展之必然性。前科举制时期实行的军功制、察举制和九品中正制等人才选拔制度亦难逃被废除的命运。有学者认为导致科举制度废除的最大内在因素是官僚政治追求操作简单、管理方便、逃避作为、减少责任的官场规律[1]，进而发出正是制度运作之失导致如此精良的制度无法逃脱覆灭命运的感慨。有学者进一步将清末科举终结之根本归结于其内部原因，即科举自身考试内容和操作者而非制度本身[2]。以阅卷为例，唐代科举的进士科和明经两科，每次参加考试人员总计在 3 000 人上下。发展至宋代科举，参考人数急剧增加。宋太祖以来，进士一科每次录取的总数在 200 ～ 300 人，多时达 500 ～ 600 人，与前代相比翻倍增长，给阅卷工作带来极大的压力。为解决这一难题，八股文应运而生，推动了科举试文的程式化、格式化改革，为阅卷提供有法可依的标准[3]。这些观点共同传递出一个

[1] 刘海峰．科举制的终结与科举学的兴起 [M]．武汉：华中师范大学出版社，2006：44.

[2] 郑若玲．科举学：考试历史的现实观照 [J]．厦门大学学报（哲学社会科学版），2000（4）：90-95.

[3] 张祥浩．中国古代科举制度的历史演变 [J]．东南大学学报（哲学社会科学版），2005（2）：37-39，126.

明显的信号，即科举制的废除不是制度本身出了问题，而是官僚政治集体操作失控的结果。正是科举操控者对管理效率的过度追求导致其单一化和程式化，使其最终走向了灭亡。科举在创制初期向世人所标榜的公平理念亦并非科举的精神内核，公平只是加强凝聚力、集结人心的一种手段，选官入仕、延续封建王朝的政治生命才是根本目的。二者都服务于行政官员选拔这个终极目的。因此，在短期内提高选官效率以维系政权的稳定，而不是纠结于是否选到真才，成为封建王朝中后期取士的主要倾向。

明清时期，科举制已真正演变为封建官僚统治的有力杠杆。一方面，皇帝通过科举制度掌控了选官用人的绝对权力，科举制度可以源源不断地为中央朝廷输送稳定有序的科举官僚队伍而使君主专制坚如磐石；另一方面，当权者通过营造公平而有竞争力的晋升通道把广大知识分子吸引进科举队伍当中，使他们甘心终生为科举所累，弱化了统治者与被统治者之间的矛盾。隋唐科举制度初立，实行因官选人，为官择人。唐代设置了既定的官制和数额以维持官场资源供求之间的平衡，因此，唐人的科举考试并不定期，也没有大的限制，齐民皆可“怀牒自进”，无需推荐。但发展至宋代，应试举子的数量大幅递增，规模不断膨胀，当权者一方面通过大幅度地增加录取名额，从而向举子士人开放了更广的功名之途，另一方面将科举设置为“三岁一贡举”的定期考试制度，以减缓供大于求的入仕压力。宋代科举取士较唐代激增十倍乃至二十倍，这一显著变化预示着科举考试的重心已经由因官而选和为官择人转移到如何网罗、安顿广大举子以维护社会稳定的新问题了。科举取士的这一转向在明清时期尤为明显。

隋唐科举制度始终以选官为出发点和归宿，即及第者在入仕为官的过程中获得了作为独特身份的科举功名。原本作为独特身份的功名和作为出仕资格的功名同属一体、同归一途（功名和官职相互依存，不可分割），皆由进士及第而来。但明、清两代科举考试将功名与出仕分为两途。这使得明清科举制度在产出官僚群体的同时，又产生出一个新的功名群体。尽管功名群体的一部分与官僚群体是相重叠的（如明清时期举人中的少数人已经选官入仕），但较之唐宋时期，大部分秀才和举人实际上是与官僚群体不相重叠的功名群体。他们仅保留着秀才、举人的虚名，而无实际的官职权力，而且数量之众，占据官场之外而又广布于四面八方。在官僚资源有限的情况下，要化解应试人数增长后僧多粥少的难题，将功名与仕途分为两路似乎是明清两朝的必然选择。这种做法实际上是在仕途之路消化不了读书应试的人口压力之下，另辟蹊径增加更多的功名来网罗和安顿举子士人，以寻求政治生命的长久稳定。与宋代的“广开科举之门”相比，明清开始的递设考试层级、增多科举功名，对应的正是明清时期应试人数急剧扩张之后官僚资源稀缺的困局。

明代通过调整考试层级结构，有意加强了科举制度管理的规范性。“反映在科举制度架构上，高端增加庶吉士、低端出现童试与岁科试、中端乡试收为省级统一考试，形成生员、举人、进士从低到高的三级功名体系。”其中，“从州县发解试收为省级统一举办的乡试并赐予固定功名，对科举制度的社会影响最大”[1]。这是因为乡试制度的功名设计解决了南宋以来全国统一举行的省试参加人数过多且淘汰率过高的弊病。当省试阶段应试的人数过多，阅卷工作将面临极大的压力，同时淘汰率也会上升，因为落第者过多容易引起对考试公正性的质疑，这不仅不利于优秀人才的选拔，更会弱化科举制度促进社会阶层流动

[1] 吴根洲 . 科举导论 [M]. 杭州：浙江古籍出版社，2016：196-200.

的积极功能。宋代的特奏名制度就是在这个思路上推出的优化设计。从增加功名设置的环节来看，明清两代随着应试人口的剧增，乡试这个环节自然比以往获得了更多读书人的关注，也将比以往承担更多的压力。明清朝廷在继续保证各阶层对科举高度认同的前提下对其进行了改造优化，首次给予乡试中试者“举人”这样的正式功名，且终身有效。此种做法预先消解了大部分士子对乡试高淘汰率的抵制，这样就能在最大程度上保全封建政权的开放性以及考试的公正性，营造出一个更为庞大的科举社会。实际上，多数秀才成不了举人，多数举人也成不了进士，唯有功名是朝廷给予应试者在这个特权社会里的一份恩宠和社会地位。明清 500 余年间，这个功名群体被总称为“士绅”或“绅衿”，他们而长久地存在于朝野之间，演绎了仕途之外的身份之所在、地位之所在和影响之所在。不仅如此，这个前代未曾有过的不入仕途即获功名的庞大群体，在明清长达 500 余年的历史当中，不断地从科举考试这个孵化机制中生产出来，形成了一个有稳定的制度性来源的社会群体——士绅集团，他们尽管不担任公职，但却成了乡村政治的核心，深刻地影响着基层社会的治理结构，甚至在农耕时代改变着整个基层社会的精英构成和社会秩序，这可能是明、清两代科举社会最引人注目的变化。

总之，明清科举无论是科考层级的有意设计，还是科举功名的刻意增多，不仅反映了皇权对职业官僚系统的高度控制，也表现出其对基层政治和社会结构的深刻影响。从历史发展的趋势来看，封建专制与高度集权的官僚体系的瓦解是必然之势，依附在皇权专制统治基础之上的科举制始终无法超越阶级的局限性，未能从根本上解决好考试制度公平性和科学性这一对主要矛盾，这应该是科举制由盛到衰的根本原因。除此之外，附加在价值层面的道义缺损以及操作层面的技术性失误，使得千年科举在近代社会转型之际，面临着合法性和合理性的双重危机。即使科举制在唐宋相当长的一段时期内促进了社会阶层的积极流动，但发展至清中期以后，科举对于这一时期江南乡村的社会流动的促进作用已是有名无实，近乎停滞[1]。这说明依靠举业实现家庭出身向上逆袭的可能性在封建社会中后期已经非常小。当一项制度对社会的人力资本生产与阶层流动助益甚微，造成了阶层固化、人才流动通道狭窄或陷入停滞，这意味着这项制度在知识精英再生产方面的功能基本丧失，一旦遭遇比它更为先进的文明形态的冲击，更是毫无招架之力。这就是说，当科举背后所代表的传统专制政体以及人身依附关系如若不能得到彻底的改变与解除，它就不能持续为社会提供精英再造与社会结构转型的再生动力了，其被废除或者被替代也就成了历史必然。

三、“制度科举”到“符号科举”的时代转向

早前法国学者罗兰·巴尔特在1967年访问日本后写下了《符号帝国》，将日本文化视作“一个符号系统”，通过将日本文化的语言、饮食、街区、商品包装、木偶戏、礼节等26种符号与西方的对比，揭示深藏在符号涵指系统里面的日本文化，从而批判西方文化中的自我中心倾向与不足。这种随处可见的符号文化让我们深切地感受到一个符号世界的到来。美国学者吉尔伯特·罗兹曼在《中国的现代化》一书中，将1905年废除科举视为新旧中国的分水岭，“它标志着一个时代的结束和另一个时代的开始，必须把它看作是比辛亥革命更加重要的转

[1] 李发根．科举存废与近代江南乡村社会流动［J］．近代史研究，2020（4）：120-137，161．

折点”[1]。何怀宏视1905年科举废除为中国传统等级社会终结的一年。1905年，相对于此前中国的千年传承，它是终结的一年；相对于此后的百年变革，又是开端的一年。它构成近代中国社会变迁链条中关键的一环[2]。中美学者在此问题上所达成的某种默契，只因1905年发生了一件意义重大的事，即制度科举的终结。而在他们的眼里，这不仅仅是一个科举制度的覆灭，更是一个兼具现代社会、政治、思想等多重象征意涵的“符号科举”的诞生。科举进入符号时代所引发的“雪崩效应”，让人始料未及。

20世纪80年代以来，当代文化迅速冲进一个“高度符号化时代”。文化转型加速，社会的符号活动空前活跃，人类生活的各个方面都出现了“符号满溢”：几乎任何活动都浸泡在符号之中。21世纪更成为一个符号世纪，几乎所有与意义相关的研究课题都转向符号学[3]。何为符号学呢？符号是携带意义的感知，符号学即探究意义之学。符号作为意义的载体，是传递和表达情感的中枢纽带，具有其他媒介不可取代的价值。如果说人类社会是一个充满各种象征符号的世界，如政治符号、视听符号、文学符号、艺术符号等，任何意义的表达都需要通过符号这个媒介才能实现。这为我们从制度科举层面转向符号科举层面，探究符号科举的当代价值带来了启示。科举制度作为封建时代选拔人才的一种独特制度形式，其铨选机构以及旧式的养士之所（学堂）这些物质意义上的有形本体已淹没在历史的长河之中，但外在与本体相关联的历史符号，即科举所包含的内在精神和象征意义并不会随着时光的流逝而就此中断。特

[1] 吉尔伯特·罗兹曼．中国的现代化 [M]．南京：江苏人民出版社，2004：229-230.

[2] 何怀宏．一九〇五：终结的一年 [J]．二十一世纪，2005（10）：89.

[3] 赵毅衡．符号学原理与推演 [M]．南京：南京大学出版社，2011：11-24.

别是“科举制度所维系的‘程序正义’与‘底线公平’具有超时代意义的创举，它也是此后任何考试制度建设和新型宪制所不能抽离的基石”[1]。这恰恰是科举制所蕴含的高度的理性精神，这种精神使得科举制虽然根植于封建社会，但却具有超越封建时代的特性，且与中国传统社会、传统文化之间形成了某种契合性。因此，符号科举在当下的社会仍具有强烈而突出的现实借鉴意义。

第二节　科举转型的现实性与可行性

从历史的发展看，当察举制和九品中正制走到了尽头，科举的首创反映的是中国传统社会的一种自我修正、自我调节和适应能力，较之前朝选士制度，科举制看似为世人提供了更为公平的竞争机会，但其所带来的社会竞争并非属于全民的，更多的是加速了统治阶级的内部竞争。因此，科举制只是降低了先赋角色的严格程度，增强了中国传统社会内部的生存能力和发展弹性，并未从根本上改变传统社会里先赋角色的秩序维持机制[2]。所以，科举的推行不仅不会导致中国传统社会的解体，

[1] 陈兴德．科举、宪制与制度理性 [J]. 山东社会科学，2016（8）：92-99.

[2] 先赋角色被认为是维持传统社会秩序的四大机制（其他三个指隶属关系、伦理本位和同质结构）之一。它指的是人们随着生命的诞生自然获得的社会角色，如家庭、民族、性别、种族角色，还包括阶级、职业、等级等角色。先赋角色认知认为，人们所承担的政治角色是建立在血缘关系基础上、由世袭而来的，如血缘、家世、出身等，先赋角色对于传统社会秩序稳定的价值在于它一开始就把社会结构中的角色关系固定下来，既能有效地阻止社会竞争带来的秩序混乱，又能避免陷入各种争权夺利的纷争困扰之中，使得人们形成对占统治地位的政治文化群体的政治认同，从而达到维持传统社会的结构秩序稳定的目的。参见：吴鹏森．传统社会秩序的建构及其特点 [J]. 安徽师大学报（哲学社会科学版），1993（3）：267-272.

反而会进一步延续中国封建社会的统治周期，这就是历代统治阶级一直推崇科举并源源不断地为其注入生命力的深层根源。反过来看，科举制在极力维护既定封建社会秩序长盛不衰的同时，也把这一制度拖入了故步自封的境地，就此画地为牢，难以培育出新的文明形态对其进行换血再造。明、清两代继续“广开科举之门”，想方设法缓解应试人数累积之后的资源紧张。明代的做法是以“科举必由学校”为入门之径，通过递设考试层级延长科举入仕的时间，如应试者须先经县试、府试、院试入官学，再得秀才方有资格加入乡试、会试、殿试这样一组科考的正式序列。清代则因出题戒“熟”戒“常”（即避开常拟和熟悉的题目），不惜割裂经文原意造成“题不成题，文不成文”，又以八股的框架定式升级了考试的技术性难度。明、清两代本意都是通过科举网罗人才，以安人心，但最终结果都是以框定考试内容、加大考题的难度、升级考试的严苛戒律为代价，反而助长了落第者的不平衡以及社会的不安定因素，最终为近代中国的衰落以及封建王朝的崩溃解体埋下了隐患。

1905 年科举废除，人们对科举的认识由之前侧重于制度层面的关注，开始转向对后科举时代社会风气、科举形象、科举情结、科举观念、读书人出路等所造成的社会影响的关注。后科举时代，本体形式的制度科举虽然消逝，但科举作为一种符号仍制约着人们的思想和社会的方方面面。就明清时期科举派生出的大量功名群体而言，科举的废除对乡村社会结构以及广大士子读书仕进之风的冲击不可谓不明显。比之朝廷高级官僚群体的出仕即离乡远走，这些由科举制度派生出来的功名群体（如秀才、举人），他们大半都留在生于斯、长于斯的地方社会之中，既与编户齐民有着深厚的渊源，又与编户齐民相往来，实际上早已经是成为领导乡里曲间的“四民之首”和“道德楷模”。他们因功名来自朝廷而与国家相连，又因根脉系于乡里而与地方相连，身处上下之间，形成了官府与民众之间沟通的缓冲地带，构筑起一种以士绅为主干、植根于乡里的社会网络关系，共同维系着明清基层社会绝大多数人口的生活秩序。但科举制废除之后，代表着工业文明的城市文化给士绅阶层的前程命运带来了前所未有的冲击，士阶层耕读仕进的上升性社会通道被陡然斩断，这直接导致传统社会中原本居于四民之首的士阶层的蜕变瓦解，传统四民社会正式解体，传统的精英集团——士绅阶层与官僚阶层在现代化变迁过程中就此走向衰落或失势。地方士绅失去了晋升的通道和政治身份屏障，在社会进步的强制作用下，“数万举贡、数万生员”不得不放弃曾经追逐的科举功名。为谋取新的出路，他们开始四处奔波，被动流入城市，这一变化导致乡村中的权势出现了大规模的转移，“农村精英向城市的大量流失造成乡村士绅质量蜕化，豪强、恶霸、痞子一类边缘人物开始占据底层权力的中心”，从而导致“原先多少存在的宗法互助关系荡然无存，乡村社会关系恶化，阶级冲突加剧”[1]。而滞留在乡村的那部分没落士绅，再也无力承担其地方教化之责，他们抱残守缺，因循守旧，对西学持敌视态度，成为乡村社会中一股排挤现代文明的腐朽力量，加剧了士绅阶层的劣质化倾向。

在新教育体制的冲击下，士绅的城市化浪潮促使广大读书人从闭合的传统村落源源不断地涌向开放的都市社会，对近代中国乡村社会秩序产生了重要影响，“意味着以前整个社会的循环流动在相当大程度上已经中止，其一个影响深远的社会后果，

[1] 许纪霖．近代中国变迁中的社会群体 [J]. 社会科学研究，1992（3）：84-87.

即中国的城乡渐呈分离之势”[1]。科举制废除的另一个重要社会后果即乡村中士与绅的疏离。在这种情况下，“乡绅”的来源不再是传统的读书人，随着下层乡绅中读书人的比例明显下降，乡绅与书本“知识”的疏离导致道德性教化的弱化以及道义约束的衰减，士绅的社会文化威望开始疏离于乡村权力，致使乡间土豪劣绅一跃而起。随之而来的结果是“‘劣绅’及其伴随的‘土豪’‘土棍’‘地棍’‘土劣’等用语日渐普及，从一‘独夫’的帝王统治变为‘千万无赖之尤’的混治，恐怕是导致后来所谓‘社会矛盾激化’的重要原因之一”[2]。乡村中原有的土豪劣绅无可避免地成为革命的对象。然而，绅民冲突的激化又孕育着一场以“打倒劣绅”为政治诉求、以乡村为主要阵地的伟大革命风暴的到来。

可以看出，制度科举的废除已经不仅仅关乎为朝廷输送优秀人才的选官功能，其背后所蕴藏着的深刻的意义变革和观念颠覆，如社会分裂、文化断裂以及思想动荡，折射出 20 世纪初中国政治、社会变迁的多样性及复杂性。

历史的经验反复告诫人们：一个政权的巩固和发展，得益于各项制度的建设和完善。科举制度这座“学术富矿”便是这样一个对我们探寻当今教育和社会发展具有借鉴意义的“历史珍宝”[3]。回望历史上的选官惯例，中国古代的选官制度历经商周时的世卿世禄制、春秋战国的军功爵制和客卿制、两汉的征

[1] 罗志田．近代中国社会权势的转移：知识分子的边缘化与边缘知识分子的兴起 [J]. 开放时代，1999（4）：5-26.

[2] 罗志田．科举制废除在乡村中的社会后果 [J]. 中国社会科学，2006（1）：191-204，209.

[3] 郑若玲，刘盾．科举学教学推广初探——基于科举学课程效果之分析 [J]. 教育与考试，2016（4）：21-27，38.

辟察举制、魏晋南北朝的九品中正制以及隋唐以来的科举制五大阶段。即使政权历经更迭，科举制在中国历史上仍是推行最久、作用最大且影响最为深远的制度。科举运转千年，曾产生了 700 多名状元、近 11 万名进士、数百万名举人和不计其数的秀才[1]。这使得隋唐以后几乎每一位知识分子都与科举有着不解之缘，例如从戚继光到林则徐这样的民族英雄，从王维、白居易到苏轼、辛弃疾这样的文学家，从范仲淹、欧阳修到海瑞、张居正这样的政治家，从韩愈、朱熹到蔡元培、黄炎培这样的教育家，甚至还有沈括、宋应星、徐光启这样的古代科学家。这些人中不乏出身寒门的，如范仲淹、欧阳修等，在历史上均留下了浓墨重彩的一笔。

正是由于在民间通过考试选官取士打破了传统的身份世袭制之血统禁锢，科举制从江湖之远步入庙堂之高，使得知识精英与平民阶层得以通达，国家和社会各阶层得以连接，极大地促进了社会流动，锻造出中国古代文明的领袖群体，成为影响中国千年来国运兴衰与社会变迁的重要制度。与此同时，科举漂洋过海西传欧美，在东学西渐中通过不断的纯化改良对西方现代文官制度亦产生了深远的影响。科举发展至明清之际，长期被八股所累，已拖至垂死边缘，祈求寻得起死回生之术以重振天国神威、再现盛世景象。然而在遭遇千年未有之大变局之时，科举制在能变之时不变，可改之时不改，错失良机，始终未能寻得变法图存之“灵丹妙药”。科举自创制起，一路在追求“至公”的大道上狂奔，终究因太过执着于技术层面的绝对公平而作茧自缚，导致考试的客观性和技术性不断增强，考试内容愈发狭隘，考试形式愈发僵化，全然忽略了对考试价值和意义

[1] 刘景云，杨林，孙建军．图说科举制度 [M]. 长春：吉林人民出版社，2009：1.

的终极探索，以至于在其运作过程中因过度的官僚化操作不断掏空了科举制的内涵，误导了科举制的革新方向，最终削弱了自身的活力，走向了衰败与湮灭。

那么，科举制度究竟是利大于弊，还是弊大于利？有人“恶评”科举，将科举等同于以八股“钳制人才”的“空疏之学”，抱怨其扼杀天下英才，禁锢思想，实乃晚清王权倾覆、盛世衰败之“罪魁祸首”。有人批判科举，认为科举乃导致近代中国腐败落后、国运衰微、文明蒙尘的重要根源。明末清初大儒顾炎武感慨科举八股取士之危害更甚于秦始皇的“焚书坑儒”，认为“唐之取士以赋，而赋之末流，最为冗滥。宋之取士以论、策，而论、策之弊，亦复如之。明之取士以经义，而经义之不成文，又有甚于前代者。皆以程文格式为之，故日趋而下”。可见，科举作为昔年选拔人才的“清明之举”，早已在追求“至公”的道路上偏离了“分科取士”的初衷，演变为使王朝覆灭的“狂风骤雨”。当然，“赞美”科举之声同样不绝于耳。有人直呼科举制度是中国最伟大的制度创新，有人赞叹其为维系东方文明古国国脉千年运转有序、历久不衰的“灵丹妙药”，不仅催生了璀璨绚丽的盛唐气象，还成就了清王朝的康雍乾盛世，直言正是科举取士加速了学校教育的勃兴、文化经典的普及以及民众素质的普遍提升。有人认为科举为小农阶层提供了上升的阶梯，成为寒门弟子出人头地的主要路径甚至唯一出路。也有人认为科举所承载的社会政治功能并不仅限于促进阶层之间的上下流动、选拔职业化的官僚集团，更为重要的是它在古代社会的治理体系中凝聚着国家与社会得价值共识，并且较好地适用于幅员辽阔、民情多样的大一统政治体制[1]。这些说法究竟是“正读”“误读”抑或是“曲解”？在文学作品研究中，“正读”是一种

[1] 李磊．官僚类型变迁：科举制与传统中国的治理模式［J］．文化纵横，2021（6）：118-127.

尽量接近文学作品客观内容的阅读，注重文本客体化内容及其表现特征；“误读”是一种创造性的文学阅读，追求对文本意义的自我限定和转换引申；而“曲解”则是一种主观化的文学阅读，是对文本意义作毫无根据的随意的解释[1]。推及教育文化领域，以上关于科举制度的诸多说法究竟是对科举发展历史真相的复原和揭示，还是有意识地对科举兴废进行反思与批评？抑或是陷入娱乐包装下的历史虚无主义？无论是对科举施以鞭笞之刑，还是顶礼膜拜加以神化，都不足以还原中国科举千年的本真样貌。

1905 年科举制度废除，科举的“形”终究是覆灭了，但科举的“神”犹在，符号科举所传递给世人的精神内核，即考试至公理念，在今天仍广泛地影响着人们的思想、学习和生活等诸多领域，这是千年科举留给今人关于人才选拔制度最宝贵的文化财富。这就使得人们从传统制度层面的关注转向了一系列关于科举思想、科举形象、科举情结、科举观念等“符号科举”之当代影响的热烈讨论。目前，作为符号形态的科举研究在学界已经拥有了更多的学术领地，涵盖制度史、教育史、文化史、文学史、社会史等方面的研究话题，具体涉及科举起源、科举与政治稳定、科举与社会流动、科举与教育改革、科举与文学发展、科举与出版市场等方面的讨论，并取得了一定的成果。从中国学术史和史学史的角度而言，已出版的有关科举的图书既有科举研究的断代史，又有科举研究的通史，既有科举研究的简史，又包含专题史、专门史等的研究，可谓百花齐放，精彩纷呈。早在 20 世纪 30 年代，有关科举制的研究开始兴起，历经 20 世纪 50 年代多位学者的史学考证，并于 20 世纪 80—90 年代呈现出蓬勃发展之势。直到 1992 年，刘海峰教授关于

[1] 汪正龙.“正读”、误读与曲解——论文学阅读的三种形态［J］. 江西社会科学，2005（4）：72-77.

“科举学”概念的提出，标志着一种专门研究古代考试制度及其运作历史的专学，即科举学的问世，开启了科举作为一项专门研究的新时代，由此催生了大量关于科举专题的呕心沥血之作，如张希清的《中国科举考试制度》（1993），谢青、汤德用的《中国考试制度史》（1995），贾志扬的《宋代科举》（1995），何怀宏的《选举社会及其终结：秦汉至晚清历史的一种社会学阐释》（1998），启功的《说八股》（2000）等。

新世纪之交，科举学的研究进入了从冷到热、由隐到显、从散到聚的新阶段，且迎来了科举作为一门显学研究的兴盛时代，出现了更多系统研究中国科举制度的著作，如王炳照、徐勇的《中国科举制度研究》（2002），杨齐福的《科举制度与近代文化》（2003），刘海峰、李兵的《中国科举史》（2004），刘海峰的《科举学导论》（2005）、关晓红的《科举停废与近代中国社会》（2013），罗志田的《权势转移：近代中国的思想与社会》（2014），以及张希清、毛佩琦、李世愉等人的《中国科举制度通史》（2017）等。这些成果以大量的史料、扎实的研究，全面系统地阐释了科举制度产生、发展、演变的历史，剖析了各个时期科举制度对中国社会政治、经济、文化的多重影响。也是这个时期，当以大科举观沉入科举时代，挖掘出科举表象下隐藏着更高的现实价值，人们逐渐认识到产生于等级森严的封建社会的科举，在考试内容上尽管含有某些封建糟粕，但在公开考试、平等竞争、社会流动以及重学风气等精神内核上，科举则具有超越封建时代的现代意义和进步性，人们对科举的评述越来越走向理性和客观。科举研究需要方法的创新、多学科的支撑，更需要研究视角的转换。对中国科举功过是非的评判，既需要我们从符号科举的现实折射中回望科举所蕴藏的现代价值与社会统合功能，也需要把科举置于中国古代历史发展的时间轴和经纬线上对其探根究底，如此方能还原科举本来的面貌。

第三节　符号科举对当今教育改革的启示

一、符号科举与教育考试文化的延续

隋唐科举制的奠基标志着中国封建帝制王朝进入了以考试选拔人才为主的时代，与此同时，科举穿越一个个王朝的盛衰起落，为中国人筑成了“以文取士”的漫长时代。从此，考试在人才选拔当中的占比越来越大，考试融进了中华优秀传统文化的血脉基因，成就了中华民族深厚的历史根脉和文明之源。科举制度运行 1 300 余年，集中国古代文官选拔制度与学校教育制度于一体，从科举教育、科举制度到科举文化、科举社会的形成，至封建帝制时代中后期，科举已经发展成为整个封建社会的制度支柱和文化主脉。如今科举制度已经退出了历史舞台，但符号科举积淀下来的考试文化根深蒂固，对当今社会的政治生态、文化教育以及社会风气均产生了广泛而深刻的影响。因此，我们要根据现代中国的社会变迁和教育改革现状，对符号科举所蕴含的教育考试文化、教育传统进行批判性继承，吸收其合理性内核与现代性精神，以服务于新时代考试制度改革的需求。

在当今的社会生活和文教领域中，各级各类的考试活动层出不穷。无论是执业资格考试、专业技术资格认定、公务员遴选与录用，还是外语水平或计算机等级考试，考试活动几乎遍布于各行各业，在劳动力市场遴选人才和鉴定其专业知识、能力方面均发挥着重要的评价作用。谈及历史根脉，当今各类考试之源流应追溯至中国古代的科举考试文化。从科举文化到当

今的考试文化，无不体现出考试在中国文化和社会中的重要性，以及考试对中国社会的广泛影响。尽管考试文化并非直接继承科举文化，且现代考试文化的属性已与科举文化有很大的不同，但仍有人把当今的考试文化称为科举文化，如考试领导教学、高考指挥棒功能、考试作用过分放大导致的文化现象[1]。由于科举文化长期而广泛地渗透到中国社会的各个方面，因此可以说，考试文化深受科举文化的影响，并间接地承续了古代科举文化的精髓。具体表现在以下三个方面。

第一，科举制废止，改变了教育发展的导向，使考试的重心由传统的考"官"转向现代的考"学"，由此奠定现代中国教育发展的根基[2]。与此同时，科举制的长期推行促进了中国重教传统、崇尚学问之社会风气的形成。"中国重教传统在科举时代的形成，表面上是科举背后巨大的利益所激发，实际上是科举制度提供的某种向上流动的社会机制所驱使。"[3] 当科举及第成为家庭的首要目标时，这种由外在的利益驱使逐渐转化为内在的精神驱动，从而使重教的社会文化风气乃至传统得以形成。新中国成立以后，这一重教传统和社会风尚得以延续。自 1977 年恢复高考以来，从最初的每年数百万青年学生参加高考，到如今的每年高考考生突破千万大关，这一制度极大地调动了广大青年的学习积极性，有力地促进了中华民族国民素质的迅速提升，并使社会上形成了一种浓厚的读书风气。后历经 40 余年

[1] 刘海峰，蔡正道 . 考试文化的承续演变与分类析论 [J]. 中国考试，2022(1)：7-17.

[2] 张亚群 . 从考"官"到考"学"——废科举后考试文化的变革与传承 [J]. 书屋，2005（1）：16-20.

[3] 李木洲，钟伟春 . 科举制度与中国重教传统的形成 [N]. 文摘报，2024-07-24（6）.

改革开放，我国在坚持优先发展教育的战略导向下，从教育兴国迈上了建设教育强国的新征程。显然，这种延续不是凭空产生或从外国照搬而来的，而是与科举传统一脉相承，植根于中华民族历来尊师重教、崇智尚学的优良传统。

第二，科举考试所蕴含的公平竞争、择优录取的精神，统一命题、分区定额取才与区域均衡以及以考促学的传统，对当前的全国统一招生考试、高等教育自学考试和公务员考试制度的形成产生了积极影响。高考制度借鉴了科举制统一考试的形式，从单独命题向以统一命题为主、少数省份实行分省命题的大格局发展[1]，进入了高考命题从分到统再到统分结合的新阶段。这种做法借鉴了科举选士的统一考试形式、公平竞争精神和分省取额方法，不仅适应了高等教育规模扩张和择优选才的要求，提升了高考的权威性和安全性，同时兼顾弱势阶层和欠发达地区考生接受高等教育的权利诉求，有利于实现高考公平与效率的最大化。

第三，科举制作为一种社会权力精英的遴选机制，堪称封建社会政治录用的典范。在各种政治体系所进行的政治录用中，始终存在着政治标准和业务标准的二难选择。政治标准要求录用的对象对统治集团保持高度的政治忠诚性，所谓为组织寻找“可靠的人”。业务标准注重录用对象胜任工作的知识和能力，所谓为组织选拔“聪明的人”。前者仰仗于以血缘和姻亲为主的世袭制继承关系，后者从全社会范围内选拔政治精英，二者在操作上存在客观矛盾。科举制的现代意义在于它在一定程度上解决了在政治录用中运用政治标准与业务标准衡量对象时所产生的矛盾，原则上使每一个录用的对象——权力精英的个体能

[1] 刘海峰．高考命题从分到统的历史逻辑［N］．中国教育报，2015-03-12（2）．

够符合双重标准，从而成功地解决了政治录用中的二难选择问题[1]。科举制具有极大的公开性和开放性，几乎把政治录用的范围扩大到了整个社会，使录用对象同时符合政治与业务两方面的标准，扩大和巩固了统治集团的社会基础。这恰恰是科举的现代性所在。科举制的政治录用标准对西方文官制度产生了直接而深刻的影响。西方公务员制度借鉴了中国古代的科举制度并进行了现代性创新，以更加符合现代社会的发展需要。

二、符号科举对高考改革的现实启示

现今的高考与科举制度遥相呼应，并成为引导基础教育发展的指挥棒，这使得科考和高考这两种具有重大社会影响的考试制度，在历史的发展中相继产生，共同塑造并延续了应试教育的惯性。这就为现代的高考制度提供了一个明确的改革信号，即如何克服应试教育的弊端，减少教育功利化的影响，改变附着于其背后的“以分为本”的深层文化桎梏。作为课程和教学评价的主要载体，考试不仅发挥着人才的甄别与选拔功能，还发挥着诊断、激励、反馈、促进人的发展等诸多应然性的评价功能。然而，在科举时代（尤其是明清时期），科举成为凌驾于学校教育之上的一种考试制度，科举应试对学校教育的强势干预使得学校沦为附庸，教育功能被严重限缩并固化在甄别和选拔这一个功能之上，导致考试文化被扭曲，形成了忽视个体、只见分数的应试心态和机制。这使得我们的教育看似告别了科举时代，但似乎从来没有走出科场，因为以甄别与选拔为主要特征的考试文化作为一种历史惯习，仍旧在今天的考试领域中广泛存在并产生影响。

[1] 房宁．科举制与现代文官制度——科举制的现代政治学诠释 [J]．战略与管理，1996（6）：66-69.

为了全部推动教育改革，促进教育公平与质量的双重提升，确保每个学生都能在多元化的评价体系中获得全面发展，同时为国家选拔和培养优秀人才，国家先后出台了一系列有关考试制度改革和教育评价制度的政策方案。如 2014 年 9 月《国务院关于深化考试招生制度改革的实施意见》发布，启动了新高考的综合改革。2019 年 6 月，国务院办公厅印发《关于新时代推进普通高中育人方式改革的指导意见》，着力扭转片面应试教育倾向，强化对学生综合素质的培养。2019 年 11 月，教育部考试中心发布《中国高考评价体系》，将立德树人根本任务融入考试评价全过程，将国家和高校的选才需求与素质教育育人目标相联通。2020 年 10 月，中共中央、国务院出台《深化新时代教育评价改革总体方案》，提出新时代教育评价改革的五“破”五“立”。这一系列有关基础教育政策的发布传递出国家“用教育评价引领考试改革，以考试改革撬动课程改革，以课程改革提升育人实效”的基本方向。从某种意义上说，这些改革实践与科举制度以考促学、以考促教的传统一脉相承，但又有所区别，表现为对传统科举制的某种超越与变革。

第一个表述“用教育评价引领考试改革”是方向盘。“教育评价”事关教育发展的整体方向，有什么样的评价指挥棒，就有什么样的办学导向、考试导向和教学导向。现实中涉及素质教育改革的最终矛头都会指向以考试评价制度为核心的教育评价制度。第二个表述“以考试改革撬动课程改革”是关键抓手，倡导以考试的逆向反馈方式指导和调整当前的课程和教学改革，旨在从考试改革理念和考试改革的作用出发，给教学以较为清晰的导向，从而建立课程改革和考试改革之间的良性互动。第三个表述“以课程改革提升育人实效”是终极目的。就其目标而言，其中间环节的推进落实情况，直接关系基础教育新课改以及课程育人的实施效能。因此，如何加快普及新高考命题之思想和方法改革，需细致研究。需要明确的是，这个思路的提出，不是复刻古代学校作为科举附庸的传统流弊，也绝不是以考定教、以考定学，更不是陷入一切唯分数论的应试教育模式，鼓吹所谓的“考试机器”，而是积极倡导当前要以高考命题改革为契机，主抓学科教学中遇到的关键性问题，发挥高考改革对中小学课堂教学改革的导引和促进作用。

首先，考试与学习既相互独立，又相互联系[1]，互为支撑。所谓相互独立，指考试与学习是两种不同属性的事物和活动，学生的知识和能力发展依赖于其个人对学习的积累而不是考试。在日常的课堂教学中，知识的讲解以某一课时为单位进行呈现，讲究“一课一得”，当然新课改之后强调以单元为单位的“单元整体教学”，突出知识教学内容和形式上的统整性，但二者的共同点都在于开展教学要遵照循序渐进的基本原则，强调读书学习要由浅入深、由易到难，教学要遵循既有的序列和步骤稳步推进。但考试环节很少考查单一的知识点，多是以综合性题目、应用性题目为主，考查知识与现实世界的关联、学生的创新精神和实践能力的培养以及对知识的综合运用能力。“相互联系”指主张把高考改革当作出发点和着力点，把课程和教学改革视为基本点和落脚点。“用考试改革撬动课程改革”旨在促进学校教育的整体性改革。就当前而言，具有指挥棒作用的高考尚未把基础教育教学指挥得灵活、富有生气、高效和富于创新。这带给教学的思考是，我们需要教会学生综合思考问题，思考事物或现象之间以及事物内部要素之间的相互联结、相互影响、相互作用等各种关系，最后力求所有知识在头脑中形成网络结

[1] 臧铁军．用考试改革撬动教学改革，还得加把劲 [N]. 光明日报，2020-07-07（13）.

构，清晰、系统地理解自然与社会的规律。深入探讨知识背后所蕴藏的思想、方法和意境，以及逻辑思维和创造精神，综合检验考生的思维品质。

其次，树立正确的考试观，打破教育唯分数论的传统优绩评价方式。改革当前刻板的总分录取模式，一方面，探索高中学业水平考试与高考挂钩的具体操作方案，淡化当前仅以一次性高考分数作为唯一升学依据的总分评价方式；另一方面，尝试形成多样化的招生标准和多元化的人才评价机制，破除"一刀切"的统一的分数标准，为学生提供多次考试选择的机会，关注综合素质和发展性目标。然而，在传统单位制的影响下，中国政治领域和文教各项事业发展到今天，依然受到"官本位"观念的强烈影响，其中一个重要的原因就是考试管理机制的行政色彩过于浓重。不仅如此，"行政主导的考试机制其内生性局限制约着考试技术的发展与考试专业水平的持续提升，考试机构在术业专攻上所遭遇的这种内在瓶颈，贯穿于从基础教育到高等教育的多个层次，考试技术手段的落后及由此导致的质量低下使考试长期以来备受诟病，社会舆论对此批评不断"[1]。因此，科举背后的强行政依附性带给我们的启示是，摒弃考试管理机制的"官本位"思想，提升考试的专业化能力将是考试机构改革的正确方向。这一方面要求尽可能转变政府主管部门的职能和角色，改变传统包办高校招生录取的现状，将政府打造为实行宏观管理，保障高考安全、考试公平，提供信息服务、技术支撑的服务机构；另一方面，倡导政府适度向高校赋权，将制定具体招生政策、录取学生的权力还给高校，使高校成为

[1] 张会杰．兴起与废止：科举考试的制度特征及其批判性反思［J］. 华东师范大学学报（教育科学版），2015，33（4）：107-112.

自主招生的主体，完全改变现在被动依赖的状态[1]。

最后，考试评价对教与学具有天然的“指挥棒”作用，我们应当全面、客观地认识教育考试的功能与影响，在推进“教、学、评”一体化的基础上，形成“招—考—教—学”有机结合的一体化育人格局。一是实现“教、学、评”目标的一致性和过程的融合性[2]，即确立一致的指向核心素养发展的育人目标，其将统领当前的教学、学习和评价改革，这种以终为始的策略，优先确定需要达成的学习目标和预期结果，而后组织教学、学习与评价活动，旨在实现以“输出”倒逼“输入”的转变。关注“教、学、评”过程的融合，即将评价紧密、持续地融入学习与教学的全过程，融合在师生交往活动中，通过“以评促学”“以考促学”，推进“以评促教”“以考促教”，实现对教师的教以及对学生的学的更好助力。二是发展学生“学习中心”的自我导航能力，推动学习观的根本变革，即通过“教、学、评”一体化实现“以学论教，少教多学”，科学践行“教是为了不教”，回应核心素养目标对良好教学关系的期待。把学习的主动权还给学生，赋予学习者学习的权利和自由，聚焦学生整体性学习目标、完整性学习经历以及形成性评价之间的一致性，为以考试评价制度为核心的教育评价制度改革提供了基本遵循。三是强化考试的育人功能，探索“价值引领、素养导向、能力为重、知识为基”的综合考查模式，联通“招—考—教—学”的全流程，用精品试题让学生接受思想的启迪、文化的熏陶。实现由考试评价工具到全面育人载体，由“解题”到“解决问题”，由“以纲定考”

[1] 杨东平．拒绝考试机器　才能破除“唯分数论”——“高考改革系列谈”之二 [N]．中国青年报，2014-09-17（2）．

[2] 刘坚，董瑶瑶．以“教—学—评”一体化推动课改走向纵深 [N]．中国教师报，2023-01-18（15）．

到“考教衔接”的三大转变。总之，考试要反映课程教学实践的变化发展，适度体现引领性，与此同时，课程教学也要接受考试的检验，主动适应基于核心素养的育人目标的达成，将“考教衔接”与“立德树人”“服务选才”三者统合起来，方能减少教育功利化的影响，让教育回归育人本位。

千年古制废于一旦，存封为历史遗迹的科举制度尽管落下了帷幕，但科举制度追求至公的精神理念和措施不仅在历史上具有先进性与现代性，而且至今仍以“符号”的形式广泛地影响着当今社会的政治、文化和教育等诸多领域，尤其是对于学校教育与考试文化的传承具有普遍的指导意义。科举制度及其衍生出的当代价值，如全国统一招考制度、西方文官制度、现代公务员制度等皆与科举存在着密不可分的继承关系。符号科举不仅代表着世界语境中的中华文化符号，更是中华文明的重要象征。从科举文化到考试文化的延续，体现了科举所蕴含的现代性元素。尽管考试文化之利弊在现代社会依然并存，但如何发挥考试这一古老而又富有生命力的“量才尺”的作用，以保证既能公平选拔人才，又能真正甄选出有才能者，需要对科举学展开全面而深入的研究。这将有力推进教育强国战略，并为完善高考制度改革全面助力。

后记

隋唐科举制的奠基标志着中国封建帝制王朝进入了以考试选拔人才为主的新时期，与此同时，科举穿越一个个王朝的盛衰起落，为中国人筑成了“以文取士”的漫长时代。从此，考试基因融进了中华优秀传统文化的精神血脉，铸就了中华民族深厚的历史根基，并成为文明之源。科举推行之后所带来的贫富无定势、阶层流动和民族向心力是不言而喻的，这说明科举制不单是教育制度，更是一项集文化、教育、政治、社会等多方面功能的基本建制。事实上，作为推动中国古代社会由贵族政治向文官政治转型的一部“抡才大典”，科举制度在历经明清“八股取士”后，已经渐显末流之弊，逐渐丧失了拔擢民间英才的公平性与优越性。晚清科举百弊丛生与科举初创之时“追求至公”的开放与先进理念渐行渐远。清末新政试图对其千年流弊予以革除，但却仅对其教育功能施以零碎敲打，未全面考虑科举制度之政治和社会等其他统合功能，致使废科举之后传统四民社会结构骤然解体、士子耕读晋升之路霎时中断。“遂造成旧制既去，而新制（指新学堂尚未成熟）尚不能起大作用，全国教育乃成一锅夹生饭。”[1] 随着清末科举深陷“八股”泥潭之弊积重难返，窒塞了选才育才的活力和功能，从隋唐推崇之始至清末寿终正寝，其间历经多次调整、修正和规范，整体绵延了 1 300 多年的沉浮兴衰。

美国学者吉尔伯特·罗兹曼将 1905 年视为新旧中国的分

[1] 罗志田．权势转移：近代中国的思想与社会（修订版）[M]. 北京：生活·读书·新知三联书店，2024：170.

水岭，他认为废除科举制昭示着一个时代的结束和另一个时代的开始。何怀宏视 1905 年为中国传统等级社会终结的一年。如果 1905 年以前的科举尚能称为实体意义上的“制度科举”，那么，1905 年之后的科举则成为象征意义上的“符号科举”[1]。进入后科举时代，物质意义上的有形本体已经消亡，但外在的关联性历史符号将继续存在，即考试竞争本身所蕴含的才学本位与公平竞争的精神，以及制度设计所具有的“至公若权衡”的优势和对弱势群体的扶掖之功，均显示出考试制度优于其他人才选拔方式的旺盛生命力和巨大优越性，并在今天持续对现代中国社会政治与文教活动产生着深远的影响。这恰是科举所蕴含的高度的理性精神，这种精神使得科举制虽然根植于封建社会，但却具有超越封建时代的特性，且与中国传统社会、传统文化之间达成了某种强烈的契合。因此，后科举时代催生了关于科举学、科学文化、科举人物、科举遗存、断代科举以及在此基础上衍生的“符号科举”，涉及中国政治、文化、教育、社会流动以及科举的当代价值等多个领域，引发了国人极大的研究兴致。

科举作为中华民族数千年积淀而成的制度支柱与文化标识，它从具有代表性符号因素的民族根脉中凝结而来，不仅开辟了平民崛起为国家栋梁的通道，也塑造了古代中国独特的社会结构和治理模式。科举遗产带给今人的警示，不仅仅是防范应试教育中功利主义的弊端，更是激励我们在建设教育强国的新征程中，建构出更加科学合理的人才培养、选拔和评价机制，这应是中国科举对未来教育创新驱动发展路径的深度启迪。而这一转变为本书写作开辟了新的研究视角，即通过深入探究制度

[1] 刘红阳 . 符号科举研究（1905—1949）[D]. 淮北：淮北师范大学，2016.

科举的发展机理及历史脉络，进一步拓宽传统制度科举的研究疆域与边界，尝试在从制度科举到符号科举的演变过程中，重新认识科举、研究科举和评价科举。

然而，与 20 世纪的几门专学研究相比较，“符号科举”不像甲骨学、敦煌学那样，有大量重大考古发现及遗迹可以提供直接的确证。中国科举穿越历史的烟尘留存给世人的印记，似乎只有布满青苔的江南贡院以及老旧斑驳的书院遗址，成为今人与古人进行时空对话的少有的传播通道。而今，科举研究的兴盛将人们的视野投向了意义更为深远而又常被忽视的“符号时代”。清季科举废除，宣告了科举的“形”灭，但科举的“神”犹在，从制度科举到符号科举的时代转向，显示出科举对今人广泛而深刻的影响，与甲骨学、敦煌学等专学相比，这为科举发展成更为普及与通俗的平民之学提供了难能可贵的机遇和条件。与此同时，科举的符号化转向同科举学作为一门专学的兴盛密切相关，甚至可以说前者恰是这种理性思考在新时期教育实践领域的一种具体表达，成就了有关科举之学从早期制度的考证到史实的搜集还原，再到越来越走向“科举学”大厦的全面奠基这一基本走向。中华文化既是历史的，也是当代的，因而不能把科举研究拘泥于清季废科举这一个观察点，而要将其放在世界文明史的历史坐标上，以宏观的视野来考察。科举作为世界文明的一个辐射源，不仅塑造了中国古代知识分子的立身治国形象、打造了中国大一统和合文化形态，还是东亚儒学文化圈的重要基石，同时，它也为现代西方文官制度提供了重要的历史借鉴。

清季科举废除后，人们可以深切感受到后科举时代，“科举”在近代中国的社会经济、文化教育、思想政治等领域被赋予了不同的多重文化象征意义，科举的符号意义似乎更加清晰。当更多的研究趋向于全面认识科举的历史作用及其地位，并试图将科举的内容与科举的功能加以重新界分之时，“符号形态”科举形象的出现，为进一步拓展传统制度科举的研究路径，开辟了新的突围之道。我们尝试集结专学研究的学理性，同时又兼顾科普读物的通俗性，期待在考证义理辞章的基础上，将科举专学以通俗易懂的方式呈现给普通读者，使广大读者在茶余饭后，对中国的传统经典文化以及“中国符号”的精神纹理有一个充分而全面的了解，从而感受到中国科举所蕴藏的跨越时空的巨大能量。时至今日，千年制度科举褪去了有形的外表，沉淀为穿越历史时空的经典历史“符号”。深刻认识符号科举的当代价值与极具世界意义的文化精髓，是提升中国文化软实力和中华优秀文化世界影响力最好的契机。

中国科举发展轴线

中国科举

隋唐

初创与奠基。隋炀帝创置进士科，被视为科举制的起始。唐代科举实施了常举和制举、文举和武举、考试和举荐并存的多科分途取人制度，形成了中央和地方两级考试、举士和选官分而治之的官员任用制度

两宋

改革与承续。宋代科举社会全面形成，科举制的考查方式从以考试为主，以“通榜”“公荐”等形式为辅，到“一切以程文为去留”，取消公荐与行卷；考试的内容从重诗赋到重经义；考试科目设置从多科取士，到以经义、诗赋二科为主取士；考试等级从乡试、省试两级到含殿试在内三级；考试频率从每年一次变为三年一次；考试铨选程序从及第后不能直接做官到立即“释褐授官”

辽金元

继承与发展。实施了具有本民族特色的少数民族选官制度，在一定程度上促进了多元文化的传播与多民族的融合，为明、清两代科举制度的进一步完善提供了借鉴

明

定型与普及。明代主张“科举必由学校”，考试倚重学校儒士出身，阅卷只重头场经义而不问策论，儒士考试只研习“四书”文经义，文章注释只限于引用朱注，考试的文体仅限于八股范文，科举面临着僵化和封闭的危局

清

变革与终结。官学教育与科举制度融为一体，学校成为官僚体制的重要组成部分；实行官民分卷制度，保障科举考试的公平性；考试内容越来越脱离实际，考试程序僵化死板，难以选拔出实用人才，最终走向覆灭

中國符號